Thi Bich Hanh Pham und
Monika Heyder

Einstiegskurs Vietnamesisch

für Kurzentschlossene

Herausgegeben von
Hedwig Nosbers und Matthias Öhler

Buch mit Audios online

Hueber Verlag

Die Audio-Dateien finden Sie in der *Hueber Media*-App
sowie unter: www.hueber.de/audioservice

Bildernachweis:
Coverfoto: © Getty Images/iStock/tawatchaiprakobkit
Fotos: S. 4: © Boonsom|Dreamstime.com, S. 8: © Cao Hai|Dreamstime.com, S. 14: © Lpdesign43|Dreamstime.com, S. 19: © Erik De Graaf|Dreamstime.com, S. 20: © Hanhanpeggy|Dreamstime.com, S. 25: © Louise Rivard|Dreamstime.com, S. 31: © Carsten Raum/PIXELIO.de, S. 39: © Jens Korallus/PIXELIO.de, S. 45: © christiaaane/PIXELIO.de, S. 46: ©Yummyyui|Dreamstime.com, S. 51: © Louise Rivard|Dreamstime.com, S. 57: © Bbbar|Dreamstime.com, S. 65: © James Menges|Dreamstime.com, S. 66: © volodina – Fotolia.com, S. 71: © Hedgehog1960|Dreamstime.com, S. 72: © Simone Van Den Berg|Dreamstime.com, S. 77: © Katclay|Dreamstime.com, S. 78: © Steve Lovegrove|Dreamstime.com, S. 83: © Gnomeandi|Dreamstime.com, S. 86: © than lam – Fotolia.com, S. 91: © Rainer Giel/PIXELIO.de, S. 92: © glasmost/PIXELIO.de, S. 97: © Secret Side – Fotolia.com, S. 98: © M. Uderhardt/PIXELIO.de, S. 103: © Pachot|Dreamstime.com, S. 104: © Peter Kim|Dreamstime.com, S. 109: © Zhongfei Li|Dreamstime.com, S. 112: © Piero Cruciatti|Dreamstime.com, S. 117: © Pachot|Dreamstime.com, S. 118: © NLPhotos – Fotolia.com, S. 123: © Stephen Bures|Dreamstime.com, S. 124: © Kunstzirkus/PIXELIO.de, S. 129: © Matthew Ragen|Dreamstime.com, S. 130: © Piotr Wawrzyniuk – Fotolia.com,
S. 13, 52, 60: © Salvador Manaois Iii|Dreamstime.com,
S. 5, 26, 34, 40, 135: © Hedwig Nosbers, Bonn

3. 2. 1. | Die letzten Ziffern bezeichnen
2030 29 28 27 26 | Zahl und Jahr des Druckes.
Alle Drucke dieser Auflage können, da unverändert, nebeneinander benutzt werden.
1. Auflage 2026

Ersetzt die ISBN 978-3-19-005334-6.
Umschlaggestaltung: creative partners gmbh, München
Redaktion: Dr. Hedwig Nosbers und Matthias Öhler, Bonn; Jürgen Frank, Hueber Verlag, München
Layout: Cihan Kursuner, Hueber Verlag, München
Satz: Marc Martin, www.martin-dtp.de, Bonn
Audios: www.homefamily.de, Wiesbaden
GPSR-Kontakt: Hueber Verlag GmbH & Co. KG, Baubergerstraße 30, 80992 München, kundenservice@hueber.de
Druck und Bindung: Friedrich Pustet GmbH & Co. KG, Gutenbergstraße 8, 93051 Regensburg, technik@pustet.de
Printed in Germany
ISBN 978-3-19-015334-3

Art. 530_32481_001_01

Inhalt

Ein Wort zuvor

Việt Nam, das Land der *Việt* im Süden, hat in den letzten Jahren eine rasante Entwicklung genommen. Früher Insider-Tipp für Globetrotter, ist das Land inzwischen eines der Top-Reiseziele Südostasiens. Paradiesische Strände, malerische Landschaften und kulinarische Köstlichkeiten locken Besuchende. Tempel und 3000 Jahre vietnamesische Geschichte zeugen von der reichen Kultur: Die wird lebendig in den Produkten der Kunsthandwerkenden, auf einem der farbenprächtigen Volksfeste oder bei einem Theaterbesuch. Auch internationale Organisationen, Forschende und Investoren/-innen interessieren sich zunehmend für Vietnam – jedes Jahr sind mehr ausländische Fachleute im Lande tätig.
Vietnamesen/-innen sind aufgeschlossen und gastfreundlich, können jedoch meist keine Fremdsprachen. Umso größer ist ihre Begeisterung, wenn Fremde die Landessprache sprechen. Schon ein wenig Vietnamesisch wird Ihnen Türen öffnen, die anderen verschlossen bleiben.
Begleiten Sie Peggy Beck aus Berlin, die für ein Praktikum nach Hanoi fährt. Erleben Sie mit ihr die ersten Wochen in Vietnam, wie sie Land und Sprache kennenlernt. Dieses Buch möchte Ihnen den Einstieg ins Vietnamesische leicht machen. Viel Vergnügen und Erfolg dabei!

Thi Bich Hanh Pham und Monika Heyder

G

Gebrauchsanweisung

Konzipiert wurde dieser Kurs als Selbstlernkurs. Die Hinweise und Kommentare in den farblich abgesetzten Randspalten beziehen sich immer auf den jeweiligen Dialog und die dort auftretenden Wörter und grammatischen Strukturen.

In den 20 Lektionen dieses Buches begleiten Sie die junge Berlinerin Peggy Beck in Vietnam. Dabei lernen Sie nicht nur die vietnamesische Standardsprache kennen, sondern auch einige Unterschiede zwischen dem Süd- und Nordvietnamesischen. Alle Lektionen sind gleich aufgebaut. Sie finden sich also immer sofort zurecht:

- Der Einführungstext: Auf der ersten Seite jeder Lektion lesen Sie auf Deutsch, was Peggy während der ersten Wochen ihres Vietnam-Aufenthaltes erlebt, und worum es in den beiden Dialogen der Lektion geht.
- Neue Wörter und Dialog A: Zuerst werden alle neuen Vokabeln vorgestellt, dann folgt der Dialog, ein Gespräch zwischen Peggy und einem/einer der vielen Vietnamesen/-innen, die sie trifft. Dies alles finden Sie auch in den Audios, die als kostenloser MP3-Download unter www.hueber.de/audioservice erhältlich sind oder über eine kostenlose App für Smartphone und Tablet abgerufen werden können. Trauen Sie sich, sprechen Sie halblaut mit, so prägt sich manches besser ein.
- Die Übungen: Auf der dritten Seite trainieren Sie Wortschatz, Grammatik, Kommunikation und vor allem die Aussprache. Auf jeder Übungsseite finden sich Hör- und Ausspracheübungen. Wenn Sie bei der einen oder anderen Übung nicht weiterwissen, im Schlüssel am Buchende finden Sie die Lösung.
- Für den zweiten Teil der Lektion (Dialog B und nachfolgende Übungen) gilt das Gleiche.
- Der Lesetext rundet die Lektion ab. Hier finden Sie Wissenswertes über Land und Leute. Je mehr Sie die nationalen und regionalen Besonderheiten kennen und verstehen, umso leichter wird es Ihnen fallen, sich sprachlich und kulturell zurechtzufinden.

Tipps auf einigen Dialogseiten bringen interessante Zusatzinformationen. Nutzen Sie diesen Service!

Was Sie sonst noch erwartet

- Nach jeder Lerneinheit (nach Lektion 4, 8, 12, 16 und 20) kommt ein kleiner Test, den Sie hoffentlich mit Bravour meistern.
- Der Lösungsschlüssel im Anhang hält neben Antworten zu den Tests auch alle Lösungen zum Übungsteil bereit.
- Ein kurzer Grammatiküberblick fasst das Gelernte kompakt zusammen und vertieft einige grundlegende Aspekte.

- Die Wörterliste enthält alle vietnamesischen Wörter, die in diesem Buch vorkommen. Wenn Sie alle Dialoge und Randspalten durchgearbeitet haben, entspricht diese Liste nun Ihrem aktiven und passiven Wortschatz.

Die Audios

Die Audios schulen Ihr Hörverständnis und sensibilisieren Ihr Ohr für die richtige Aussprache. Das ist bei Vietnamesisch unerlässlich, um verstanden zu werden, denn Vietnamesisch ist eine Tonsprache mit sechs verschiedenen Tönen, die sich in Länge, Verlauf und Intensität deutlich voneinander unterscheiden. Es macht keinen Sinn, Vietnamesisch „ohne Töne" lernen zu wollen, denn der richtige Ton entscheidet darüber, um welches Wort es sich handelt, z. B. um *mạ* (Reissetzling), *má* (Mutter) oder *mã* (Pferd). Deshalb wurde größter Wert auf geeignete Phonetikübungen gelegt. Die Hör- und Nachsprechübungen ermöglichen Ihnen ein schnelles Einhören in die vietnamesische Phonetik und eine korrekte Aussprache der Wörter.

Für das Hören der Audios schlagen wir vor:

- Erstes Anhören der neuen Vokabeln bei geöffnetem Buch. Achten Sie auf die Töne und die Aussprache: Wie hängen Schriftbild und Aussprache zusammen? Versuchen Sie sich die Bedeutung einzuprägen. Ruhig einige Male hintereinander reinhören. Nach jedem Wort haben Sie Zeit zum Nachsprechen. Keine übertriebene Zurückhaltung: Gewöhnen Sie sich schon früh an Ihre Stimme in der Fremdsprache.
- Der Dialog A sollte, nachdem Sie die Wörter geübt haben, keine großen Schwierigkeiten mehr bereiten. Alle neuen Wörter lernen Sie jetzt im Kontext kennen. Einige vietnamesische Laute werden Ihnen anfangs sehr ungewohnt erscheinen, das ist normal. Ahmen Sie einfach die Sprecher/innen nach und fürchten Sie sich nicht vor „komischen Lauten".
- Mindestens eine Übung pro Lektion findet sich auch in den Audios. Trainieren Sie besonders die Aussprache der Töne und Lautkombinationen des Vietnamesischen. Legen Sie das Buch mal aus der Hand, verlassen Sie sich auf Ihr Gehör. Ein kurzer Gong sagt Ihnen, wann Sie mit Sprechen an der Reihe sind. Die Lösung folgt dann im Anschluss.
- Für den zweiten Teil der Lektion (Dialog B und nachfolgende Übungen) gilt das Gleiche.

Alle Vokabellisten, Dialoge und Übungen, die Sie sich anhören können, sind mit diesem Piktogramm versehen:

▶ 1

Die Zahl gibt an, unter welcher Tracknummer der entsprechende Hörtext zu finden ist.

1

Flug nach Hanoi

Vietnamesisch ist eine Tonsprache. Jede Silbe trägt einen der sechs möglichen *thanh* (Töne) und damit ein *dấu* (Tonzeichen). Die Töne unterscheiden sich voneinander durch Höhe, Verlauf, Intensität und Dauer:

2

ba, ma	ebener Ton, ohne Tonzeichen
bà, mà	gleichmäßig tief
bá, má	hoher Ton
bạ, mạ	tiefer Knacklaut
bả, mả	tief ansetzender Frageton
bã, mã	unterbrochen steigend

Das Alphabet

Nur in Fremdwörtern kommen f, j, w und z vor:

A a	Ă ă	Â â	B b
C c	D d	Đ đ	E e
Ê ê	G g	H h	I i
K k	L l	M m	N n
O o	Ô ô	Ơ ơ	P p
Q q	R r	S s	T t
U u	Ư ư	V v	X x
Y y			

Peggy Beck ist erleichtert: Endlich sitzt sie im Flieger nach Hanoi. Dort wird sie zehn Monate lang ein Praktikum bei einem deutschen Unternehmen absolvieren. Noch schwirrt ihr der Kopf: Visum, letzte Prüfungen, Impfungen, Gepäck – und nicht zuletzt zehn Wochen Intensivkurs Vietnamesisch haben sie einige Kraft gekostet. Doch nun fühlt sich Peggy gut gerüstet. Noch 18 Stunden Flug bis Hanoi, dann wird sie beweisen müssen, was sie gelernt hat. Neben Peggy sitzt ein junger Vietnamese, der seit zwanzig Jahren in Deutschland lebt und sich auf Urlaub in der alten Heimat freut. Mutig spricht sie ihn an: *Xin chào anh!* (Guten Tag!) Ihr Sitznachbar reagiert erfreut: *Xin chào chị!* (Guten Tag!), antwortet er verschmitzt lächelnd, *tôi tên là Hùng* (ich heiße Hung). Peggy weiß, dass sich Vietnamesen/-innen mit dem Vornamen anreden: *Tên tôi là Peggy* (Mein Vorname ist Peggy), stellt sie sich ebenfalls vor, *anh có khỏe không?* (wie geht es Ihnen?). Herr *Nguyễn Đức Hùng* – so der vollständige Name – ist nun doch über Peggys Vietnamesisch erstaunt.
Endlich auf dem Flughafen *Nội Bài* angekommen, wird Hùng plötzlich von einer Blumen schwenkenden Gruppe umringt: Seine ältere Cousine ist mit ihrer Familie gekommen. *Em xin giới thiệu* (Darf ich vorstellen), zeigt Hung auf eine gutgelaunte Mitdreißigerin: *Đây là chị Lan, chị họ tôi.* (Das ist Frau Lan, meine Cousine). Lan fragt interessiert, ob Peggy eine *người Đức* (Deutsche) sei. Diese ist von der herzlichen Begrüßung ganz angetan. Besser hätte ihre Vietnam-Reise nicht beginnen können.

Wie heißen Sie?

▶ 3

xin	bitten
chào	grüßen
anh	älterer Bruder/Cousin; Sie, du (männlich)
chị	ältere Schwester/Cousine; Sie, du (weiblich)
tôi	ich
tên	Vorname
tên là	heißen
là	sein
gì?	was? (Fragewort für Dinge)
… có … không?	Funktionswörter für Entscheidungsfragen
khỏe	gesund, es geht gut
cảm ơn, cám ơn	danke
còn	und, noch
cũng	auch

■ Xin chào anh.	Guten Tag.
● Xin chào chị. Tôi tên là Hùng. Chị tên là gì?	Guten Tag. Ich heiße Hung. Wie heißen Sie?
■ Tên tôi là Peggy. Anh có khỏe không?	Mein Vorname ist Peggy. Wie geht es Ihnen?
● Cảm ơn chị, tôi khỏe. Còn chị, chị có khỏe không?	Danke Ihnen, es geht mir gut. Und Ihnen, wie geht es Ihnen?
■ Cám ơn anh, tôi cũng khỏe.	Danke, es geht mir auch gut.

Ganz einfach
1. Verben, Nomen und Adjektive bleiben immer gleich:
*Tôi **chào** chị.*
(Ich **grüße** dich.)
*Chị ấy **chào** tôi.*
(Sie **grüßt** mich.)
2. Es gibt im Grunde nur **zwei Wortklassen**: Vollwörter und sog. Funktionswörter. Vollwörter wie *nhà* (Haus) haben eine Wortbedeutung. Funktionswörter wie *sẽ* (Marker für Futur) sind grammatische Hilfswörter: *Tôi ăn cam.* (wörtl.: Ich essen Orange.)
*Tôi **sẽ** ăn cam.* (Ich **Zukunft-*sẽ*** essen Orange = Ich **werde** eine Orange essen.)
3. Satzbau immer Subjekt-Prädikat-Objekt:
Chị tên là Lan.
(Sie heißen Lan.)
Chị tên là gì? (Sie heißen was? = Wie heißen Sie?)

Anredeformen sind sehr wichtig und abhängig vom Geschlecht, Alter, sozialen Rang. Anstelle von „du, Sie, er“ … werden Verwandtschaftsbezeichnungen verwendet:
anh (älterer Bruder) für männliche, ***chị*** (ältere Schwester) für weibliche Personen, die bis zu 10 Jahre älter als der Sprecher sind:
*Xin chào **anh/chị**!*
(Guten Tag, **Herr/Frau**!)

Höflichkeitsform *xin:* *Xin chào!* (wörtl.: Bitten grüßen! = Guten Tag!)
Xin chào + Anredeform: *Xin chào anh/chị!* (Guten Tag, Herr/Frau!)
Chào gilt auch fürs Verabschieden: *Chào anh!* (Auf Wiedersehen!)

Übungen

Keine Angst vor den Tonhöhen.
ba (Vater, drei), *bà* (Großmutter; Anredeform für Dame, ältere Frau), *bá* (Tante), *bạ* (Zeugnis), *bả* (Gift), *bã* (Abfall, Müll)

1. Drei Tanten mit Zeugnissen

▶ 4

1. ba – bà – ba
2. bà – bá – ba
3. bá – bạ – ba
4. bạ – bả – ba
5. bả – bã – ba
6. bã – ba – bà

Kein Kammerton a'! Tonhöhen sind nicht absolut! Finden Sie die für Sie angenehmste Sprechlage: Dort liegt Ihr *Thanh không* (ebener Ton), von dem aus Sie die anderen Töne finden werden.

2. Der ebene Ton

▶ 5

1. tôi
2. ông
3. anh
4. em
5. tên
6. ơn
7. không
8. xin
9. vâng
10. ba

Rufnamen haben immer eine Bedeutung. Beliebt für Jungen: *Hùng* (Held), *Dũng* (mutig), *Sơn* (Berg); für Mädchen: *Hoa* (Blume), *Lan* (Orchidee). *Bình* (Frieden) geht für beide Geschlechter.

3. Ich heiße …

▶ 6

Tôi tên là ***Hùng***.

1. Hùng
2. Hoa
3. Dũng
4. Bình
5. Lan
6. Sơn

Sie treffen auf eine nette Frau namens „Blume", die fünf Jahre älter ist. Wie sollte das Gespräch auf Vietnamesisch ablaufen? Übersetzen Sie!

4. Kennenlernen

1. Guten Tag. Wie heißen Sie?
2. Ich heiße Hoa.
3. Wie geht es Ihnen?
4. Danke. Es geht mir gut.

Lebenskünstler arbeiten mit Tricks: Suchen Sie ein Wort aus dem jeweiligen Satz links in den Antworten a bzw. b. Das könnte Ihr Schlüsselwort für die richtige Entscheidung sein. *Cảm ơn* sagt man im Norden, *cám ơn* im Süden.

5. Welche Antwort passt?

1. Xin chào.
   a ☐ Cảm ơn.
   b ☐ Xin chào.
2. Anh tên là gì?
   a ☐ Tôi tên là Uschi.
   b ☐ Tôi tên là Richard.
3. Tên chị là gì?
   a ☐ Tên tôi là Dorota.
   b ☐ Tên tôi là Walter.
4. Chị có khỏe không?
   a ☐ Xin chào anh.
   b ☐ Cám ơn anh, tôi khỏe.

Wie geht es dir?

7

em	du (m/w), jüngere/-r Cousin/-e, jüngeres Geschwisterkind
giới thiệu	vorstellen
đây là …	das ist …
họ	Familienname
của	von, gehört zu …
chị ấy	sie (3. Person Einzahl)
bà	Großmutter, höfl. Sie (w, Einz.)
người	Mensch
người Đức	Deutsche/-r
à?	Fragewort
vâng	ja
chị họ	Cousine
Hà nội	Hanoi

● Chào em Hùng. Em có khỏe không?	Guten Tag, Cousin Hung. Wie geht es dir?
■ Chào chị Lan. Cảm ơn, em khỏe. Chị có khỏe không?	Guten Tag, Cousine Lan. Danke, gut. Wie geht es dir?
● Cảm ơn em, chị cũng khỏe.	Danke, es geht mir auch gut.
■ Em xin giới thiệu: Đây là chị Peggy. Họ của chị ấy là Beck.	Darf ich vorstellen: Das ist Peggy. Ihr Nachname ist Beck.
● Bà Beck là người Đức à?	Frau Beck ist Deutsch, ja?
■ Vâng, chị Peggy là người Đức.	Ja, Peggy ist Deutsche.
● Xin chào bà Beck.	Guten Tag, Frau Beck.
■ Chị Peggy, tôi xin giới thiệu: Đây là chị Lan, chị họ tôi. Chị Lan là người Hà nội.	Peggy, darf ich vorstellen: Das ist Frau Lan, meine Cousine. Frau Lan ist Hanoierin.

Anredeformen
em Anredeform für Personen, die jünger sind als man selber ist
ông für ältere (m) Gesprächspartner (formell)
bà für ältere (w) Gesprächspartner (formell)

Funktionswort *của* (von; besitzanzeigend):
*Họ **của tôi** là Beck.* (Nachname **von ich** sein Beck. = **Mein** Nachname ist Beck.)
Của kann wegfallen bei Verwandten bzw. Dingen, die zweifelsfrei zu einem gehören:
*anh họ **của tôi*** =
*anh họ **tôi***
(Cousin **von ich** = Cousin **ich** = **mein** Cousin)
*chân **tôi***
(Fuß **ich** = **mein** Fuß)

Nationalitäten etc.
người (Mensch) + Nation/Gebiet/Stadt:
người Đức (Mensch deutsch = Deutsche/-r)
người Hà nội (Hanoier/-in)
người Việt Nam (Vietnamese/-in)

Satz + *à?* = Frage
*Bà là người Đức **à?*** (Dame sein Deutsche **Frage**? = Sie sind Deutsche, ja?)
Antwortmöglichkeiten:
Vâng. (Ja; im Norden.)
Dạ. (Ja; im Süden.)
Không. (Nein.)

Einsilbig: Die Wörter im Grundwortschatz sind kurz, jede Silbe hat eine eigene Bedeutung: *hát* (singen). Auch Zusammensetzungen werden einzeln geschrieben: *nhà hát* (Haus singen = Theater)

Übungen

Hier sind die fünf ersten langen Vokale:
o wie in S**o**nne
ô wie in M**o**de
ơ wie in Vas**e**
u wie in K**u**h
ư (Unterkiefer nach vorn)

1. So so, Lore holt Obst

8

1.	**o:**	b**o**	h**o**	l**o**	m**o**	n**o**
2.	**ô:**	b**ô**	h**ô**	l**ô**	m**ô**	n**ô**
3.	**ơ:**	b**ơ**	h**ơ**	l**ơ**	m**ơ**	n**ơ**
4.	**u:**	b**u**	h**u**	l**u**	m**u**	n**u**
5.	**ư:**	b**ư**	h**ư**	l**ư**	m**ư**	n**ư**

Die Töne sind entscheidend für die Bedeutung der Silbe: Falscher Ton = falsches Wort!
m**a** (Geist), m**à** (aber), m**á** (Mutter), m**ạ** (junge Reispflanze), m**ả** (Grab), m**ã** (Pferd)

2. Geist reitet zum Grab

9

1. m**a** – m**à** – m**a**
2. m**à** – m**á** – m**a**
3. m**á** – m**ạ** – m**a**
4. m**ạ** – m**ả** – m**a**
5. m**ả** – m**ã** – m**a**
6. m**ã** – m**a** – m**à**

Herkunftsraten!
Áo (Österreich) und *Thụy Sĩ* (Schweiz) sind Deutschlands südliche Nachbarn. Groß schreibt man nur die Namen von Personen, Ländern, Städten u. Ä.

3. Was für ein Mensch bist du?

10

*Anh là người **Đức** à?*

1. Đức
2. Áo
3. Thụy Sĩ
4. Việt Nam
5. Hà Nội
6. Sài Gòn
7. Huế
8. Đà Nẵng

Keine Angst vor langen Sätzen: Schauen Sie sich in Ruhe Wort für Wort an und „erraten" Sie dann die Satzbedeutung.
Schlagen Sie notfalls in der Vokabelliste auf den Seiten 9 und 11 nach.

4. Welche Antwort passt?

1. Chào ông. Ông có khỏe không?
   a ☐ Cảm ơn bà. Tôi khỏe.
   b ☐ Họ tôi là Nguyễn.
2. Họ bà là gì?
   a ☐ Vâng, tôi là người Đức.
   b ☐ Họ tôi là Beck.
3. Xin giới thiệu: Đây là ông Dũng.
   a ☐ Chào ông.
   b ☐ Ông có khỏe không?
4. Bà là người Việt nam à?
   a ☐ Không, tôi là người Đức.
   b ☐ Cảm ơn ông. Tôi khỏe.

Stadt am Roten Fluss

1

Hà Nội (Hanoi) bedeutet „diesseits des Flusses" und genau dort, auf dem Schwemmland des *Sông Hồng* (Roter Fluss), hatten bereits vor mehr als 2000 Jahren vietnamesische Stammesfürsten ihre Stützpunkte errichtet.
Den Namen *Hà Nội* erhielt die Stadt erst 1831 von Kaiser *Minh Mạng*. Er war der Meinung, Bezeichnungen mit dem Wort Drachen seien allein dem Herrscher vorbehalten. Das gute Omen des aufsteigenden Drachen hat trotz aller Umbrüche, Eroberungen, Zerstörungen und Umbenennungen seine Kraft bewiesen. *Hà Nội* blieb immer das politische, administrative, wirtschaftliche und kulturelle Zentrum Vietnams und hat dabei seinen einzigartigen Charakter bis heute bewahrt.
Das Herz Hanois schlägt am *Hồ Hoàn Kiếm* (See des wiedergegebenen Schwertes). Zwischen dem magischen Labyrinth der Altstadt und den Straßen des Französischen Viertels gelegen, ist der von uralten Bäumen umsäumte See mit dem auf einer Insel gelegenen *Đền Ngọc Sơn* (Jadebergtempel) Labsal für das Auge und die Seele. Früh am Morgen sieht man hier rüstige Senioren beim Schattenboxen, abends flanieren Einheimische und Touristen auf den Uferwegen, während die Bänke am Seeufer seit jeher den Verliebten vorbehalten sind. Schaut man auf das Wasser, in dem sich die bunten Lichter der Stadt spiegeln, scheint der um den See brausende Verkehrslärm immer leiser zu werden. Und vielleicht erhascht man ja einen Blick auf die ehrwürdige, uralte „goldene" Schildkröte, die demjenigen Glück bringen soll, dem sie sich zeigt.

König Lý Thái Tổ gründete 1010 die vietnamesische Hauptstadt – Hanois ursprünglicher Name war *Thăng Long* (aufsteigender Drache). Der Legende zufolge hatte er dort, wo seine Residenz entstehen sollte, aus der Ferne einen riesigen Drachen erblickt, der sich gerade in die Lüfte erhob.

Hanoi ist heute die älteste Hauptstadt Südostasiens. Zahllose Mythen und Legenden ranken sich um die Geschichte der Stadt. Bis heute gilt sie als heiliger Boden, als Wiege der vietnamesischen Zivilisation.

2

Zum Hotel

Knigge Vietnamesisch
Nicht die Dame, sondern der Herr bietet die Hand zum Gruß. Das Händeschütteln wird bei Gleichaltrigen bzw. Gleichrangigen von einem leichten Neigen des Kopfes begleitet. Älteren bzw. höherrangigen Personen (Chef, Lehrer ...) werden beide Hände zum Gruß gereicht, verbunden mit einer leichten Verbeugung.

Vietnamesische Frauen reichen selten die Hand: Sie falten lieber die Hände in Bauchhöhe zum Gruß und verbeugen sich dabei leicht.

Kinder grüßen Erwachsene mit vor der Brust verschränkten Armen und einer tiefen Verbeugung.

Peggy verabschiedet sich von Herrn Hung und dessen Empfangskomitee und nimmt eines der Taxis, die vor dem Flughafen warten. *Bà muốn đi đâu ạ?* (Wohin möchten Sie fahren?), fragt der Fahrer. *Đến khách sạn Ánh Dương* (Zum Hotel Sonnenschein), antwortet Peggy. Den 40-Jährigen freut, dass er sein Englisch nicht rauskramen muss und er sich mit seiner Kundin auf Vietnamesisch verständigen kann: *Khách sạn Ánh Dương ở đâu?* (Wo ist das Hotel Sonnenschein?), fragt er weiter. Berechtigte Frage, denn in der 6,5 Millionen-Stadt Hanoi gibt es zahllose Hotels aller Preisklassen und jeden Tag eröffnet irgendwo ein neues. Gut, dass Peggy die Adresse parat hat: *Ở phố Hàng Bạc* (In der Hang-Bac-Straße), antwortet sie. Während sich das Taxi hupend seinen Weg bahnt, schaut Peggy fasziniert aus dem Fenster. In der Altstadt angekommen, wendet sie keinen Blick von dem bunten Gewimmel in den Gassen. Sie kann es kaum erwarten, einen ersten Rundgang zu wagen.
Doch zuerst muss sie im Hotel einchecken. Ob sie ein *phòng đơn* (Einzelzimmer) möchte, erkundigt sich der junge Mann an der *quầy tiếp tân* (Rezeption). Klar: *Tôi muốn thuê một phòng đơn, anh ạ* (Ich möchte ein Einzelzimmer mieten), erwidert Peggy. Als nächstes fragt der Angestellte, wie lange Peggy bleibt. Doch sie mag sich nicht gleich festlegen und antwortet diplomatisch: *Tôi chưa biết* (Ich weiß noch nicht).

Wohin möchten Sie fahren?

(▶) 12

ông	höfl. Sie (m, Einz.), Großvater
muốn	wollen, mögen
đi	gehen, fahren, fliegen (zu/-r/-m)
đi đâu?	wohin?
ạ	Füllwort (höfliches Satzende)
đến	kommen (zu/-r/-m)
khách sạn	Hotel
ánh dương	Sonnenschein
ở đâu?	wo?
ở	in
phố	Straße
phố Hàng Bạc	Hang-Bac-Straße
chào + Anrede	auf Wiedersehen

■ Xin chào ông.	Guten Tag.
● Xin chào bà. Bà muốn đi đâu ạ?	Guten Tag. Wohin möchten Sie fahren?
■ Đến khách sạn Ánh Dương.	Zum Hotel Sonnenschein.
● Khách sạn Ánh Dương ở đâu?	Wo ist das Hotel Sonnenschein?
■ Khách sạn Ánh Dương ở phố Hàng Bạc.	Das Hotel Sonnenschein ist in der Hang-Bac-Straße.
● Đây là khách sạn Ánh Dương.	Das ist das Hotel Sonnenschein.
■ Cảm ơn ông. Chào ông.	Danke. Auf Wiedersehen.

Wohin? und wo?
1. … đi đâu? (wörtl.: gehen/fahren/fliegen wo? = wohin?)
*Bà **đi đâu**?*
(**Wohin** gehen Sie?)
*Tôi **đi** chợ.*
(Ich **gehe zum** Markt.)
*Tôi **đến** khách sạn.* (Ich **fahre/komme zum** Hotel.)
2. … ở đâu?
(wörtl.: in wo? = wo?, wo befindet sich …?)
*Khách sạn **ở đâu**?* (Hotel **wo**? = **Wo** befindet sich das Hotel?)
*Khách sạn **ở** Hà Nội.* (Das Hotel ist/befindet sich **in** Hanoi.)

***ạ*-Füllwort am Satzende** benutzt man im Gespräch mit höher gestellten oder älteren Personen (Chef, Lehrer etc.) und Kunden.

Anders als im Deutschen wird (▶) 11
in Aussagesätzen die Stimme am Satzende nicht gesenkt, in Fragesätzen nicht gehoben. Die Höhe der Stimme hängt allein vom Tonzeichen der letzten Silbe im Satz ab.
1. Stimme bleibt im ebenen Ton: *Anh có khỏe không?*
2. Stimme wird gesenkt: *Bà muốn đi đâu ạ?*

Zusammengesetzte Substantive:
Grundwort vor Bestimmungswort :
phố Hàng Bạc (wörtl.: Straße Hang Bac = Hang-Bac-Straße).

Übungen

Nun hören Sie die Unterschiede der Töne sicher schon ganz genau!
ca (Krug), *cà* (Aubergine), *cá* (Fisch), *cạ* (reiben), *cả* (erste/-r, größte/-r), *cã* (*cả* südl. Dialekt)

1. Fisch frisst keine Aubergine

▶ 13

1. c**a** – c**à** – c**a**
2. c**à** – c**á** – c**a**
3. c**á** – c**ạ** – c**a**
4. c**ạ** – c**ả** – c**a**
5. c**ả** – c**ã** – c**a**
6. c**ã** – c**a** – c**à**

Dieser Ton beginnt deutlich tiefer als der ebene Ton und verläuft gleichmäßig nach unten.

2. Gleichmäßig tiefer Ton

▶ 14

1. ch**à**o
2. l**à**
3. g**ì**?
4. c**ò**n
5. b**à**
6. ngư**ờ**i
7. **à**?
8. ph**ò**ng
9. H**ù**ng
10. B**ì**nh

Hören Sie genau zu und sprechen Sie nach, um die „Satzmelodie" sicher zu halten.
hòa bình (Frieden)

3. Wohin möchten Sie fahren?

▶ 15

1. Xin chào ông.
2. Xin chào bà. Bà muốn đi đâu ạ?
3. Tôi muốn đến khách sạn Hòa Bình.
4. Khách sạn Hòa Bình ở đâu?
5. Khách sạn Hòa Bình ở Hà Nội.

Der junge Vietnamese *Dũng* trifft eine junge Deutsche. Hier sind die Antworten ganz schön durcheinander geraten. Wie sollte das Gespräch ablaufen?

4. Ein gepflegtes Gespräch

1. Xin chào anh.
2. Anh tên là gì?
3. Anh có khỏe không?
4. Anh đi đâu ạ?

a ☐ Tôi tên là Dũng.
b ☐ Cảm ơn chị, tôi khỏe.
c ☐ Tôi đến Khách sạn Ba Đình.
d ☐ Chào chị.

Nicht wundern: Eines der Wörter kommt an zwei Stellen zum Einsatz. Welches?

5. Bitte setzen Sie ein!

người – giới thiệu – vâng – là – của

1. Tôi xin __________ : Đây __________ Peggy.
2. Họ __________ Peggy là gì?
3. Anh là __________ Việt nam à?
4. __________, tôi là __________ Việt nam.

Haben Sie ein Zimmer frei?

2 B

16

có	haben
phòng	Zimmer
thuê	mieten
đơn	Einzel-
phòng đơn	Einzelzimmer
một	eins, ein/-e/-er
ở	bleiben
đây	hier
mấy?	wie viel?
đêm	Nacht
chưa	noch nicht
biết	wissen

■ Xin chào anh. Anh có phòng không?	Guten Tag. Haben Sie ein Zimmer (frei)?
● Có ạ. Chị muốn thuê phòng đơn à?	Ja. Möchten Sie ein Einzelzimmer mieten?
■ Vâng, tôi muốn thuê một phòng đơn, anh ạ.	Ja, ich möchte ein Einzelzimmer mieten.
● Chị ở đây mấy đêm?	Wie viele Nächte bleiben Sie hier?
■ Tôi chưa biết.	Ich weiß noch nicht.
● Cảm ơn chị. Chào chị.	Danke. Auf Wiedersehen.
■ Tôi cũng cám ơn anh. Chào anh.	Ich danke Ihnen auch. Auf Wiedersehen.

Einsilbig effektiv
Wörter wie ***có*** können richtige Zauberzwerge sein – superkurz, dafür oft mit mehreren Bedeutungen:
1. *có* (haben)
2. *có* (vorhanden sein)
3. *có* zur Bildung einer Frage: *có … không?*
4. *có* (ja = es gibt)

Für uns sind folgende **Personalpronomen im Singular** wichtig:
1. Person: ***tôi*** (neutral)
2. Person: ***ông, bà, anh, chị, em***
3. Person: = Anredeform + ***ấy***:
ông ấy, bà ấy, anh ấy, chị ấy, em ấy
Achtung: Vietnamesen/-innen untereinander benutzen noch weitere ich-du-Konstellationen, je nachdem, in welchem Verhältnis die Sprecher zueinander stehen. Da haben wir es leichter, denn für uns gilt meist *tôi* (ich).

Für **wie viel?** gibt es zwei Fragewörter:
1. ***mấy?*** für Mengen bis 10:
***Mấy** người?*
(**Wie viele** Leute?)
Hai người.
(Zwei Personen.)
2. ***bao nhiêu?*** für Mengen ab 10:
***Bao nhiêu** người?*
(**Wie viele** Leute?)
Mười hai người.
(Zwölf Personen.)

Lassen Sie sich das Zimmer zeigen, bevor Sie einchecken. Man muss nicht das Erstbeste nehmen.

2 B

Übungen

Von den neun langen Vokalen haben Sie bereits fünf kennengelernt. Hier folgen die restlichen vier:
a wie in S**aal**
e wie in N**ä**he
ê wie in S**ee**
i wie in L**ie**d

Kurze Vokale:
ă wie in **A**mt
â wie in ab**er**
y wie in **i**st

1. A wie Aal

▶ 17

1.	**a:**	na	va	qua	cà	phà
2.	**e:**	nè	vè	que	kè	phè
3.	**ê:**	nề	về	quê	kể	phê
4.	**i:**	nì	vì	qui	ki	phi

2. Kann Hanne in die Wanne?

▶ 18

1.	**ă:**	ăn	lẳn	khăn	măng	bẳng
2.	**â:**	âm	ẩm	vân	cẩn	lẩn
3.	**y:**	ly	lỳ	kỳ	ky	hy

Personalpronomen und gleichzeitig eine kleine Auswahl an Verwandten, die Sie nach dem Befinden fragen können: *cô* (Tante, junge Frau, Fräulein)

3. Wie geht es Ihnen/dir?

▶ 19

Ông *có khỏe không?*

1. ông
2. bà
3. anh
4. chị
5. em
6. cô

Übersetzen Sie die Fragen in Ruhe, dann fällt die Entscheidung für a oder b ganz leicht!

4. So viele Fragen

1. Chị đi đâu?
   a ☐ Chào anh.
   b ☐ Tôi đến khách sạn.
2. Khách sạn ở đâu?
   a ☐ Khách sạn ở Hà Nội.
   b ☐ Tôi tên là Peggy.
3. Anh có phòng không?
   a ☐ Có.
   b ☐ Chị có khỏe không ?
4. Chị ở đây mấy đêm?
   a ☐ Cảm ơn anh, tôi khỏe.
   b ☐ Tôi chưa biết.

Sie treffen auf einen netten Mann namens *Bình* (Frieden), der so jung wie Sie ist. Wie sollte das Gespräch auf Vietnamesisch ablaufen?

5. Ich heiße „Frieden"

1. Guten Tag. Ich heiße __________. Wie heißen Sie?
2. Meine Nach- und Vornamen sind Trần Bình. Sind Sie Schweizer?
3. Nein. Ich bin Deutsche/-r.
4. Darf ich vorstellen: Das ist Herr Nam. Herr Nam ist Hanoier.

Vietnamesisch

2

Wetten, dass Sie schon immer ein paar vietnamesische Wörter kannten? Begriffe wie *cà phê* (Kaffee), *bia* (Bier), *tắc-xi* (Taxi), *kem* (Eiskrem), *cô ca* (Cola), *Đô-la* (Dollar), *toa-lét* (Toilette) versteht man auf Anhieb, auch *mini-hotel* oder *internet-café*. Leider gibt es im Vietnamesischen aber nicht die Vielzahl an Internationalismen wie in vielen europäischen Sprachen.
Das Vietnamesische war lange Zeit chinesischem Einfluss ausgesetzt. Beamte und Gelehrte sprachen und schrieben *Hán* (Chinesisch). Vor etwa 800 Jahren begannen sie, die bis dahin verwendeten *Hán*-Zeichen mit Zusätzen zu versehen, um den Besonderheiten der vietnamesischen Wörter gerecht zu werden. So entstand die *Hán-Nôm*-Schrift, in der später auch die Werke der klassischen vietnamesischen Literatur verfasst wurden. Im 17. Jahrhundert entwickelten europäische Missionare für das Vietnamesische eine Lautschrift auf Basis lateinischer Buchstaben. Diese diente vor allem der Verbreitung von Bibelinhalten und führte daher lange ein Schattendasein. 1945 jedoch wurde diese Schrift – *Quốc Ngữ* – offiziell zur Staatsschrift Vietnams. Sie war viel schneller zu erlernen als die komplizierte Bilderschrift *Hán-Nôm*, was die Alphabetisierung erleichterte, denn bis dahin konnten 95 % der Vietnamesen/-innen nicht lesen und schreiben.
In vielen Fremdwörtern ist der französische Ursprung erkennbar. Oft haben sie inzwischen Töne: *xiếc* (cirque: Zirkus), *xà phòng* (savon: Seife). Meist sind es Begriffe aus Technik, Kultur, Kochkunst oder Mode. Auch zahlreiche Fachwörter wie *vitamin* oder *hóc-môn* (Hormon) wurden Allgemeingut. Die Neuzugänge *hacker*, *blog* etc. sind dagegen oft erst wenigen Sprechern vertraut.

Tiếng Việt (Vietnamesisch) ist die Muttersprache von ca. 90 Millionen Menschen in Vietnam. Für die 53 in Vietnam lebenden kleinen Völkerschaften ist *Tiếng Việt* Verkehrssprache.

Mehrere Millionen Vietnamesen/-innen leben im Ausland, vor allem in den USA, in Frankreich, Kanada, Australien und Taiwan. Aber auch in den Nachbarstaaten Vietnams – Laos, Thailand und Kambodscha – leben Vietnamesen/-innen, mit denen man sich in ihrer Muttersprache verständigen kann.

Unabhängig von ihrer politischen Haltung ist den meisten Vietnamesen/-innen die Bewahrung ihrer Sprache und Kultur auch in ihrer neuen Heimat enorm wichtig.

3

In der Firma

Sie lassen sich nicht gern ausfragen? Ein wenig Überwindung lohnt sich: Bereitwillige Auskünfte – z. B. über Ihren Beruf – werden Ihnen Türen und Herzen öffnen!

Berufsbezeichnungen gelten für Frauen und Männer, es gibt keine besonderen Formen:

bác sĩ	Arzt
công nhân	Arbeiter
giáo viên	Lehrer
kỹ sư	Ingenieur
kỹ thuật viên	Techniker
nghệ sĩ	Künstler
ngư dân	Fischer
nhà báo	Journalist
nhân viên	Angestellter
nông dân	Bauer
thợ điện	Elektriker
thợ may	Schneider
thợ mộc	Tischler
thợ nề	Maurer
thủy thủ	Seemann
thợ thủ công	Handwerker

Am nächsten Morgen ist Peggy schon ganz gespannt, ihre Firma und Kollegen kennenzulernen. Laut Stadtplan liegt das Büro nicht weit entfernt vom Hotel. Da sie weder zu spät noch verschwitzt ankommen will, winkt sie sich ein Taxi heran. Nach kurzer Fahrt betritt sie ein wenig nervös die klimatisierten Räume. Glücklicherweise kommt ihr ein etwa 50-jähriger Mann zu Hilfe. Es ist Herr *Nam*, der Chef der Filiale. Er hat die Praktikantin schon erwartet. Zufrieden registriert er Peggys Business-Kleidung trotz der Hitze und ihre formvollendete Begrüßung: *Xin tự giới thiệu* (Gestatten Sie, dass ich mich vorstelle). Gut gelaunt führt er Peggy zu seinen jungen Mitarbeitern: *Đây là chị Peggy* (Das ist Peggy). *Chị ấy là người Đức* (Sie ist Deutsche). Peggy blickt in lauter lächelnde Gesichter und sagt tapfer ihren bisher längsten Satz*: Rất hân hạnh được làm quen với các anh, các chị* (Sehr erfreut, Ihre Bekanntschaft zu machen).
In der Mittagspause plaudert Peggy mit Frau *Thu Hà*, der Sekretärin des Büros. *Em làm nghề gì?* (Welchen Beruf haben Sie?), fragt diese. Kein Problem für Peggy: *Em là kỹ sư* (Ich bin Ingenieurin). Peggy weiß, dass man oft sehr persönliche Dinge gefragt wird. Das ist für Vietnamesen/-innen wichtig, um ihr Gegenüber richtig einordnen zu können: *Em bao nhiêu tuổi?* (Wie alt sind Sie?), lautet prompt die nächste Frage. Peggy antwortet schmunzelnd: *Em hai sáu tuổi* (Ich bin 26). Und da Frau *Thu Hà* älter ist, nämlich *ba bảy* (37), wäre auch dieses Verhältnis geklärt.

Darf ich mich vorstellen?

3 A

▶ 20

tự giới thiệu	sich vorstellen
cô	höfl. Sie (w, Einz.), Tante, Fräulein
rất	sehr
vui mừng	sich freuen, fröhlich
được	dürfen
làm quen	bekannt machen, kennenlernen
với	mit
và	und
hân hạnh	Freude, glücklich
các	Hilfswort für die Mehrzahl
các anh, các chị	ihr, Sie (Mehrzahl)

■ Xin chào ông! Xin tự giới thiệu: Tôi là Peggy Beck.	Guten Tag! Darf ich mich vorstellen: Ich bin Peggy Beck.
● Chào cô Peggy. Tôi rất vui mừng được làm quen với cô. Họ và tên tôi là Trần Nam.	Guten Tag, Frau Peggy. Ich freue mich sehr, Sie kennenlernen zu dürfen. Meine Nach- und Vornamen sind Tran Nam.
■ Tôi cũng rất hân hạnh được làm quen với ông.	Es ist mir auch eine Freude, Sie kennenzulernen.
● Tôi xin giới thiệu với các anh, các chị: Đây là chị Peggy Beck, chị ấy là người Đức.	Darf ich Ihnen vorstellen, meine Herren und Damen: Das ist Frau Peggy Beck, sie ist Deutsche.
■ Xin chào các anh, các chị. Rất hân hạnh được làm quen với các anh, các chị.	Guten Tag, meine Herren und Damen. Es ist mir eine Freude, Sie kennenzulernen.

Es gibt nur ein **Reflexivpronomen:**
tự (mich, dich, sich ...)

Anredeformen
cô höflich für eine junge Frau (Fräulein), die deutlich jünger als der Sprecher ist, bei der aber das vertraulichere *em* nicht passend wäre.

rất (sehr) steht vor dem Adjektiv oder Modalverb:
*Tôi **rất** vui mừng ...*
(Ich **sehr** freue mich ...)

được (dürfen)
steht immer vor dem Verb:
*Tôi vui mừng **được làm quen** với cô.* (Ich freue mich **dürfen machen bekannt** mit Ihnen. = Ich freue mich, Sie kennenlernen zu dürfen.)

Funktionswort *với* (mit)
1. *làm quen **với*** + Anredeform (machen bekannt **mit** = jemanden kennenlernen)
2. *giới thiệu **với** + Anredeform* (vorstellen **mit** ... = jemanden vorstellen)
3. ***với*** + Person:
*Tôi **với** chị Peggy đi Việt Nam.* (Ich fliege **mit** Peggy nach Vietnam.)

Personalpronomen (Pl.)
các + Anredeform:
1. Für eine jüngere oder gleichaltrige Gruppe: *các anh, các chị*
2. Für eine ältere Gruppe: *các ông, các bà*

Gentlemen first: *Chào **các ông**, các bà.* (Guten Tag, meine **Herren** und Damen.)

3 A

Übungen

Nach dieser Übung wissen Sie vielleicht, wie sich *lả* anfühlt:
la (schreien), *là* (sein)
lá (Blatt), *lạ* (fremd, unbekannt), *lả* (erschöpft),
lã (rein, reines Wasser)

1. Erschöpftes Blatt schreit

▶ 21

1. **la** – l**à** – **la**
2. l**à** – l**á** – **la**
3. l**á** – l**ạ** – **la**
4. l**ạ** – l**ả** – **la**
5. l**ả** – l**ã** – **la**
6. l**ã** – **la** – l**à**

Der *thanh sắc* (hohe Ton) beginnt etwas höher als der ebene Ton und steigt mit wachsender Intensität stark nach oben an. Er ist etwas kürzer als der ebene und der gleichmäßig tiefe Ton.

2. Hoher Ton

▶ 22

1. c**ó**
2. m**ấ**y
3. mu**ố**n
4. đ**ế**n
5. ph**ố**
6. c**á**m ơn
7. chị **ấ**y
8. gi**ớ**i thiệu
9. kh**á**ch sạn
10. chưa bi**ế**t

Mit *gặp* (treffen) gäbe es noch eine weitere Kennenlern-Floskel:
Tôi rất hân hạnh được gặp chị. (Es ist mir eine Freude, Sie treffen zu dürfen.)

3. Nice to meet You!

▶ 23

Tôi rất vui mừng được làm quen với ***cô***.

1. cô
2. ông
3. bà
4. anh
5. chị
6. em

Fast wie im wirklichen Leben: Hat man erst einmal die Frage verstanden, ergibt sich der Rest von selbst, oder?

4. An der Rezeption

1. Chị có phòng không?
   - a ☐ Chào anh.
   - b ☐ Có, anh ạ.
2. Anh muốn thuê phòng à?
   - a ☐ Tôi đến khách sạn.
   - b ☐ Vâng, tôi muốn thuê một phòng.
3. Anh ở đây mấy đêm?
   - a ☐ Khách sạn ở Hà Nội.
   - b ☐ Một đêm, chị ạ.

Ein Wort will Ihnen nicht einfallen? Einfach zurückblättern und nachschauen, es ist nichts Neues dabei! Bitte übersetzen Sie!

5. Der nette Chef

1. Herr Nam ist Vietnamese.
2. Sein Nachname ist Trần.
3. Er freut sich sehr, Peggy kennenlernen zu dürfen.
4. Es geht ihm gut.

Ich bin Ingenieurin

▶ 25

nhân viên	Angestellte/-r
mới	neu
làm	machen, arbeiten
nghề	Beruf
kỹ sư	Ingenieur/-in
thư ký	Sekretär/-in
xin lỗi	Entschuldigung, entschuldigen
bao nhiêu?	wie viel? (ab 10)
tuổi	Jahre alt
hai sáu	26
ba bảy	37

■ Em chào chị. Chị có khỏe không?	Guten Tag. Wie geht es Ihnen?
● Cảm ơn em, chị khỏe. Em là nhân viên mới ở đây à?	Danke Ihnen, mir geht es gut. Sind Sie die neue Angestellte hier?
■ Vâng ạ.	Ja.
● Em làm nghề gì?	Was arbeiten Sie als Beruf?
■ Em là kỹ sư. Còn chị, chị làm nghề gì?	Ich bin Ingenieurin. Und Sie, was für einen Beruf üben Sie aus?
● Chị làm nghề thư ký. Xin lỗi, em bao nhiêu tuổi?	Ich arbeite als Sekretärin. Entschuldigung, wie alt sind Sie?
■ Em hai sáu tuổi. Còn chị, chị bao nhiêu tuổi?	Ich bin 26 Jahre alt. Und Sie, wie alt sind Sie?
● Chị ba bảy tuổi.	Ich bin 37 Jahre alt.

„hier"
1. *ở* (in)
ở *Hà Nội* (**in** Hà Nội)
2. *đây* (hier)
Đây *là chị Peggy.*
(**Hier** ist Peggy.)
3. *ở đây* (wörtl.: in hier):
Chị Hà là thư ký ***ở đây****.*
(Frau Hà ist die Sekretärin **hier**.)

Frage nach dem Beruf
Chị làm nghề gì? (Sie machen Beruf was?)
1. *Chị* ***là*** *thư ký.*
(Ich **bin** Sekretärin.)
2. *Chị* ***làm nghề*** *thư ký.*
(Ich **machen Beruf** Sekretärin.)

Frage nach dem Alter
1. Erwachsene:
… bao nhiêu tuổi?
(… wie viele Jahre alt?)
2. Kinder:
… mấy tuổi?
(… wie viele Jahre alt?)
Für die **Altersangabe** braucht man keine Zehner, die Grundzahlen reichen: *hai sáu tuổi* (zwei sechs Jahre alt = 26 Jahre alt).

Grundzahlen von 0 bis 10 ▶ 24
0: *không*
1: *một*
2: *hai*
3: *ba*
4: *bốn*
5: *năm*
6: *sáu*
7: *bảy*
8: *tám*
9: *chín*
10: *mười*

Aus Höflichkeit macht man Angesprochene bei der Anrede häufig „älter", als sie wirklich sind.

Übungen

Anfangslaute, die es im Deutschen nicht gibt:
d wie **s** in **S**ache, **S**usi
gi wie **g** in **G**elatine
r gerolltes deutsches **r**
s wie **sch** in **Sch**ule
x wie **ss** in Adre**ss**e

1. d wie Salz

26

1. d:	**d**a	**d**ê	**d**ư	**d**ơ	**d**o
2. gi:	**gi**à	**gi**á	**g**ì	**gi**ờ	**gi**a
3. r:	**r**a	**r**u	**r**ế	**r**è	**r**á
4. s:	**s**a	**s**ư	**s**ứ	**s**ì	**s**i
5. x:	**x**a	**x**ể	**x**é	**x**ơ	**x**u

Schon gemerkt? Genau! Die Tonzeichen auf den Silben haben wir nämlich für Sie reserviert. Bitte ergänzen Sie. Nachsprechen müssen Sie ausnahmsweise nicht.

2. Hier fehlt doch was?

27

1. chao ông
2. chao anh
3. chao em
4. chao ba
5. chao chi
6. chao cô

Nicht in Vietnam!
Huch, Sie kennen die Zehnerzahlen noch nicht? Kein Problem, für die Altersangabe reichen die Einer.

3. Das Alter ist tabu?

28

Em hai sáu *tuổi.*

1. em – 26
2. chị – 37
3. anh – 42
4. ông – 78
5. bà – 59
6. cô – 39

Versuchen Sie, die nebenstehenden Wörter passend in die Lücken einzusetzen!
luật sư (Rechtsanwalt)

4. Heiteres Beruferaten

1. __________ là __________ . (em, kỹ sư)
2. __________ là __________ . (giáo viên, anh)
3. __________ làm nghề __________ . (bà, bác sĩ)
4. __________ làm nghề __________ . (luật sư, ông)

Üben Sie schon mal Ihre Antworten auf jene Fragen, die Ihnen in Vietnam bei der ersten Begegnung häufig gestellt werden.

5. Kreuzverhör

1. Anh/Chị tên là gì?
2. Họ của anh/chị là gì?
3. Anh/Chị là người Đức à?
4. Anh/Chị làm nghề gì?
5. Anh/Chị bao nhiêu tuổi?

Warum keiner Herrn Nguyen sucht

3

Vietnamesische Namen sind meist dreiteilig: Zuerst steht der *họ* (Familien- bzw. Clanname), gefolgt vom *tên đệm* (Zwischenname) und *tên* (Rufname). Insgesamt gibt es nur etwa 300 *họ* (Familiennamen). Besonders häufig sind Namen der vietnamesischen Herrscherdynastien, z. B. der des letzten Königshauses *Nguyễn*. Auf den Plätzen 2 bis 15 folgen *Trần, Lê, Phạm, Hoàng, Phan, Vũ, Đặng, Bùi, Đỗ, Hồ, Ngô, Dương, Lý und Kim*. Rund 90 % der Vietnamesen/-innen tragen einen dieser Familiennamen! Kein Wunder, dass hier selbst eine Durchnummerierung nach dem Muster „Müller zwo, Müller drei …" kaum helfen würde. Die häufigsten Zwischennamen waren früher *thị* für weibliche und *văn* für männliche Personen. Heute geht es eher um Schönheit oder Bedeutung: *Bạch* (weiß), *Kim* (Gold), *Ngọc* (Edelstein) oder *Hữu* (das Rechte tun). Die Wahl von Zwischen- und Rufnamen ist eine ernste Angelegenheit, denn für Vietnamesen/-innen besteht eine enge Verbindung zwischen dem Namen und dem Schicksal eines Menschen.

Mit dem *tên* wird man angesprochen, unter ihm ist man bekannt. Er gibt jedoch nicht unbedingt Auskunft über das Geschlecht. Mädchen wie Jungen können *Bích Ngọc* (Jade), *Đức* (Moral) oder *Bình* (Frieden) heißen. Typische Mädchennamen sind Blumen wie *Lan* (Orchidee), Singvögel oder edle Materialien, z. B. *Nhung* (Samt). Zu Jungen passen positive Eigenschaften oder geografische Bezeichnungen: *Hùng* (Held), *Dũng* (mutig), *Minh* (klug), *Hiếu* (treue Kindesliebe), *Sơn* (Berg) und *Việt* (Vietnam) stehen auf der Hitliste der beliebtesten Vornamen.

Während der ***tên đệm*** (Zwischenname) ***thị*** einfach nur für „weiblich" steht, drückt die Silbe ***văn*** (Literatur) den Wunsch der Eltern aus, ihr Sohn möge einst Bildung und damit einen geachteten sozialen Status erwerben. Häufig diente der *tên đệm* auch zur Kennzeichnung der einzelnen Zweige einer großen Sippe.

Bis vor wenigen Jahrzehnten gaben manche Leute ihren Kindern hässliche und abwertende Namen. Damit sollten böse Geister davon abgehalten werden, den Kindern Leid zuzufügen. Daran glaubt heute niemand mehr. Daher findet man Namen wie *Lai* (Bastard), *Sấu* (hässlich) oder *Dốt* (dumm) nur noch bei älteren Jahrgängen. Traditionell sind Namen mit Tabuvorstellungen verbunden. Ein Sohn oder Enkel erhält niemals den Vornamen seines Vaters bzw. Großvaters.

4

Im Sprachkurs

Achtung: Für einen *thầy giáo* (Lehrer) oder eine *cô giáo* (Lehrerin) ist man als Schüler immer *em* (kleines Geschwisterkind)!

Wenn Vietnamesen/-innen besonders höflich sein wollen, machen sie den Gesprächspartner gern ein bisschen älter, als er wirklich ist.
Wenn man Sie also mit einer Anrede ehrt, die auch ganz gut für Ihre Eltern gepasst hätte, ist das noch kein Grund zur Panik. Allerdings mögen es auch vietnamesische Frauen, wenn man sie für jünger hält!

Heute Nachmittag besucht Peggy nach ihrer Arbeit zum ersten Mal den Vietnamesisch-Kurs am Sprachenzentrum der Staatlichen Universität Hanoi. Der nette Lehrer stellt sich als Herr *Phạm Minh Phú* vor und fragt die Kursteilnehmer: *Em là người nước nào?* (Aus welchem Land kommen Sie?) Peggys richtige Antwort freut Herrn Phu: *Em đã học tiếng Việt chưa?* (Haben Sie schon mal Vietnamesisch gelernt?), möchte er wissen. Na ja, eigentlich erst ein paar Wochen: *Em đã học tiếng Việt mười tuần ở nước Đức ạ* (Ich habe zehn Wochen in Deutschland Vietnamesisch gelernt), erklärt Peggy.
Tags darauf trifft Peggy auf dem Weg zu ihrem Büro plötzlich Herrn Hung aus dem Flugzeug – was für ein Zufall in der 6-Millionenstadt Hanoi! In den letzten Tagen hat sie mit so vielen fremden Menschen zu tun gehabt, dass ihr Herr Hung fast schon wie ein guter alter Bekannter vorkommt. Sie freut sich riesig: *Rất vui được gặp lại anh!* (Sehr erfreut, Sie wiederzusehen!) Am liebsten würde sich Peggy jetzt bei einem Glas Eiskaffee mit Herrn Hung unterhalten. Es gäbe da manche Dinge im bunten, quirligen Hanoi, zu denen Peggy Fragen hätte. *Chị đang đi đâu?* (Wohin gehen Sie?), erkundigt sich Herr Hung. *Tôi đi làm việc* (Ich gehe zur Arbeit), antwortet Peggy. Tja, im Moment ist also leider keine Zeit, und danach hat sie noch ihren Unterricht: *Chiều thứ ba hàng tuần tôi đi học tiếng Việt* (Dienstags gehe ich am Nachmittag zum Vietnamesisch-Kurs). Die Plauderstunde muss also warten – schade!

Können Sie Vietnamesisch?

4 A

29

nước	Land
nào?	welche/-r/-s?
nói	sprechen
được	können
tiếng Việt	vietnamesische Sprache
tốt	gut
đã	Funktionswort für Vergangenheit
học	lernen
rồi	schon
tuần	Woche
nước Đức	Deutschland

● Peggy, em là người nước nào?	Peggy, aus welchem Land kommen Sie?
■ Em là người Đức ạ.	Ich bin Deutsche.
● Em có nói được tiếng Việt không?	Können Sie Vietnamesisch sprechen?
■ Em nói tiếng Việt chưa tốt.	Ich spreche noch nicht gut Vietnamesisch.
● Em đã học tiếng Việt chưa?	Haben Sie Vietnamesisch (schon) gelernt (oder) noch nicht?
■ Rồi ạ. Em đã học tiếng Việt mười tuần ở nước Đức ạ.	Ja, schon. Ich habe Vietnamesisch zehn Wochen in Deutschland gelernt.

Frage nach Nationalität
1. *Bà* ***là người Đức à?*** (Sie **sein Mensch deutsch**?)
2. *Bà* ***là người nước nào****?* (Sie **sein Mensch Land welches**? = Aus welchem Land kommen Sie?)
Tôi ***là người Đức****.* (Ich **sein Mensch deutsch**.)
3. *Bà* ***từ nước nào đến?*** (Sie aus Land welches kommen?)
Tôi ***đến từ nước Đức. =*** *Tôi* ***từ nước Đức đến.*** (Ich **kommen aus Land deutsch.**)

được (können, Fähigkeit haben) steht immer nach dem Hauptverb:
Tôi nói ***được*** *tiếng Việt.* (Ich sprechen **können** Vietnamesisch.)

Für die **Vergangenheit** nimmt man das Funktionswort ***đã***, das vor dem Hauptverb steht:
Em ***đã*** *học tiếng Việt.* (Ich **FW** lernen Vietnamesisch. = Ich **habe** Vietnamesisch **gelernt.**)

FW *đã … chưa?* (schon … oder noch nicht?)
Em ***đã*** *học tiếng Việt* ***chưa****?* (Sie FW lernen Vietnamesisch FW? = Haben Sie **schon** Vietnamesisch gelernt **oder noch nicht**?)
1. *Rồi.* (**Ja, schon**.)
Rồi, *em* ***đã*** *học tiếng Việt* ***rồi****.* (**Ja**, ich habe **schon** Vietnamesisch gelernt.)
2. *Chưa.* (**Nein, noch nicht**.) ***Chưa,*** *em* ***chưa*** *học tiếng Việt.* (**Nein**, ich habe **noch nicht** Vietnamesisch gelernt.)

Übungen

hô (aufrufen), *hồ* (See), *hố* (Grube), *hộ* (helfen, Hilfe), *hổ* (Tiger), *hỗ* (unterstützen, Unterstützung)

1. Tiger im See ruft um Hilfe

▶ 30

1. hô – hồ – hô
2. hồ – hố – hô
3. hố – hộ – hô
4. hộ – hổ – hô
5. hổ – hỗ – hô
6. hỗ – hô – hồ

Der *thanh nặng* (fallender Ton) beginnt etwas tiefer als der ebene Ton und fällt tief nach unten ab. Er wird kurz ausgesprochen, ein sogenannter „Knacklaut".

2. Fallender Ton

▶ 31

1. ạ
2. chị
3. họ
4. tự
5. một
6. giới thiệu
7. hân hạnh
8. khách sạn
9. Hà Nội
10. Việt Nam

Pháp (Frankreich), *Nga* (Russland), *Nhật* (Japan) *Anh* (England), *Úc* (Australien), *Mỹ* (USA), *Trung quốc* (China)

3. Aus welchem Land kommst du?

▶ 32

*Tôi đến từ nước **Đức**.*

1. Đức
2. Pháp
3. Nga
4. Nhật
5. Anh
6. Úc
7. Mỹ
8. Trung quốc

Fragen Sie mit verschiedener Anredeformen und antworten Sie nach dem Muster. *tốt* (gut), *rất tốt* (sehr gut), *chưa tốt* (noch nicht gut), *ít thôi* (nur wenig), *không nói được* (nicht sprechen können)

4. Sprachkenntnisse

*Ông (bà, anh, chị, em) **có nói được tiếng Việt không**?*

1. Có, tôi nói tiếng Việt **tốt.**
2. Tôi nói tiếng Việt **chưa tốt.**
3. Tôi nói được **ít** tiếng Việt **thôi.**
4. **Không,** tôi **không nói được** tiếng Việt.

Erinnern Sie sich, was Hung und Peggy nach der Ankunft in Hanoi gemacht haben, und wie gut Peggy Vietnamesisch kann? Setzen Sie die vorgegebenen Wörter in die Lücken ein!

5. Haben Sie schon, oder noch nicht?

đã – nói – rồi – nước Đức – tiếng Việt

1. Anh Hùng ____________ giới thiệu chị Peggy với chị Lan chưa?
2. ____________, anh ấy đã giới thiệu rồi.
3. Chị Peggy đã ____________ tiếng Việt tốt chưa?
4. Chưa, chị ấy nói ____________ chưa tốt.
5. Rồi, chị ấy đã học tiếng Việt mười tuần ở____________

Wohin gehen Sie gerade?

34

gặp	treffen
lại	wieder
đang	Funktionswort für Gegenwart
làm việc	arbeiten
công việc	Arbeit
hàng tuần	wöchentlich
thế nào?	wie?
hàng ngày	täglich
thế à!	ah ja!
chiều	Nachmittag
thứ ba	Dienstag
hẹn	verabreden

● Chào chị Peggy.	Guten Tag, Peggy.
■ Chào anh Hùng. Rất vui được gặp lại anh.	Guten Tag, Hung. Ich freue mich sehr, Sie wiederzusehen.
● Chị đang đi đâu?	Wohin gehen Sie gerade?
■ Tôi đi làm việc.	Ich gehe arbeiten.
● Công việc hàng tuần của chị thế nào?	Wie ist Ihre wöchentliche Arbeit?
■ Hàng ngày tôi đi làm việc.	Ich gehe täglich arbeiten.
● Thế à!	Ah ja!
■ Chiều thứ ba hàng tuần tôi đi học tiếng Việt.	Am Dienstagnachmittag jeder Woche gehe ich zum Vietnamesisch-Kurs.
● Hẹn gặp lại chị!	Bis bald!

vui ist die Kurzform von *vui mừng* (sich freuen, fröhlich)

đang
Funktionswort für die Gegenwart zur Betonung des Gegenwartsbezugs:
*Chị **đang** đi đâu?* (Wohin gehen Sie **gerade/jetzt**)?

Wochentage 33
Montag bis Samstag:
thứ + Grundzahlen 2–7.
Nur der Sonntag funktioniert anders:

thứ hai	Montag
thứ ba	Dienstag
thứ tư	Mittwoch
thứ năm	Donnerstag
thứ sáu	Freitag
thứ bẩy	Samstag
chủ nhật	Sonntag
cuối tuần	Wochenende

Tageszeiten

buổi sáng	Vormittag
buổi trưa	Mittag
buổi chiều	Nachmittag
buổi tối	Abend
buổi đêm	Nacht

Auf *buổi* kann man verzichten:
chiều thứ ba (Dienstagnachmittag)

Auf Wiedersehen!
1. *Chào anh!* (Auf Wiedersehen!)
2. *Hẹn gặp lại!* (verabreden treffen wieder = Wir sehen uns wieder!, Bis bald!)
3. *Tạm biệt!* (für kurze Zeit verabschieden = Auf Wiedersehen!)

Rất vui được gặp lại anh! (wörtl.: Sehr freuen dürfen treffen wieder Sie!)

Übungen

Hier folgen fünf weitere „exotische“ Anfangslaute:
đ wie **d** in **D**aumen
t wie **d** in Wal**d**
th wie **t** in **T**asse
v wie **w** in **W**ein
ph wie **f** in **f**ett

1. đ wie Dialog

▶ 35

1.	**đ:**	**đ**i	**đ**âu	**đ**ến	**đ**ây	**đ**êm
2.	**t:**	**t**ôi	**t**ên	**t**ự	**t**uổi	**t**ám
3.	**th:**	**th**uê	**th**ư ký	**th**ầy giáo	**Th**ụy sỹ	giới **th**iệu
4.	**v:**	**v**à	**v**ới	**v**âng	**v**ui mừng	nhân **v**iên
5.	**ph:**	**ph**à	**ph**ần	**ph**ố	**ph**ở	**ph**òng

Ab und zu haben Sie noch etwas anderes vor? In dieser Übung nicht – hier wird die ganze Woche hindurch Vietnamesisch gelernt!

2. An welchem Tag?

▶ 36

Thứ hai *tôi đi học tiếng Việt.*

1. thứ hai
2. thứ ba
3, thứ tư
4. thứ năm
5. thứ sáu
6. thứ bẩy
7. chủ nhật
8. cuối tuần

Das kommt Ihnen spanisch vor? Kein Wunder, ist ja auch alles durcheinander! Aber dank Ihrer fleißigen Puzzelei werden alle Sätze wieder klar und durchsichtig!

3. Vietnamesisches Durcheinander

1. đang – đâu – ông – đi
2. rất – gặp – tôi – vui – được – bà – lại
3. đi – việc – chị – làm – à
4. nào – công – tuần – việc – anh – hàng – của – thế
5. hai – phòng – thứ – tôi – việc – đi – ở – làm – văn

Könnten Sie für Peggy einen Wochenplan auf Vietnamesisch erstellen? *trong* (in, im), *văn phòng* (Büro), *nghỉ ngơi* (sich erholen)

4. Peggys Wochenplan

1. Montags, Mittwochs und Freitags arbeitet sie im Büro.
2. Dienstagvormittag geht sie ins Internetcafé.
3. Donnerstagabend lernt sie Vietnamesisch.
4. Am Wochenende erholt sie sich im Hotel.

Was stimmt, was nicht? Einfach ankreuzen, wenn Sie glauben, die Aussage entspricht der Wahrheit.

5. Was stimmt?

1. Peggy không đi Việt Nam, chị ấy đi Mỹ.
2. Anh Hùng là người Trung quốc.
3. Peggy làm quen với ông Trần Nam.
4. Peggy làm nghề thư ký.
5. Peggy bốn mươi hai tuổi.

Mondkalender

Offiziell gilt in Vietnam der *dương lịch* (Sonnenkalender). Dieser wird für den Arbeitsalltag und Verabredungen aller Art verwendet. Ausschließlich nach dem *âm lịch* (Mondkalender) richten sich jedoch die Termine traditioneller vietnamesischer Feste und Feiern. Seit über 4000 Jahren nutzen viele Kulturen der Welt diese auf den Mondphasen basierende Jahreseinteilung. Ein Jahr besteht aus 12 Mondmonaten mit je 29 oder 30 Tagen. Schaltmonate gleichen Diskrepanzen zum astronomischen Mondjahr aus. Das Mondjahr hat etwa elf Tage weniger als das Sonnenjahr, deshalb ist der Beginn des Mondjahres beweglich. Das *Tết Nguyên Đán* (Neujahrsfest), das wichtigste Fest im Jahresverlauf, wird z. B. am 10.02.2013, am 31.01.2014 und am 19.02.2015 begangen. Entsprechendes gilt für *Phật Đản* (Buddhas Geburtstag) und die zahlreichen anderen Festtage. Genauso wichtig ist der Mondkalender bei privaten Feiern: Für Hochzeiten, Geschäftseröffnungen oder die Einweihung eines neuen Hauses lässt man sich von Kennern der Materie ein Datum nach dem Mondkalender suchen, das in Verbindung mit dem chinesischen Horoskop Glück verspricht.
Auch die für vietnamesische Familien überaus wichtigen *Ngày Giỗ* (Totengedenkfeiern) werden am *âm lịch*-Sterbedatum begangen. Und es ist gar nicht so lange her, dass Vietnamesen/-innen zwar den Mondkalender-Todestag von Opa, nicht aber ihr eigenes Geburtsdatum nach dem Sonnenkalender im Kopf hatten!

Wichtige Termine nach dem Mondkalender
01.01. *Tết Nguyên Đán*
(Neujahrsfest)
15.01. *Tết Nguyên Tiêu*
(Pagodenbesuch)
10.03. *Giỗ tổ Hùng Vương*
(Ahnengedenktag für die Hung-Könige, der Legende nach die Gründer des Landes)
05.05. *Đoan Ngọ*
(Fest der Reinigung)
15.05. *Phật Đản*
(Buddhas Geburtstag)
15.07. *Vu Lan*
(Fest der wandernden Seelen: Man ehrt die Verstorbenen und bringt ihnen Gaben dar)
15.08. *Tết Trung Thu*
(Mittherbstfest mit Lampionumzügen und Drachentänzen)

T

Test 1

Keine Ahnung? Ach, so schwer ist das gar nicht! Sie halten die Lösungen quasi schon in den Händen: Einfach zurückblättern und die Texte am Ende der jeweiligen Lektion noch einmal nachlesen!

1. Welche Antwort stimmt?

1. Zirka ... Menschen sprechen Vietnamesisch.
   a ☐ 8 Millionen
   b ☐ 48 Millionen
   c ☐ 90 Millionen
2. Die älteste Hauptstadt Südostasiens ist ...
   a ☐ Bangkok.
   b ☐ Hanoi.
   c ☐ Kuala Lumpur.
3. Vietnamesisch wird mit ... geschrieben.
   a ☐ chinesischen Zeichen
   b ☐ *Hán-Nôm*-Zeichen
   c ☐ lateinischen Buchstaben
4. Vietnamesisch ist eine Tonsprache mit ... Tönen.
   a ☐ vier
   b ☐ sechs
   c ☐ acht
5. Für Vietnamesen/-innen ist die Frage nach ... besonders wichtig.
   a ☐ der Anschrift
   b ☐ den Eltern
   c ☐ dem Alter
6. Sie suchen Herrn Phạm Văn Hiếu, fragen also nach ...
   a ☐ Herrn Phạm
   b ☐ Herrn Văn Hiếu
   c ☐ Herrn Hiếu

Finden Sie heraus, welche Antwort zu welcher Frage passt!
phòng đôi (Doppelzimmer)

2. Fragen und Antworten

1. Anh tên gì?
2. Ông có khỏe không?
3. Chị là người nước nào?
4. Bà là người Đức à?
5. Anh thuê phòng đôi à?
6. Em có nói tiếng Việt không?
7. Anh đang đi đâu?
8. Chị ở đây mấy đêm?

a ☐ Tôi đi làm việc.
b ☐ Không, tôi là người Áo.
c ☐ Em nói tiếng Việt chưa tốt.
d ☐ Cảm ơn, tôi khỏe.
e ☐ Tôi tên là Bình.
f ☐ Tôi ở đây hai đêm.
g ☐ Tôi là người Đức.
h ☐ Không, tôi thuê một phòng đơn.

3. Was fehlt?

Vervollständigen Sie die Sätze mit Hilfe der angegebenen Möglichkeiten. Achtung: Schauen Sie genau hin, denn hier geht es um die kleinen, aber feinen Unterschiede!

1. Tôi tên là Minh. Chị tên là ____?
   a ☐ ai
   b ☐ gì
   c ☐ mấy
2. Xin giới thiệu: Anh Đức là ____.
   a ☐ người nước nào
   b ☐ người Hà Nội
   c ☐ người gì
3. Bà thuê phòng đơn hay ____?
   a ☐ phòng đôi
   b ☐ hai đêm
   c ☐ tám tuần
4. Ông ____ mấy đêm?
   a ☐ ở đâu
   b ☐ đi đâu
   c ☐ ở đây
5. Rất vui mừng gặp lại ___ !
   a ☐ tuần
   b ☐ ông
   c ☐ mừng
6. Anh đã ____ tiếng Việt chưa?
   a ☐ đọc
   b ☐ học
   c ☐ làm

4. Wie sagt man das auf Vietnamesisch?

Glückwunsch! Sie können nun schon ein kleines Gespräch auf Vietnamesisch führen!

1. Seien Sie gegrüßt!
2. Ich heiße ...
3. Wie heißen Sie?
4. Wie geht es Ihnen?
5. Danke. Mir geht es gut.
6. Ich bin Deutsche/r. (Österreicher/in / Schweizer/in)
7. Wohin gehen Sie?
8. Ich gehe zur Arbeit.

Familienbesuch

Umdenken erwünscht
Fragen, die uns indiskret erscheinen mögen, sind in Vietnam Zeichen ehrlicher Anteilnahme! Werden keine Fragen gestellt, heißt das: Du bist mir egal!

Familiensinn
Die Familie ist den Vietnamesen/-innen heilig wie sonst kaum etwas. Wer keine hat, gilt als bedauernswerter Tropf und beantwortet Fragen nach der eigenen Familie am geschicktesten so, dass noch „Hoffnung besteht". Eine Familie mit betagten Großeltern, mit Kindern und Enkeln ist nicht nur an und für sich eine glückliche Familie. Sie ist der lebende Beweis für das tugendhafte, anständige Leben der Vorfahren!

„Verheiratet"
có gia đình (haben Familie)
có vợ (haben Ehefrau)
có chồng (haben Ehemann)

Es ist Sonnabend und Peggy hat frei! Na, eigentlich nicht ganz, denn ihre Kollegin Thu Ha hat sie zu sich nach Hause eingeladen. Thu Ha wohnt mit Kindern, Mann und Schwiegereltern etwas vom Zentrum entfernt. Peggy hat Blumen besorgt: Höflich erkundigt sie sich bei den älteren Herrschaften nach dem Befinden und Alter und überreicht der Seniorin den Strauß.
Em đã có gia đình chưa? (Haben Sie schon eine Familie?), fragt Herr Trung, der Mann von Thu Ha. Diese Frage wird Peggy noch unzählige Male hören. Sie weiß, welchen Stellenwert die Familie in Vietnam hat und antwortet: *Chưa ạ, em chưa có gia đình* (Noch nicht, ich habe noch keine Familie). Was nicht ist, kann ja noch werden, denkt sie bei sich. Ihre Gegenfrage: *Anh chị có mấy con rồi?* (Wie viele Kinder haben Sie schon?), freut ihren Gastgeber. *Cảm ơn em* (Danke), antwortet er stolz, *chúng tôi có ba con rồi* (wir haben schon drei Kinder). Da die lieben Kleinen aber gerade nicht zu Hause sind, zeigt er Peggy auf einem Familienfoto die beiden *con trai* (Söhne) und die *con gái* (Tochter).
Am Montag geht die Arbeit im Büro weiter. Während der Pause kommt Peggys Kollege Dung vorbei: *Bây giờ là mấy giờ?* (Wie spät ist es?), fragt er etwas gestresst. Der junge Mann ist in Peggys Alter und kommt öfter mal zu spät. Zeitmanagement ist so gar nicht seine Sache. Peggy sagt ihm die Uhrzeit, kann sich aber eine kleine Spitze nicht verkneifen: *Sáng nay Dũng đi làm lúc mấy giờ?* (Wann bist du heute früh zur Arbeit gegangen?), fragt sie schmunzelnd.

Noch nicht verheiratet

37

cháu	Enkelkind, Nichte, Neffe
bác	Onkel, Tante (ältere Geschwister der Eltern)
gia đình	Familie
con	Kind
chúng tôi	wir
ai?	wer?
con trai	Sohn
đầu lòng	erste/-r, größte/-r (bei Kindern)
thứ hai	zweite/-r
con gái	Tochter
út	jüngste/-r

■	Cháu chào hai bác ạ.	Guten Tag, der Herr und die Dame.
	Em chào anh Trung.	Guten Tag, Trung.
●	Chào em Peggy. Em đã có gia đình chưa?	Guten Tag, Peggy. Hast Du schon eine (eigene) Familie?
■	Chưa ạ. Em chưa có gia đình. Anh chị có mấy con rồi ạ?	Noch nicht. Ich bin noch nicht verheiratet. Wie viele Kinder habt Ihr schon?
●	Cảm ơn em. Chúng tôi có ba con rồi.	Danke. Wir haben schon drei Kinder.
■	Đây là ai?	Wer ist das (hier)?
●	Đây là con trai đầu lòng, đây là con trai thứ hai và con gái út của chúng tôi.	Das (hier) ist der älteste Sohn, das sind der zweite Sohn und unsere jüngste Tochter.

Nicht wundern:
Personen, die mindestens so alt sind wie die eigenen Eltern, spricht man mit ***bác*** (Onkel, Tante) an. Sich selbst bezeichnet man in diesem Fall als ***cháu*** (Neffe, Nichte):
***Cháu** chào **hai bác** ạ.*
(wörtl.: **Das Enkelkind** grüßt die **zwei Geschwister der Eltern**.)
Mit *hai bác* (zwei Onkel) sind die beiden alten Herrschaften gemeint.
Auch alle anderen Verwandtschaftsbezeichnungen können „ich", „du" bzw. „Sie" bedeuten. Dabei ist der Altersunterschied wichtig: Wer z. B. der große Bruder sein könnte, nennt sich selbst ***anh*** und spricht folglich sein Gegenüber mit ***em*** an.

„wir"
1. *chúng tôi:* „wir" ohne die angesprochene/-n Person/-en:
***Chúng tôi** có hai con rồi.*
(d.h. Trung und seine Frau)
2. *chúng ta:* schließt alle ein

Kinder sind wichtig:
con đầu lòng (das Kind, das dem Herzen am nächsten ist = das erste/älteste). Es folgt eine verschieden lange Geschwisterreihe, die mit *con út* (Kind Ende, d.h. jüngstes Kind) abschließt. Nun lässt sich nicht immer alles planen, deshalb gibt es manchmal noch ein *út hai* (Ende zwei).

anh chị als Anrede für jüngere Paare, *ông bà* für ältere Ehepaare.

Übungen

ta (wir), *tà* (= *chiều tà*, Sonnenuntergang), *tá* (zwölf), *tạ* (100 kg), *tả* (beschreiben), *tã* (Windel)

1. Wir zwölf wiegen 100 Kilo

38

1. **ta** – **tà** – **ta**
2. **tà** – **tá** – **ta**
3. **tá** – **tạ** – **ta**
4. **tạ** – **tả** – **ta**
5. **tả** – **tã** – **ta**
6. **tã** – **ta** – **tà**

Der *thanh hỏi* (tief ansetzender Frageton) beginnt etwa in der Höhe des ebenen Tones, rutscht nach unten, wobei er Schwung nimmt für einen „fragenden" Anstieg.

2. Tief ansetzender Frageton

39

1. kh**ỏ**e
2. c**ủ**a
3. ph**ở**
4. tu**ổ**i
5. b**ả**y
6. c**ả**m ơn
7. **ở** đâu
8. **ở** đây
9. bu**ổ**i sáng
10. bu**ổ**i chiều

Hier geht es um einige der Personen, die Sie bereits kennengelernt haben. Versuchen Sie, die nebenstehenden Fragen und Antworten zu übersetzen.

3. Wer ist wer?

1. Đây là ai? – Đây là anh Hùng, người Việt nam.
2. Ai là Peggy? – Đây là chị Peggy.
3. Ai là thư ký? – Chị Thu Hà là thư ký.
4. Peggy là ai? – Peggy là người Đức.
5. Phú là ai? – Phú là thầy giáo tiếng Việt.
6. Lan là ai? – Lan là chị họ của Hùng.

Erinnern Sie sich an den Inhalt des Dialoges und versuchen Sie die Fragen zu beantworten.
vợ chồng (Ehepaar)

4. Ist Peggy verheiratet?

1. Trung là ai?
2. Trung đã có vợ chưa?
3. Peggy đã có gia đình chưa?
4. Vợ chồng Thu Hà-Trung có mấy con rồi?
5. Anh chị ấy có mấy con trai và mấy con gái?

Versuchen Sie, die Sätze in die richtige Reihenfolge zu bringen und zu genießen.
họ (sie; 3. Person Plural)

5. Ein leckerer Satzsalat?

1. Peggy – gia đình – có – chưa?
2. Thu Hà – thư ký – là
3. Trung – của – chồng – Thu Hà – là
4. Vợ – con – chồng – Thu Hà – Trung – ba – có
5. Họ – hai – có – trai – con – và – gái – con – một

Wie spät ist es jetzt?

40

bây giờ	jetzt
mười hai	zwölf
giờ	Uhr (Uhrzeit)
chúng ta	wir
ăn trưa	Mittagessen
chứ?	ja? (Fragepartikel, steht am Satzende)
đồng ý!	einverstanden!
lúc mấy giờ?	um wie viel Uhr?
lúc … giờ	um … Uhr
bao giờ?	wann?
sẽ	Funktionswort für Zukunft
rưỡi	halb

● Peggy, bây giờ là mấy giờ?	Peggy, wie spät ist es jetzt?
■ Bây giờ là mười hai giờ trưa rồi.	Jetzt ist es schon 12:00 Uhr Mittag.
● Chúng ta đi ăn trưa chứ?	Wir gehen zu Mittag essen, ja?
■ Đồng ý! Sáng hôm nay Dũng đã đi làm lúc mấy giờ?	Einverstanden! Um wie viel Uhr bist du heute früh arbeiten gegangen?
● Lúc bảy giờ. Bao giờ Peggy sẽ đi học tiếng Việt?	Um 7:00 Uhr. Wann gehst du zum Vietnamesisch-Kurs?
■ Lúc sáu giờ rưỡi chiều.	Um halb sieben Nachmittag.

Uhrzeit
*Bây giờ là **mấy giờ**?*
(Jetzt sein **wie viel Uhr**? = **Wie spät** ist es jetzt?)
*Bây giờ là **bảy giờ**.*
(Jetzt ist es **7:00 Uhr**.)
***Lúc** mấy **giờ**?*
(**Um** wie viel **Uhr**?)
***Lúc** tám **giờ**.*
(**Um** 8:00 **Uhr**).

Uhrzeitangaben
1. Volle Stunden: *Bảy giờ.* (7:00 Uhr.)
2. Minuten 1–29 mit ***phút*** (Minute): *Bảy giờ mười lăm **phút.*** (7 Uhr 15 **Minuten.**)
3. ***rưỡi*** (halb): *Bảy giờ **rưỡi**.* (7 Uhr **halb**. = **Halb** acht.)
4. Minute 31–60 mit ***kém*** (weniger): *Tám giờ **kém** năm.* (8 Uhr **weniger** 5. = 7:55 Uhr.)
5. Mit Tageszeiten: ***Năm** giờ **chiều.*** (**5** Uhr **Nachmittag.**) = *Mười bảy giờ.* (17:00 Uhr.)
6. Kein „Viertel" oder „nach".

Grundzahlen 11 bis 100
11 *mười một* (zehn eins)
Ebenso 12–14, 16–19, aber:
15 *mười lăm*
20 *hai mươi* (zwei zehn)
21 *hai mươi mốt* (zwei zehn eins) = *hai mốt* (zwei eins) usw. bis 99
24 *hai mươi bốn = hai mươi tư*, gilt auch für 34, 44 usw.
25 *hai mươi nhăm*
100 *một trăm* (einhundert)

„du": Junge befreundete Leute reden sich mit dem Vornamen an: *Bao giờ **Peggy** sẽ đi …?* (Wann wird **Peggy** … gehen? = Wann gehst **du** …?)

Übungen

Und hier folgen die nächsten fünf „exotischen“ Anfangslaute:
ch wie in Tsche**ch**ien
tr wie in Deu**tsch**
nh wie in A**nj**a
ng = *ngh* wie in Ju**ng**e

1. tr wie Deutsch

41

1.	**ch:**	**ch**a	**ch**ị	**ch**ào	**ch**ưa	**ch**áu
2.	**tr:**	**tr**a	**tr**e	**tr**ẻ	**tr**ong	**tr**ung
3.	**nh:**	**nh**à	**nh**o	**nh**é	**nh**ỉ	**nh**ân viên
4.	**ng:**	**ng**a	**ng**u	**ng**ủ	**ng**on	**ng**ồi
5.	**ngh:**	**ngh**e	**ngh**ĩ	**ngh**i	**ngh**ệ	**ngh**ề

Wählen Sie für Peggy und *Dũng* die optimale Zeit zum Essen aus: Wie enden die Sätze?
ăn sáng (Frühstück)
ăn trưa (Mittagessen)
ăn tối (Abendessen)

2. Mahlzeit

1. Hàng ngày Peggy ăn sáng lúc …
   a ☐ bảy giờ
   b ☐ mười giờ
2. Hàng ngày Dũng và Peggy đi ăn trưa lúc …
   a ☐ mười lăm giờ
   b ☐ mười hai giờ
3. Hàng ngày Peggy ăn tối lúc …
   a ☐ hai mươi mốt giờ
   b ☐ bảy giờ tối

Übersetzen Sie bitte!
hôm nay (heute), *hôm qua* (gestern), *ngày mai* (morgen). Sowohl *ngày* als auch *hôm* bedeuten „Tag“.

3. Dung und Peggy im Gespräch

1. Peggy, wann bist du heute zur Arbeit gegangen?
2. Um halb neun.
3. Wann hast du gestern zu Mittag gegessen?
4. Um 13:15 Uhr. Und du, Dung, wann gehst du zum Deutschkurs?
5. Morgen um zehn vor sieben.

Geben Sie die Uhrzeiten formal und umgangssprachlich, also mit Tageszeiten, an. Denken Sie bei 2. auch an „halb“!

4. Wie spät ist es jetzt?

1. 06:00 Uhr
2. 09:30 Uhr
3. 11:05 Uhr
4. 14:45 Uhr
5. 20:17 Uhr

Hier kommt endlich eine Übung für die Freunde der Rechenkunst.
Wie gehen die Zahlenreihen jeweils weiter? Ergänzen Sie die jeweils folgenden drei Zahlen

5. Hundertertafel

1. hai mươi – bốn mươi –
2. mười một – ba mươi ba –
3. năm mươi sáu – sáu mươi hai –
4. bảy mươi mốt – sáu mươi tư –
5. chín mươi tư – tám mươi hai –

Bei Vietnamesen/-innen zu Gast

5

Vietnamesen/-innen sind sehr gastfreundlich. Traditionell werden Besucher/innen mit grünem Tee bewirtet, und zwar möglichst mit einer der besonders guten Teesorten wie *Chè Thái* (Tee aus Thai Nguyen).
Für besonders geschätzte Gäste bereiten alteingessene Hanoier Familien gern auch *chè ướp hoa sen* (Tee, der in Lotosblüten aromatisiert wurde) oder *chè ướp hoa nhài* (Jasmintee) zu. Dazu werden Süßigkeiten angeboten, die den erwünschten Ausgleich zu dem bitteren Tee bilden.
Wird man zu einem Essen eingeladen, muss man damit rechnen, dass sich der Tisch biegt: Alle Gerichte werden gleichzeitig in der Tischmitte präsentiert. Gegessen wird aus Schälchen und mit Stäbchen. Jeder bedient sich selbst nach Belieben. Man nimmt hier einen Bissen, probiert dort ein wenig und beteiligt sich am Tischgespräch. Das darf ruhig zwanglos und fröhlich sein, denn Vietnamesen/-innen lachen gern – über sich und natürlich auch über uns *Tây* (Westler).
Essen wird in Vietnam als Teil der Kultur hochgeschätzt. Deshalb freuen sich die Gastgeber, wenn man mit Appetit zugreift und die Speisen lobt. Als *Tây* darf man auch getrost fragen, was man da gerade kostet. Und wenn der Hausherr immer wieder neue Häppchen in die Schale des Gastes legt, ist das eine Geste besonderer Wertschätzung!

Voranmeldung
In der Stadt sollte man Besuche unbedingt verabreden. Auf dem Lande geht es traditioneller zu: Hier darf man auch ohne Voranmeldung mal vorbeischauen.

Tischsitten
Um sich Häppchen aus der Vielzahl der Schüsseln zu nehmen, benutzt man den jeweiligen Vorlegelöffel, nicht die eigenen Stäbchen! Bei einem vietnamesischen Essen sind Schlürfen, Schmatzen oder ein Bäuerchen normal. Kleckerspuren auf und Essenreste unter dem Tisch zeugen vom Appetit der Gäste! Also locker bleiben, wenn mal ein Bissen den Stäbchen entwischt.

6

Termine

Verabredungen
Vietnamesen/-innen treffen Verabredungen spontaner und kurzfristiger als wir. Die meisten führen keinen Kalender, sondern behalten ihre Termine im Kopf. Wer in die nächste Woche plant, ist gut beraten, 1–2 Tage vor dem Termin noch einmal an die Verabredung zu erinnern!

Wohnungsmarkt
Wer längere Zeit in Vietnam lebt, mietet sich meist eine Wohnung. Das Angebot ist inzwischen riesig. Dadurch haben sich auch die Preise in Hanoi auf einem vernünftigen Niveau eingepegelt.

Nach der netten Begegnung auf der Straße haben Peggy und Hung ein paar Mal telefoniert. Für ein Treffen konnten sie leider noch keinen Termin finden, da Peggy *chỉ rảnh vào cuối tuần* (nur am Wochenende Zeit hat). Aber auch am Telefon wurde der Ton immer lockerer. So hat Hung vor ein paar Tagen eine vertrautere Anrede vorgeschlagen: *anh – em*. Am Montag ruft er Peggy an, weil er ihr endlich die Stadt zeigen möchte. Er plant ein Besichtigungsprogramm inklusive Theaterbesuch. Toll, aber Peggy schaut zur Sicherheit gleich mal im Kalender nach: *Hôm nay là thứ mấy?* (Welcher Tag ist heute?) Nicht, dass sie die Termine verwechselt. Schließlich verabreden sie sich für den Sonnabend. Nach Hungs Privatführung durch Hanoi gehen sie am Abend in das Wassermarionettentheater *Thăng Long* am Ufer des Hoan-Kiem-Sees.
Ein paar Tage später nimmt Peggy die Suche nach einer kleinen Wohnung in Angriff, denn sie hatte nicht vor, lange im Hotel zu wohnen. Im Internet hat sie bereits einige Anbieter gefunden. Jetzt telefoniert sie wegen eines Besichtigungstermins. Herr *Thông*, der etwa 55 Jahre alte Vermieter, fragt Peggy: *Khi nào cô muốn xem căn hộ?* (Wann wollen Sie die Wohnung besichtigen?). Am liebsten sofort, doch so direkt würde das ein/e Vietnamese/-in eher nicht sagen. *Lúc nào tiện cho ông ạ?* (Wann passt es Ihnen denn?), fragt Peggy lieber höflich zurück. Doch auch das klärt sich: *Tôi sẽ đến vào thứ hai tuần sau.* (Ich werde am Montag nächste Woche kommen.)

Welcher Wochentag ist heute?

6 A

42

a lô	hallo
nghe	hören
thăm	besuchen, besichtigen
thành phố	Stadt
nhưng	aber
chỉ	nur
rảnh	Zeit haben, frei
vào (+ Zeitangaben)	am, in, im
(có) được không?	geht es/das?
hôm nay	heute
mồng	Füllwort für die ersten zehn Tage des Monats
tháng	Monat
tháng hai	Februar

■ A lô, Peggy xin nghe ạ.	Hallo, Peggy am Apparat.
● Chào em Peggy, anh Hùng đây. Em có muốn đi thăm thành phố Hà Nội không?	Guten Tag Peggy, hier ist Hung. Möchtest du die Stadt Hanoi besichtigen?
■ Có ạ! Nhưng em chỉ rảnh vào cuối tuần.	Ja! Aber ich habe nur am Wochenende frei.
● Chúng ta sẽ đi thăm thành phố vào thứ bảy, được không?	Wir werden die Stadt am Samstag besuchen, geht das?
■ Hôm nay là thứ mấy?	Welcher Wochentag ist heute?
● Hôm nay là thứ hai.	Heute ist Montag.
■ Hôm nay là ngày bao nhiêu?	Der Wievielte ist heute?
● Hôm nay là mồng sáu tháng hai.	Heute ist der 06. Februar.
■ Đồng ý! Chúng ta sẽ đi thăm thành phố vào thứ bảy, ngày mười một tháng hai.	Einverstanden! Wir werden die Stadt am Samstag, dem 11. Februar besuchen.

Am Telefon meldet man sich mit *a lô* (vom französischen „hallo“):
A lô, Peggy xin nghe.
(Hallo, Peggy bitten hören. = Bitte? Peggy am Apparat.)

Monate
tháng (Monat) **+ Grundzahlen:**
tháng một (Januar)
tháng hai (Februar)
tháng ba (März)
tháng tư (April)
tháng năm (Mai)
tháng sáu (Juni)
tháng bảy (Juli)
tháng tám (August)
tháng chín (September)
tháng mười (Oktober)
tháng mười một (November)
tháng mười hai (Dezember)

Datum – Sonnenkalender
1. Tag + Zahl + Monat:
ngày mười một *tháng hai*
(**Tag elf** Februar = **11.**02.)
2. Von 1. bis 10. wird das Füllwort ***mồng*** bzw. ***mùng*** eingeschoben: ***mồng/ mùng*** *sáu tháng hai* (06.02.)

vào (+ Zeitangaben):
vào *thứ hai* (**am** Montag)
vào *tuần này*
(**in dieser** Woche)
vào *tháng này*
(**in diesem** Monat)
vào *tháng hai* (**im** Februar)

Entscheidungsfrage
*Em **có** muốn đi thăm thành phố **không**? (Möchtest du die Stadt besichtigen?)*
1. *Có.* (Ja.)
2. *Không,* *em* ***không*** *muốn đi thăm thành phố.*
(**Nein**, ich **nicht** wollen besichtigen die Stadt.)

Übungen

ga (Bahnhof), *gà* (Huhn), *gá* (*gá lắp* = montieren), *gạ* (*gạ gẫm* = verführen), *gả* (*gả bán* = die Tochter zur Heirat verkaufen), *gã* (er)

1. Er bringt ein Huhn zum Bahnhof

▶ 43

1. g**a** – g**à** – g**a**
2. g**à** – g**á** – g**a**
3. g**á** – g**ạ** – g**a**
4. g**ạ** – g**ả** – g**a**
5. g**ả** – g**ã** – g**a**
6. g**ã** – g**a** – g**à**

Der ***thanh ngã*** (unterbrochen steigende Ton) beginnt etwa in der Höhe des ebenen Tones, fällt zuerst kurz ab und steigt nach eine kurzen Unterbrechung wieder stark nach oben an.

2. Unterbrochen steigender Ton

▶ 44

1. s**ẽ**
2. đ**ã**
3. b**ã**
4. m**ã**
5. ngh**ĩ**
6. M**ỹ**
7. c**ũ**ng
8. k**ỹ** sư
9. h**ỗ** trợ
10. Thụy s**ỹ**

Versuchen Sie, die nebenstehenden Fragen zu beantworten. Neu sind: *ngày kia* (übermorgen), *hôm kia* (vorgestern) Weitere Tagesangaben gab's zur Übung 3 auf S. 38.

3. Der Wievielte ist heute?

1. Ngày mai là ngày bao nhiêu?
2. Ngày kia là ngày bao nhiêu?
3. Hôm qua là ngày bao nhiêu?
4. Hôm kia là ngày bao nhiêu?
5. Ba hôm trước là ngày bao nhiêu?
6. Ba ngày sau là ngày bao nhiêu?

chiều hôm qua (wörtl.: Nachmittag gestern), *chiều mai* (morgen Nachmittag), *sáng ngày mai = sáng mai* (morgen Vormittag), *trưa thứ bảy* (Samstagmittag)

4. Alles zu seiner Tageszeit

ăn tối – lúc – ăn trưa – lúc – mười lăm giờ –

1. Chiều hôm qua Peggy đã .... lúc mười chín giờ.
2. Chiều mai Peggy sẽ đi học tiếng Việt lúc ....
3. Hàng ngày Peggy và Dũng đi .... lúc mười hai giờ.
4. Sáng ngày mai Peggy sẽ ăn sáng .... sáu giờ.
5. Trưa thứ bảy Peggy đã thăm gia đình Thu Hà ... mười một giờ.

Beantworten Sie die Fragen 1 bis 3 zum Inhalt des Dialoges, die Fragen 4 und 5 zum aktuellen Datum.

5. Auskunftei

1. Peggy có muốn đi thăm thành phố Hà Nội với anh Hùng không?
2. Bao giờ Peggy rảnh?
3. Bao giờ Peggy và Hùng sẽ đi thăm thành phố?
4. Hôm nay là thứ mấy?
5. Hôm nay là ngày bao nhiêu?

Ein- oder Zweizimmer-Wohnung?

▶ 45

hỏi	fragen
căn hộ	Wohnung
cho thuê	vermieten
… phải không?	stimmt das?, nicht wahr?
hay	oder
từ (bao giờ?)	ab (wann?)
khi nào?	wann?
xem	besichtigen, Besichtigung, ansehen
lúc nào?	wann?
tiện	günstig
cho	für, verschenken

■ A lô, tôi là Peggy Beck. Tôi xin hỏi, ông có căn hộ cho thuê phải không ạ?	Hallo, ich bin Peggy Beck. Darf ich fragen, haben Sie die Wohnung zu vermieten, stimmt das?
● Vâng, cô muốn thuê căn hộ một phòng hay hai phòng?	Ja, möchten Sie eine 1-Zimmer-Wohnung oder eine 2-Zimmer-Wohnung mieten?
■ Tôi muốn thuê một căn hộ hai phòng.	Ich möchte eine 2-Zimmer-Wohnung mieten.
● Cô muốn thuê từ tháng nào?	Ab welchem Monat möchten Sie mieten?
■ Tôi muốn thuê từ tháng này, được không ạ?	Ich möchte ab diesem Monat mieten, geht das?
● Được. Khi nào cô muốn xem căn hộ?	Es geht. Wann möchten Sie die Wohnung besichtigen?
■ Lúc nào tiện cho ông ạ?	Wann ist es günstig für Sie?
● Cô đến lúc nào cũng được.	Sie können jederzeit kommen.
■ Tôi sẽ đến vào thứ hai tuần sau, lúc sáu giờ rưỡi chiều.	Ich werde am Montag nächste Woche kommen, um halb sieben Nachmittag.

***căn hộ* (Wohnung)**
căn hộ ***một phòng***
(Wohnung **ein Zimmer**)
căn hộ ***hai phòng***
(Wohnung **zwei Zimmer**)

***tuần* (Woche), *tháng* (Monat)**
tuần/tháng ***trước***
(**letzte/-n** Woche/Monat)
tuần/tháng ***này***
(**diese/-n** Woche/Monat)
tuần/tháng ***sau***
(**nächste/-n** Woche/Monat)
hai tuần/tháng ***sau***
(**in** 2 Wochen/Monaten)
hai tuần/tháng ***trước***
(**vor** 2 Wochen/Monaten)

Wann?
1. Genaue Uhrzeit:
Lúc mấy giờ?
(Um wie viel Uhr?)
Lúc sáu giờ.
(Um 6:00 Uhr.)
2. Zeiträume innerhalb eines Tages:
Lúc nào? (Wann?)
Lúc chiều.
(Am Nachmittag.)
3. Zeiträume, die später liegen:
Khi nào? = Bao giờ?
(Wann?)
Ngày mai. (Morgen)
Tuần sau. (Nächste Woche)
Ba năm sau.
(In drei Jahren.)

6 B

Übungen

Hier folgen endlich die letzten vier „exotischen" Anfangslaute: ***kh*** wie in la**ch**en, ***g = gh*** wie in **r**auchen, (*gh* steht nur vor *i, ê, e*), ***qu*** (*q* tritt immer mit *u* auf)

1. kh wie lachen

▶ 46

1.	**kh:**	**kh**ỏe	**kh**ông	**kh**ăn	**kh**ẩn cấp	**kh**ách sạn
2.	**g:**	**g**a	**g**à	**g**áy	**g**ay **g**o	**g**ặp **g**ỡ
3.	**gh:**	**gh**i	**gh**ế	**gh**ì	**gh**ê gớm	**gh**en **gh**ét
4.	**qu:**	**qu**a	**qu**à	**qu**ạ	**qu**ốc tế	**qu**ảng trường

Einige Fragen zum Dialog. Wählen Sie die optimale Antwort aus.

2. Besichtigungstermin

1. Peggy muốn thuê căn hộ mấy phòng?
   a ☐ Năm phòng.
   b ☐ Hai phòng.
2. Khi nào Peggy muốn xem căn hộ?
   a ☐ Thứ hai tuần sau.
   b ☐ Thứ ba tuần trước.
3. Lúc nào Peggy muốn xem căn hộ?
   a ☐ Hai mươi mốt giờ.
   b ☐ Sáu giờ rưỡi chiều.

Beantworten Sie die Fragen *phải không?* Varianten zu:
1. *Có phải* + Aussagesatz + *không*?
2. Aussagesatz + *có phải không?*

3. Wohnungssuche, nicht wahr?

1. Có phải ông Thông có căn hộ cho thuê không?
2. Peggy muốn thuê một căn hộ năm phòng, có phải không?
3. Peggy muốn xem căn hộ, phải không?
4. Có phải Peggy sẽ xem căn hộ vào thứ bảy tuần sau không?
5. Peggy sẽ xem căn hộ lúc chín giờ tối, có phải không?

Und wieder eine gemischte Einsetzübung zum Thema „Peggy braucht ein Dach überm Kopf".

4. Wann wäre es Ihnen recht?

tuần sau – căn hộ – thuê – lúc nào – khi nào

1. Peggy muốn ________ một căn hộ hai phòng.
2. Ông Thông hỏi Peggy: ________ cô muốn xem ________?
3. Peggy hỏi ông Thông: ________ tiện cho ông ạ?
4. Peggy sẽ đến xem căn hộ vào thứ hai _______ , lúc sáu giờ rưỡi chiều.

Tja, wann denn nun genau? Üben Sie Zeitangaben, aber Obacht: *vào* passt nicht immer!

5. Am Freitag

▶ 47

*Tôi sẽ đến vào **thứ sáu.***

1. thứ sáu
2. tháng tám
3. tuần sau
4. sáng ngày kia
5. chiều mai
6. ngày hai mươi lăm tháng ba

Wer ist Onkel Teu?

6

Nackte Brust, runder Bauch überm Lendenschurz und ein jungenhaftes Lächeln im Gesicht – so begrüßt uns die hölzerne Figur des *Tễu*. Er ist der Spaßmacher im traditionellen *Múa rối nước* (Wassermarionettentheater), führt durch das Programm und spart dabei nicht an witzigen Bemerkungen. Seit jeher erlaubt sich die Figur des naiven, alles besser wissenden Bauern *Tễu* auch Seitenhiebe gegen die Obrigkeit. Wenn das Publikum vor Lachen brüllt, war *Tễu* mal wieder besonders frech.
Múa rối nước ist eine volkstümliche Theaterform, die es nur in Vietnam gibt. Historische Quellen weisen ihr Bestehen seit etwa tausend Jahren nach. In alten Zeiten waren die Aufführungen Bestandteil von Zeremonien, in denen sich die Dorfgemeinschaft an lokale Schutzgottheiten wandte. Bis heute treten *Múa rối nước*-Truppen vor allem bei Dorf- und Tempelfesten auf, wobei meist der Dorfteich als Bühne dient. Zum Programm gehören Szenen aus dem dörflichen Alltag, aus der Mythologie und Geschichte.
Die hölzernen Marionetten sind bunt bemalt und durch wasserfesten Lack geschützt. Sie werden mit Hilfe von Bambusstangen und Schnüren bewegt. Puppenspieler und Führtechnik bleiben dabei für das Publikum unsichtbar. Dadurch tanzen die Puppen scheinbar von allein auf der Wasserfläche: Drachen speien Feuer, aus dem Wasser tauchen plötzlich trockene (!) bunte Flaggen auf und eine kleine hölzerne Kapelle macht dazu die Musik. Wie das alles geht? Schauen Sie es sich an, vielleicht lüften Sie ja eines der streng gehüteten Geheimnisse der Puppenspieler.

In größeren Städten kann man Wassermarionetten auf etablierten, vom Staat subventionierten Bühnen sehen. Wer es ursprünglicher mag, sollte zur *Chùa Thầy* (Thay-Pagode) 20 km südwestlich von Hanoi fahren. Dort wird im *hồ Long Chiểu* (Drachensee) sehr authentisches *Múa rối nước* aufgeführt.

Einige wertvolle alte Marionetten gibt es im *Viện Bảo Tàng Mỹ Thuật* (Museum der Bildenden Kunst) in Hanoi zu besichtigen. Dieses Museum ist ein Muss für Kunstinteressierte und befindet sich ganz in der Nähe des *Văn Miếu* (Literaturtempel).

7

Wo ist die Post?

***mạng Internet* (Internet)**
lên mạng (ins Netz gehen) ist in Städten leicht: Hotels haben meist *Wifi* (WLAN). Unterwegs bieten zahllose *cà phê internet* (Internet-Cafés) oder *cà phê wifi* (WLAN-Cafés) einen Netzzugang. Dort kann man auch günstig *gọi VoIP* (Internet-Telefonie) nutzen.

***SIM-Các* (SIM-Karten)** gibt es überall zu kaufen. Achten Sie einfach auf die Firmenschilder der Mobilfunkbetreiber wie Vinaphone, Mobifone, Viettel u.a.

***đèn tín hiệu* (Ampel)**
đỏ (rot)
vàng (gelb)
xanh (blau, grün)

Am Dienstag will Peggy nach der Arbeit noch zur Post. Sie braucht eine *SIM-Các* (SIM-Karte) für ihr *điện thoại di động* (Handy), mit der sie in Vietnam und auch nach Deutschland telefonieren kann. Laut *bản đồ thành phố* (Stadtplan) liegt das *bưu điện trung tâm* (Hauptpostamt) nicht weit von Peggys Büro entfernt. Sie bahnt sich ihren Weg durch den Lärm und die Abgase des Feierabendverkehrs. Mensch, hier ist wieder was los!, denkt sie, als an den Kreuzungen die Autos und Mopeds bei Blaugrün lospreschen, als wären böse Geister hinter ihnen her.
Geht's jetzt rechts oder geradeaus weiter? *Xin ông cho biết* (Können Sie mir bitte sagen), wendet sie sich an einen etwa 60 Jahre alten Herrn, *đến bưu điện trung tâm tôi đi thế nào?* (wie ich zum Hauptpostamt komme?) Der Mann gibt ihr gern Auskunft: *Cô đi thẳng hai trăm mét.* (Sie gehen 200 m geradeaus.) Auch der restliche Weg ist schnell erklärt. Peggy bedankt sich artig, doch der Hanoier winkt lächelnd ab: *Không dám!* (Keine Ursache!)
In der Post bekommt sie schnell, was sie braucht: *Tôi mua SIM-Các này.* (Ich kaufe diese SIM-Card.) Dann möchte sie noch Post nach Hause aufgeben: *Tôi gửi bưu thiếp đi Đức ở đây phải không ạ?* (Kann ich von hier eine Postkarte nach Deutschland schicken?) *Không, chị ạ* (Nein), leider nicht, dazu muss sie eine Tür weiter. Gleich nebenan ist das *bưu điện quốc tế* (Internationale Postamt).

Die Post befindet sich rechts

7A

48

bưu điện	Post
trung tâm	zentral, Haupt-
đi thẳng	geradeaus (gehen)
hai trăm	200
mét	Meter
sau đó	dann, danach
rẽ	abbiegen
bên trái	links
vào	herein (-kommen), in die, ins
ba trăm	300
bên phải	rechts
không dám!	keine Ursache!

■ Xin ông cho biết, đến bưu điện trung tâm tôi đi thế nào?	Bitte sagen Sie mir, wie komme ich zum Hauptpostamt?
● Cô đi thẳng hai trăm mét.	Sie gehen 200 Meter geradeaus.
Sau đó cô rẽ bên trái vào phố Tràng Tiền.	Danach biegen Sie links ab in die Trang-Tien-Straße.
■ Còn sau đó?	Und danach?
● Cô đi ba trăm mét, rẽ bên phải vào phố Đinh Tiên Hoàng. Bưu điện ở bên phải.	Sie gehen 300 Meter, biegen rechts in die Dinh-Tien-Hoang-Straße ab. Die Post befindet sich rechts.
■ Xin cám ơn ông.	Vielen Dank.
● Không dám! Chào cô.	Keine Ursache! Auf Wiedersehen.

cho – Funktionswort für Dativ:
Xin ông ***cho (tôi)*** *biết, …*
(Bitte sagen Sie **mir**, …)

101 bis 999
101 *một trăm* ***linh/lẻ*** *một*
(ein hundert *linh/lẻ* eins)
Man kann *linh* oder *lẻ* benutzen. Sie sind Platzhalter bei einer Nullstelle und werden auch bei 1**0**2 bis 1**0**9 … 9**0**1 bis 9**0**9 eingeschoben.
110 *một trăm mười*
(ein hundert zehn)
200 *hai trăm* (zwei hundert)
300 *ba trăm* usw. bis
999 *chín trăm chín mươi chín*

Richtungsangaben
đi thẳng (geradeaus, geradeaus gehen), im Unterschied zu *thẳng* (gerade), denn *đi* ist ein Richtungsverb, das Richtungsangabe + Fortbewegung in sich vereint, wie auch *vào* (hinein, hineinbewegen).
bên trái (links)
bên phải (rechts)

„Keine Ursache“
Không dám! (Nicht wagen, den Dank anzunehmen! = Nichts zu danken!)
Không có gì! = Có gì đâu! (Nein haben was! = Es gibt nichts! = Keine Ursache!)
Không sao! (Kein Problem!)
Aber nicht *xin mời* (Bitte!) wie im Deutschen!

Xin ông cho biết, … (wörtl.: Lassen Sie mich wissen, … = Können Sie mir sagen, …)

Übungen

gia (*gia đình* = Familie), *già* (alt), *giá* (Preis) *giạ* (Korb), *giả* (falsch, nicht echt), *giã* (stampfen, stoßen)

1. Alte Hunde preisreduziert

▶ 49

1. gi**a** – gi**à** – gi**a**
2. gi**à** – gi**á** – gi**a**
3. gi**á** – gi**ạ** – gi**a**
4. gi**ạ** – gi**ả** – gi**a**
5. gi**ả** – gi**ã** – gi**a**
6. gi**ã** – gi**a** – gi**à**

Achten Sie beim Nachsprechen auf die feinen Unterschiede:
đ weich (wie **D**ackel))
t stumpf (wie in Wal**d**)
th aspiriert (wie in **T**ür)

2. đ wie Dackel

▶ 50

1. **đ**a – **t**a – **th**a	4. **đ**ơ – **t**ơ – **th**ơ	7. **đ**i – **t**i – **th**i
2. **đ**o – **t**o – **th**o	5. **đ**u – **t**u – **th**u	8. **đ**e – **t**e – **th**e
3. **đ**ô – **t**ô – **th**ô	6. **đ**ư – **t**ư – **th**ư	9. **đ**ê – **t**ê – **th**ê

Schon gemerkt, was? Also, ergänzen Sie die Tonzeichen bei dieser Wegbeschreibung.

3. Hier fehlt doch was?

▶ 51

1. Xin ông cho biêt, đên khach san Anh Dương tôi đi thê nao?
2. Chi đi thăng bay trăm met.
3. Sau đo chi re bên trai vao phô Ma Mây.
4. Chi re bên phai vao phô Hang Bac.
5. Khach san Anh Dương ơ bên trai.

Ihre Postkarten sollen so schnell als möglich bei Ihren Lieben ankommen. Aber wie kommen Sie zur Internationalen Post? Übersetzen Sie!

4. Wegweiser

1. Bitte sagen Sie mir, wie komme ich zur Internationalen Post?
2. Sie biegen rechts ab in die Trang-Tien-Straße.
3. Danach gehen Sie 400 Meter geradeaus.
4. Sie biegen links in die Dinh-Tien-Hoang-Straße ab.
5. Die Post befindet sich links.

Eine Übung für Rechenkünstler: Ordnen Sie die Aufgaben den Lösungen zu.
cộng (plus), *trừ* (minus) *nhân* (mal), *chia* (geteilt), *là* (ergibt, ist gleich)

5. Adam Riese

1. hai trăm hai bảy cộng bốn mươi bốn là	a ☐ hai mươi mốt.
2. một trăm chín sáu trừ sáu mươi mốt là	b ☐ bốn mươi lăm.
3. mười lăm nhân ba là	c ☐ hai trăm bảy mốt.
4. tám mươi nhăm chia năm là	d ☐ một trăm ba lăm.
5. một trăm linh năm chia năm là	e ☐ mười bảy.

Ich möchte eine SIM-Karte

52

mua	kaufen
SIM-Các	SIM-Karte
điện thoại	Telefon
di động	beweglich, mobil
điện thoại di động	Handy
này	diese/-r/-s
vừa … vừa	sowohl … als auch …
gọi	anrufen, telefonieren
trong nước	national, Inland
quốc tế	international, Ausland
gửi (gửi đi …)	abschicken, (schicken nach …)
bưu thiếp	Postkarte

■ Chào anh. Tôi muốn mua một SIM-Các cho điện thoại di động.	Guten Tag. Ich möchte eine SIM-Karte für Handys kaufen.
● Với SIM-Các này chị vừa gọi trong nước vừa gọi quốc tế được.	Mit dieser SIM-Karte können Sie sowohl im Inland als auch ins Ausland anrufen.
■ Tôi mua SIM-Các này.	Ich kaufe diese SIM-Karte.
■ Tôi gửi bưu thiếp đi Đức ở đây phải không ạ?	Die Postkarte nach Deutschland schicke ich von hier ab, nicht wahr?
● Không chị ạ, chị gửi ở bưu điện quốc tế.	Nein, Sie schicken sie in der Internationalen Post ab.

Demonstrativwörter stehen hinter dem Nomen:
1. *này* (diese/-r/-s) für Gegenstände/Lebewesen in unmittelbarer Nähe des Sprechers:
SIM-Các ***này***
(SIM-Karte **diese**)
2. *kia* (jene/-r/-s) für Gegenstände/Lebewesen in Sichtweite:
bưu thiếp ***kia***
(Postkarte **jene**)

Mit ***vừa … vừa …*** (sowohl … als auch …) wird die Gleichzeitigkeit von zwei Handlungen/Merkmalen ausgedrückt: ***vừa*** *gọi trong nước* ***vừa*** *gọi quốc tế* (**sowohl** im Inland **als auch** ins Ausland anrufen)

Post ins Ausland
können Sie natürlich auch in den nächstbesten Briefkasten einwerfen oder im regionalen Postamt aufgeben. Vom Internationalen Postamt geht's aber schneller.

gửi (schicken, abschicken), *gửi* ***đi*** *Đức* (schicken **nach** Deutschland)

Übungen

bê (Kalb), *bề* (Seite), *bế* (auf den Armen tragen), *bệ* (*bệ rồng* = Königsthron), *bể* (Meer, Ozean), *bễ* (Blasebalg)

1. Kalb sitzt auf dem Königsthron

53

1. bê – bề – bê
2. bề – bế – bê
3. bế – bệ – bê
4. bệ – bể – bê
5. bể – bễ – bê
6. bễ – bê – bề

Endlaute *m, n, nh* und *ng:*
m und ***n*** folgen auf alle Vokale außer *ư* und *y*
nh steht nur hinter *a, ê, i*
ng steht hinter allen Vokalen außer *i* und *y*

2. ng wie Junge

54

1. **m:**	e**m**	xe**m**	đê**m**	cá**m** ơn	là**m** quen
2. **n:**	ă**n**	xi**n**	tê**n**	cò**n**	đế**n**
3. **nh:**	a**nh**	bê**nh**	thà**nh** phố	hân hạ**nh**	gia đì**nh**
4. **ng:**	ô**ng**	mừ**ng**	vâ**ng**	cũ**ng**	phò**ng**

Wählen Sie die optimale Antwort aus.

3. SIMsalabim

1. Peggy muốn mua …
   a ☐ năm SIM-Các cho điện thoại di động.
   b ☐ một SIM-Các cho điện thoại di động.
2. SIM-Các này …
   a ☐ chỉ gọi được trong nước.
   b ☐ vừa gọi trong nước vừa gọi quốc tế được.
3. Peggy mua …
   a ☐ SIM-Các kia.
   b ☐ SIM-Các này.
4. Peggy gửi bưu thiếp …
   a ☐ đi Đức.
   b ☐ đi Anh.
5. Peggy gửi bưu thiếp ở …
   a ☐ bưu điện quốc tế.
   b ☐ bưu điện trung tâm.

Keine Bange vor längeren Sätzen mit *vừa … vừa*, die Wörter kennen Sie ja bereits. Übersetzen Sie!
Neu ist *gần* (in der Nähe) in Satz 5.

4. Sowohl als auch

1. Peggy vừa nói tiếng Đức vừa nói tiếng Việt.
2. Peggy đã vừa làm việc vừa học tiếng Việt ở Hà nội.
3. Peggy vừa chưa có gia đình vừa chưa có con.
4. Anh chị Trung – Hà vừa có con trai vừa có con gái.
5. Peggy muốn thuê căn hộ vừa ở trung tâm vừa gần văn phòng của chị ấy.

Altstadt Hanoi

7

Das Labyrinth beginnt gleich nördlich des Hoan Kiem Sees: *36 phố phường* (36 Straßen und Wohnviertel) wird die Altstadt Hanois auch genannt, eigentlich sind es sogar zehn *phường* (Wohnviertel) mit insgesamt 76 *phố* (Straßen). Seit dem 11. Jahrhundert siedelten sich hier Handwerker der verschiedensten Zünfte an. Die Straßennamen – *hàng* (Ware) gefolgt von einer Warengruppe oder einem Handwerk – zeugen heute noch davon, welche Berufsgruppe der damaligen Hoflieferanten hier lebte und arbeitete.
Die Handwerkerfamilien einer Zunft kamen oft aus dem selben Dorf. Sie brachten von dort ihr Fachwissen und ihre Schutzheiligen mit in die Stadt. Trotz aller Veränderungen blieben Straßenverläufe und Charakter der *phố cổ* (Altstadt) weitgehend erhalten. Das gilt leider nicht für die Bausubstanz. Die Jahre und das Klima setzten den Gebäuden aus dem 18. und 19. Jahrhundert stark zu, während die Bewohnerzahl wuchs und wuchs. Manches alte Haus musste daher einem Neubau weichen, noch bevor der Staat die Altstadt 1995 unter Denkmalschutz stellen konnte.
Nur wenigen Hanoiern war damals klar, dass die *phố cổ* eben dieser stolzen Neubauten wegen keine Chance hat, jemals zum Weltkulturerbe erklärt zu werden. Für den Alltag der Bewohner spielt das jedoch keine Rolle. Wie ihre Vorväter hämmern und sägen, färben und schneidern sie ihre Erzeugnisse, die oft gleich an Ort und Stelle verkauft werden. Denkt man sich Mopeds, bunte Reklamen und Reisebüros weg, könnte man glauben, man sei auf einer Zeitreise ins Hanoi des 19. Jahhunderts.

hàng … (Ware …)
bạc (Silber)
bông (Baumwolle)
chiếu (Matte)
quạt (Fächer)
da (Leder)
gà (Huhn)
tre (Bambus)
vôi (Kalk)
phố Hàng Bạc (Silberstraße)

***chợ* (Markt)**
Wer das bunte Markttreiben live erleben möchte, sollte die berühmten Märkte der Altstadt besuchen:
Chợ Đồng Xuân für Stoffe, Elektronik u. a.,
Chợ Bắc Qua für Lebensmittel, Obst ...
Nördlich der beiden Märkte gibt es zahlreiche Lokale, die zum Teil rund um die Uhr geöffnet haben, was für Hanoi sonst nicht üblich ist.

8

Zum Reisebüro

đi bằng …
(sich fortbewegen mit …)
máy bay (Flugzeug)
phà, đò ngang (Fähre)
tàu thủy (Schiff)
thuyền (Boot)
xe buýt = ô tô buýt (Bus)
xe buýt du lịch (Reisebus)
xe ca (Minibus)
xe đạp (Fahrrad)
xe điện = tàu (tầu) điện (Straßenbahn, Tram)
xe điện ngầm = tàu (tầu) điện ngầm (U-Bahn)
xe hơi = xe ô tô (Auto)
xe lửa = tàu (tầu) hỏa (Eisenbahn)
xe máy (Moped)
xe mô tô (Motorrad)
xe ôm (Moped-Taxi)
xe tắc xi = tắc xi (Taxi)
xe xích lô (Rikscha)

Die arbeitsreichen Wochen im feuchtheißen Hanoi haben Peggy ein wenig zugesetzt, und nun freut sie sich auf eine kleine Auszeit. Sie hat schon viel über die Schönheit des vietnamesischen Berglandes gehört. Besonders der berühmte Kurort *Sa Pa* im *Hoàng Liên Sơn*-Gebirge weckt ihre Neugier. Bereits die Franzosen genossen hier – kaum 10 km entfernt von Vietnams höchstem Gipfel, dem 3.143 m hohen *Fan Si Pan* – das kühle Klima der Berge.
Von ihren Kollegen weiß sie, dass es in der *Hàng Bạc*-Straße viele seriöse *Văn phòng du lịch* (Reisebüros) gibt. Dort erkundigt sich Peggy: *Tôi muốn đi du lịch Sa Pa* (Ich möchte eine Reise nach Sa Pa machen). Der Mitarbeiter fragt freundlich: *Chị muốn đi bằng gì?* (Womit wollen Sie fahren?). Das weiß Peggy schon genau: *Tôi thích đi bằng xe lửa* (Ich fahre gern mit der Bahn), und konkretisiert, *toa có máy lạnh* (im klimatisierten Abteil). Er macht ihr ein Angebot für einen *giá cả trọn gói* (Komplettpreis).
Abends telefoniert Peggy mit Hung. Zuerst gibt sie ihm ihre neue *số di động* (Handynummer). Dann berichtet sie von ihrer bevorstehenden Reise. Hung ist hin und weg. Das nördliche Bergland kennt auch er noch nicht, vielleicht könnte er ja mitkommen? Prima, Peggy ist es sehr recht. *Ngày mai anh sẽ gọi điện thoại đến văn phòng du lịch* (Morgen werde ich im Reisebüro anrufen), erklärt er unternehmungslustig, *để đặt tua* (um die Tour zu buchen).

Ich fahre gerne mit dem Zug

55

du lịch	reisen, Reise, Tourismus
định	beabsichtigen, planen
ở lại (Sa Pa)	in (Sa Pa) bleiben
bằng	mit
bằng gì?	womit?
xe	Fahrzeug
buýt	Bus
xe lửa = tầu hỏa	Zug
thích	gern haben, mögen
toa	Waggon, Abteil
máy lạnh	Klimaanlage
chuyến	Fahrt, Reise, Linie

■ Chào anh. Tôi muốn đi du lịch Sa Pa.	Guten Tag. Ich möchte nach Sa Pa reisen.
● Chào chị. Chị định bao giờ đi Sa Pa?	Guten Tag. Wann beabsichtigen Sie, nach Sa Pa zu fahren?
■ Tôi muốn ở lại Sa Pa hai ngày, vào thứ bảy và chủ nhật hai tuần sau.	Ich möchte zwei Tage in Sa Pa bleiben, am Samstag und Sonntag in zwei Wochen.
● Chị muốn đi bằng gì? Bằng xe buýt du lịch hay bằng xe lửa?	Womit möchten Sie fahren? Mit dem Reisebus oder mit dem Zug?
■ Tôi thích đi bằng tầu hỏa, toa có máy lạnh.	Ich fahre gerne mit dem Zug, im Abteil mit Klimaanlage.
● Hàng ngày có một chuyến chín giờ sáng và một chuyến bảy giờ tối. Chị muốn đi chuyến nào?	Täglich gibt es eine Fahrt am Vormittag um 9:00 Uhr und eine Fahrt am Abend um 7:00 Uhr. Welche Fahrt möchten Sie?
■ Tôi muốn đi chuyến chín giờ sáng thứ bảy.	Ich möchte die Fahrt um 9:00 Uhr am Samstagvormittag fahren.

3 Mal „wollen“
1. *muốn* (mögen, wollen)
2. *định* (beabsichtigen)
3. *thích* (gern haben, mögen)
*Tôi **muốn/định/thích** đi Việt nam.* (Ich **will** fahren nach Vietnam.)
Verneinung:
***không* + Modalverb:**
*Tôi **không muốn/định/thích** đi Việt nam.* (Ich **nicht will** fahren nach Vietnam.)
Fragen:
1. ... *muốn gì?*
Im Fragesatz können *muốn, định, thích* allein stehen:
*Chị **muốn gì**?*
(Sie **möchten was**?)
2. ... *muốn* + Verb + *gì?*
*Chị **muốn làm gì**?* (Sie **möchten machen was**?)
3. ... *muốn đi đâu?*
*Anh **muốn đi đâu**?* (Sie **möchten fahren wohin**?)

„mit“: *bằng* oder *với*?
1. Dinge:
***... bằng** gì?* (womit?)
*đi **bằng** xe lửa*
(fahren **mit** dem Zug)
*ăn **bằng** đũa*
(essen **mit** Stäbchen)
Verneinung:
không + Verb + bằng ...:
***không** đi **bằng** xe lửa*
(**nicht** fahren **mit** dem Zug)
2. Personen:
***với** ai?* (**mit** wem?)
***với** Peggy* (**mit** Peggy)

8 A

Übungen

đa (*cây đa* = Gummibaum), *đà* (*sông Đà* = schwarzer Fluss), *đá* (Stein), *đạ* (keine Bedeutung), *đả* (schlagen, prügeln), *đã* (schon)

1. Stein am schwarzen Fluss

▶ 56

1. **đa** – **đà** – **đa**
2. **đà** – **đá** – **đa**
3. **đá** – **đạ** – **đa**
4. **đạ** – **đả** – **đa**
5. **đả** – **đã** – **đa**
6. **đã** – **đa** – **đà**

Es gibt noch vier weitere Endlaute: ***p, t, ch*** und ***c***. Das sind implosive Laute, daher klingen sie weicher als im Deutschen. Sie können nur mit *thanh sắc* oder *thanh nặng* kombiniert werden.

2. Mit der Rikscha durch Vietnam

▶ 57

1.	**p:**	gặ**p**	xe đạ**p**	chậm chạ**p**	bưu thiế**p**	đón tiế**p**
2.	**t:**	mộ**t**	biế**t**	rấ**t**	tố**t**	Việ**t** nam
3.	**ch:**	thí**ch**	sá**ch**	khá**ch** sạn	du lị**ch**	xí**ch** lô
4.	**c:**	họ**c**	đượ**c**	cá**c**	nướ**c** Đứ**c**	Hàng Bạ**c**

Und womit fahren Sie gern? Sagen Sie es auf Vietnamesisch!

3. Viele Fahrzeuge führen zum Ziel

▶ 58

Tôi thích đi bằng ***tầu hỏa***.

1. tầu hỏa
2. ô tô
3. tàu thủy
4. xe đạp
5. máy bay
6. xe ca

Ein etwa 45-Jähriger bucht eine Fahrt in die Stadt *Hạ Long*. Denn die wunderschöne *vịnh Hạ Long* (Ha-Long-Bucht) steht auf der Liste des UNESCO-Weltnaturerbes. Übersetzen Sie!

4. Reisepläne

1. Guten Tag. Ich möchte nach Ha Long reisen.
2. Guten Tag. Wann beabsichtigen Sie, nach Ha Long zu fahren?
3. Ich möchte am Sonntag nach Ha Long fahren.
4. Womit möchten Sie fahren?
5. Ich fahre gerne mit dem Reisebus.

Wählen Sie den passenden Schluss für die Sätze. Die Küste der Stadt *Nha Trang* zählt zu den 39 schönsten Küsten der Welt und befindet sich im südlichen Vietnam.

5. Ausflug nach Nha Trang

1. Tôi muốn đi du lịch ở …
   - a ☐ khách sạn.
   - b ☐ Nha Trang.
2. Tôi định đi Nha Trang vào …
   - a ☐ thứ bảy tuần trước.
   - b ☐ thứ bảy tuần sau.
3. Tôi thích đi Nha Trang bằng …
   - a ☐ xe đạp.
   - b ☐ máy bay.
4. Tôi định đi Nha Trang chuyến …
   - a ☐ tám giờ hôm qua.
   - b ☐ tám giờ sáng mai.

Wie ist deine Handynummer?

59

số	Nummer, Zahl
về	über, nach, wegen, zurück-kehren
tua	Tour
lắm	sehr (steht hinter dem Adjektiv)
văn phòng	Büro
để	um … zu …
đặt	bestellen, reservieren
đi lại	hin- und herfahren, sich fort-bewegen
triệu	Million
xe máy	Moped
ít	wenig
riêng	privat, eigene/-r/-s

■ A lô, em chào anh Hùng. Em đã có điện thoại di động rồi.	Hallo, guten Tag, Hung. Ich habe schon ein Handy.
● Số di động của em là gì?	Wie ist deine Handynummer?
■ Số di động của em là không chín một bốn-hai năm bảy sáu tám ba.	Meine Handynummer ist 0914-257683.
● Em đã hỏi về tua du lịch Sa Pa chưa?	Hast du schon nach der Sa-Pa-Tour gefragt?
■ Rồi ạ.	Ja, schon.
● Tốt lắm. Ngày mai anh sẽ gọi điện thoại đến văn phòng du lịch để đặt tua. Em thích đi bằng xe lửa, có phải không?	Sehr gut. Morgen werde ich im Reisebüro anrufen, um die Tour zu reservieren. Du möchtest gern mit dem Zug fahren, nicht wahr?
■ Vâng ạ. Anh Hùng, người Hà nội chỉ đi lại bằng xe máy phải không?	Ja. Hung, Hanoier fahren nur mit dem Moped, nicht wahr?
● Không. Ba triệu người đi bằng xe máy, nhưng cũng có ít người đi bằng ô tô riêng.	Nein. Drei Millionen Menschen fahren mit dem Moped, aber es gibt auch wenige Leute, die mit dem eigenem Auto fahren.

hỏi về (fragen über/nach/wegen)
1. Dinge: *hỏi về cái/việc gì?* (fragen wonach/warum?)
*Peggy **đã hỏi** văn phòng du lịch **về cái/việc gì?*** (**Wonach hat** Peggy im Reisebüro **gefragt**?)
2. Personen: *… hỏi về ai?* (fragen nach wem?): *Peggy **đã hỏi** Hùng **về ai?*** (**Nach wem hat** Peggy Hung **gefragt**?)

Dreimal *đến*
1. *đến* (kommen zu/nach): ***Đến** bưu điện trung tâm tôi đi thế nào?* (Wie **komme** ich **zum** Hauptpostamt?)
2. *đến* (ankommen): *Hôm qua tôi **đã đến** Hà nội.* (Gestern **bin** ich in Hanoi **angekommen**.)
3. FW *đến/cho*: *gọi điện thoại **đến/cho***
Nach *gọi (điện thoại)* muss ein FW kommen, entweder *đến* (an wen?) oder *cho* (für wen?).

Grundzahlen ab 1.000
1.000 *một **nghìn*** bzw. ***ngàn*** (umgsspr.: tausend)
1.004 *một **nghìn** không trăm linh bốn*
10.000 *mười **nghìn** = một **vạn*** (umgsspr.: 10.000)
1 Million *một **triệu***
1 Milliarde *một **tỷ***

Übungen

1. Die Gattin schwört, treu zu sein ▶ 60

thê (Gattin)
thề (schwören, Schwur)
thế (also)
thệ (*tuyên thệ* = beeidigen)
thể (*có thể* = können)
thễ (südl. Dialekt = *thể*)

1. thê – thề – thê
2. thề – thế – thê
3. thế – thệ – thê
4. thệ – thể – thê
5. thể – thễ – thê
6. thễ – thê – thề

2. Hier, mir ein Bier! ▶ 61

Es gibt viele Kombinationsvarianten von zwei oder drei Vokalen in einem Wort. Bei offener Silbe mit zwei Vokalen trägt der erste Vokal das Tonzeichen. Hier nun die fünf ersten Varianten der offenen Silbe.

1.	**ia:**	k**ì**a	m**ía**	b**ịa**	t**ỉa**	ngh**ĩa**
2.	**iu:**	th**iu**	b**íu**	bận b**ịu**	bẩn th**ỉu**	d**ìu** dắt
3.	**ua:**	c**ủa**	l**ụa**	m**úa**	đ**ũa**	tua t**ủa**
4.	**ưa:**	v**ừa**	d**ứa**	n**ữa**	chọn l**ựa**	xe l**ửa**
5.	**ưi:**	ng**ửi**	g**ửi** thư	g**ửi** qùa	khung c**ửi**	ch**ửi** bới

3. Womit fahren Hanoier? ▶ 62

Mit U-Bahn oder Segway jedenfalls (noch) nicht.

Người Hà nội đi lại bằng ***xe buýt****.*

1. xe buýt
2. xích lô
3. xe ôm
4. tắc xi
5. xe máy
6. xe mô tô

4. Wie ist deine Handynummer?

Oho, jemand interessiert sich für Sie und möchte einiges über Sie in Erfahrung bringen. Versuchen Sie die Fragen wahrheitsgetreu zu beantworten.

1. Anh/Chị có điện thoại di động không?
2. Số di động của anh/chị là gì?
3. Anh/Chị có thích đi du lịch không?
4. Anh/Chị thích đi du lịch ở đâu?
5. Bao giờ anh/chị đi du lịch?

5. Wer fragt wen wonach?

Antworten Sie mit den vorgegebenen Lösungen: *việc* (Sache, Angelegenheit)

nhân viên văn phòng du lịch – Hùng – số di động – du lịch Sa Pa

1. Peggy đã hỏi ai về việc đi lại của người Hà nội?
2. Ai đã hỏi Peggy: „Chị muốn đi Sa Pa bằng gì?"
3. Hùng đã hỏi Peggy về cái gì?
4. Peggy đã hỏi ai về du lịch Sa Pa?
5. Peggy đã hỏi nhân viên văn phòng du lịch về việc gì?

Unterwegs

Am schönsten reist man mit der Eisenbahn: Die meisten Städte des Landes lassen sich so sicher, komfortabel und preiswert erreichen. Bei einer Durchschnittsgeschwindigkeit von 30 km/h braucht das allerdings seine Zeit. Immerhin haben Sie dadurch genug Muße, die Landschaft zu betrachten, zu fotografieren und mit den Mitreisenden zu plaudern. Fahrkarten kauft man am billigsten direkt am Bahnhof. Die Züge sind unterschiedlich ausgestattet, bei den *tàu nhanh* (Expresszügen) kann man zwischen *ghế mềm* (softseat), dem ungepolsterten *giường cứng* (hardbed) oder *giường mềm* (softbed) wählen.
Wer es eiliger hat, sollte das Flugzeug nehmen. Die vietnamesischen Fluggesellschaften verbinden 20 Städte im Inland. Die Tickets kosten meist nur wenig mehr als eine entsprechende Eisenbahnfahrt.
Am abenteuerlichsten und dabei sehr günstig ist das Reisen mit dem Bus. Die Open-Tour-Busse sind in der Regel nur mit Touristen besetzt. Wer den Kontakt zu Einheimischen sucht, besteigt besser einen ganz normalen *buýt liên tỉnh* (Überlandbus). Hier sind Reisende mit wenig Gepäck, zierlichem Körperbau und stählernen Nerven klar im Vorteil.
Innerhalb der Städte existiert ein mehr oder weniger dichtes Busliniennetz. In Hanoi und in Ho-Chi-Minh-Stadt gibt es bereits mehrere U-Bahn-Linien. Die meisten Vietnamesen/-innen allerdings rollen auf Mopeds oder Fahrrädern ihrer Wege, nur wenige können sich private PKWs leisten. Für Besucher/innen bieten sich neben *xe tắc-xi* (Taxi) und *xe ôm* (Mopedtaxi) besonders *xe đạp* (Fahrrad) und *xích-lô* (Rikscha) an.

Wichtige Eisenbahnlinien:
Hà Nội–Thành phố Hồ Chí Minh (Ho-Chi-Minh-Stadt)
Hà Nội–Hải Phòng
Hà Nội–Thái Nguyên
Hà Nội–Lào Cai
Hà Nội–Đồng Đăng
Kép–Uông Bí
Auf manchen Strecken gibt es auch noch *ghế cứng*-Abteile (hardseat). Nicht in allen Zügen kann man zwischen *toa máy lạnh/có điều hòa* (klimatisiertem Abteil) und *không có máy lạnh* (nicht klimatisiertem Abteil) wählen.

In den **Städten** haben längst Millionen von Mopeds die Fahrräder buchstäblich an den Straßenrand gedrängt. Und während die Bäuerinnen ihr Gemüse nach wie vor am Schulterjoch auf den Markt schleppen, zeigen manch erfolgreiche Mittelständler im Benz oder Maybach, was sie unter wirtschaftlichem Aufschwung verstehen.

T Test 2

Sie sind sich nicht mehr ganz sicher? Kein Problem, einfach noch einmal nachlesen.

1. Welche Antwort stimmt?

1. Wie heißt das berühmte Wassermarionetten-Theater?
   a ☐ Mua đôi guốc.
   b ☐ Múa rối nước.
   c ☐ Trồng lúa nước.
2. Sie sind zum Essen eingeladen. Was sollten Sie vermeiden?
   a ☐ Schlürfen, schmatzen, aufstoßen.
   b ☐ Misstrauisch im Essen stochern.
   c ☐ Unbekümmert reden und lachen.
3. Die Altstadt Hanois ist bekannt durch …
   a ☐ ihre Fachwerkhäuser.
   b ☐ die Namen ihrer Straßen und Gassen.
   c ☐ ihre historische Stadtmauer.
4. Wie heißt ein beliebtes Transportmittel auf Vietnams Straßen?
   a ☐ Xe ôm.
   b ☐ Bia ôm.
   c ☐ Bị ốm.
5. Wie reagieren Sie auf Fragen nach Ihrem Familienstand?
   a ☐ Als höflicher Mensch überhören Sie indiskrete Fragen.
   b ☐ Sie stellen klar, dass Ihr Privatleben tabu ist.
   c ☐ Sie antworten geduldig und lächeln dabei freundlich.
6. Welches Getränk bieten Vietnamesen/-innen ihren Gästen gern an?
   a ☐ Grünen Tee.
   b ☐ Eiskaffee.
   c ☐ Schwarzen Tee.

Zu viele Sätze? Sehen Sie sich erst alle Fragen an. Die für Sie leichteste ist Ihr Ansatzpunkt. Dann arbeiten Sie sich zu den schwereren Sätzen vor. Sie werden sehen: Die letzten beiden Fragen sind dann plötzlich ganz einfach!
có thể (können)

2. Fragen und Antworten

1. Chị đã có gia đình chưa?
2. Bây giờ là mấy giờ?
3. Hôm nay là thứ mấy?
4. Đến bưu điện tôi đi thế nào?
5. Số di động của ông là gì?
6. Anh muốn đi bằng gì?
7. Hôm nay là ngày bao nhiêu?
8. Khi nào tôi có thể xem căn hộ?

a ☐ Hôm nay là thứ tư.
b ☐ Bà đến lúc nào cũng được.
c ☐ Hôm nay là mồng ba tháng năm.
d ☐ Tôi thích đi bằng xe đạp.
e ☐ Cô đi thẳng một trăm mét.
f ☐ Chưa, tôi chưa có gia đình.
g ☐ Bây giờ là hai giờ đêm rồi.
h ☐ Số di động của tôi là không chín một bốn-hai năm bảy sáu.

3. Was fehlt?

Vervollständigen Sie die Sätze mit Hilfe der angegebenen Möglichkeiten. Schauen Sie genau hin, denn hier geht es um die kleinen, aber feinen Unterschiede!

1. Chúng ta sẽ đi thăm thành phố … thứ bảy.
   a ☐ trong
   b ☐ ở
   c ☐ vào
2. Chiều mai Peggy … đi học tiếng Việt.
   a ☐ đã
   b ☐ sẽ
   c ☐ đang
3. Tôi mua SIM-Các … .
   a ☐ này.
   b ☐ cái
   c ☐ bảy
4. Hôm nay là ngày … ?
   a ☐ làm nhiều
   b ☐ rất nhiều
   c ☐ bao nhiêu
5. Chị muốn đi … gì?
   a ☐ lắm
   b ☐ bằng
   c ☐ thẳng
6. Ông định … đi Sa Pa?
   a ☐ bây giờ
   b ☐ hai giờ
   c ☐ bao giờ

4. Wie sagt man das auf Vietnamesisch?

Bravo, das können Sie schon alles: Wünsche äußern, Fragen stellen, eine Reise buchen … und es ist gar nicht so schwer!

1. Ich möchte die Stadt besichtigen.
2. Wir haben nur am Wochenende frei.
3. Ich möchte eine SIM-Karte kaufen.
4. Bitte sagen Sie mir, wie ich zum Hotel komme.
5. Ich möchte nach Hai Phong reisen.
6. Wir wollen zwei Tage in Hai Phong bleiben.
7. Ich reise gern mit dem Zug.
8. Meine Handynummer ist 0152-267581439.

9

Besichtigungen

Hung holt Peggy wie verabredet am Sonnabend zur Stadtbesichtigung ab. *Em có biết Hà nội có những danh lam thắng cảnh gì không*? (Weißt du, welche Sehenswürdigkeiten es in Hanoi gibt?), fragt er lächelnd. Peggy hat zwar viel in ihrem Reiseführer gelesen, bisher aber kaum was gesehen: *Em chỉ biết hồ Hoàn Kiếm anh ạ* (Ich kenne nur den Hoan-Kiem-See). Besonders der erste Präsident Vietnams, *Hồ Chí Minh* (Ho Chi Minh), interessiert sie: *Em rất thích đi thăm lăng Hồ Chủ Tịch* (Ich möchte sehr gern das Mausoleum des Präsidenten Ho besuchen). *Đồng ý!* (Einverstanden!), meint Hung und schlägt vor: *Sau đó chúng ta thăm bảo tàng Hồ Chí Minh* (Danach besichtigen wir das Ho-Chi-Minh-Museum) *ở bên trái lăng* (links neben dem Mausoleum). Die beiden besteigen eine Rikscha, um am *quảng trường Ba Đình* (Ba-Dinh-Platz) ihren Rundgang zu beginnen.

Abends geht es dann wie versprochen ins Theater. *Anh Hùng, chúng ta đi chứ!* (Hung, lass uns gehen, ja!), drängt Peggy, *muộn rồi!* (es ist schon spät!). Doch Hung hat keine Eile: *Còn rất sớm* (Es ist noch sehr früh), beruhigt er Peggy. *Anh đã mua vé rồi* (Ich habe schon Karten). Doch Peggy hat keine Ruhe: *Từ đây đến nhà hát có xa không?* (Ist es weit von hier zum Theater?), fragt sie besorgt. Hung sieht es ganz entspannt: *Gần lắm, chúng ta đi bộ chứ?* (Ganz nah, wir gehen zu Fuß, ja?) Peggy ist es recht, wenn sie nur endlich losgehen! Mag ja sein, dass Uhren in Vietnam nicht so hektisch ticken wie anderswo, doch sie kommt nun mal nicht gern zu spät!

Sehenswürdigkeiten rund um den Ba-Dinh-Platz:
Bảo tàng Hồ Chí Minh (Ho-Chi-Minh-Museum)
nhà sàn (Pfahlhaus)
chùa Một Cột (Einstammpagode)
Phủ Chủ Tịch (Präsidentenpalast – befindet sich an der rechten Seite des Ho-Chi-Minh-Mausoleums)

Der Ba-Dinh-Platz liegt vor dem Ho-Chi-Minh-Mausoleum.

Ich möchte das Mausoleum besuchen

63

đúng giờ	pünktlich
những	Hilfswort für Mehrzahl
danh lam thắng cảnh	Sehenswürdigkeit
hồ	See
lăng	Mausoleum
chủ tịch	Präsident
Hồ Chủ Tịch	Präsident Ho
đầu tiên	zuerst
bảo tàng	Museum
cạnh, bên cạnh	neben
cuối cùng	schließlich, endlich, zuletzt
chùa	Pagode
đằng sau	hinter

■ Em chào anh Hùng. Anh đến rất đúng giờ!	Guten Tag, Hung. Du kommst sehr pünktlich!
● Chào em Peggy. Em có biết Hà nội có những danh lam thắng cảnh gì không?	Guten Tag, Peggy. Weißt du, welche Sehenswürdigkeiten es in Hanoi gibt?
■ Em chỉ biết hồ Hoàn Kiếm anh ạ. Em rất thích đi thăm lăng Hồ Chủ Tịch.	Ich kenne nur den Hoan-Kiem-See. Ich möchte sehr gerne das Mausoleum des Präsidenten Ho besuchen.
● Đồng ý! Đầu tiên chúng ta sẽ thăm lăng.	Einverstanden! Zuerst werden wir das Mausoleum besuchen.
■ Còn sau đó?	Und danach?
● Sau đó chúng ta thăm bảo tàng Hồ Chí Minh ở bên trái lăng.	Danach besuchen wir das Ho-Chi-Minh-Museum an der linken Seite des Mausoleums.
■ Còn cuối cùng?	Und schließlich?
● Cuối cùng chúng ta thăm chùa Một Cột ở đằng sau bảo tàng.	Schließlich besuchen wir die Mot-Cot-Pagode hinter dem Museum.

Hilfswörter für Mehrzahl

1. *các*:
*Xin chào **các** anh các chị!* (Guten Tag, verehrte Herren und Damen!)

2. *nhiều* (viel):
***Nhiều** người đi bằng xe máy.* (**Viele** Leute fahren mit dem Moped.)

3. *những*:
***những** danh lam thắng cảnh* (Sehenswürdigkei**ten**)

4. *mọi* (alle):
***Mọi** người làm việc tốt.* (**Alle** arbeiten gut.)

5. *mỗi* (jede/-r/-s):
***Mỗi** người mua một tấm bưu thiếp.* (wörtl. : **Jeder** Mensch kauft eine Postkarte.)

6. *tất cả* … *đều* … (alle):
***Tất cả** nhân viên **đều** làm việc tốt.* (**Alle** Angestellten arbeiten gut.)

Präpositionen
bên cạnh (neben)
đằng trước = *phía trước* (vorne, vor)
đằng sau = *phía sau* (hinter)
bên (Seite)
phải (rechts)
bên phải (rechte Seite)
trái (links)
bên trái (linke Seite)

Handlungsadverbien
đầu tiên … (zuerst …)
sau đó … (dann, danach …)
cuối cùng … (schließlich …)

Hồ = *Bác Hồ* (Onkel Ho) sind Kurz- bzw. Koseformen von *Hồ Chí Minh*.

Übungen

tư (thứ tư = vierte/-r/-s, Mittwoch), *từ* (Wort, von, aus, seit), *tứ* (vier), *tự* (sich, selbst), *tử* (sterben, Tod), *tữ* (keine Bedeutung)

1. Vier Selbstmorde am Mittwoch

64

1. tư – từ – tư
2. từ – tứ – tư
3. tứ – tự – tư
4. tự – tử – tư
5. tử – tữ – tư
6. tữ – tư – từ

Hier sind weitere fünf Varianten der offenen Silbe.

2. Toi, toi, toi!

65

1.	**oi:**	n**ói**	h**ỏi**	g**ọi**	theo d**õi**
2.	**ôi:**	t**ôi**	r**ồi**	t**ối** mai	đại h**ội**
3.	**ơi:**	v**ới**	m**ới**	xin m**ời**	gi**ới** thiệu
4.	**ai:**	h**ai**	con tr**ai**	con g**ái**	bên ph**ải**
5.	**ui:**	t**úi** b**ụi**	v**ui** mừng	l**ủi** th**ủi**	c**úi** đầu

Setzen Sie die vorgegebenen Wörter in die entsprechenden Lücken.
quảng trường (Platz)

3. Wo ist das Ho-Chi-Minh-Mausoleum?

bên cạnh – phía trước – bên trái – đằng sau – bên phải

1. Bảo tàng Hồ Chí Minh ở __________ lăng Hồ Chủ Tịch.
2. Chùa Một Cột ở __________ bảo tàng Hồ Chí Minh.
3. Phủ Chủ Tịch ở __________ lăng Hồ Chủ Tịch.
4. Quảng trường Ba Đình ở __________ lăng Hồ Chủ Tịch.
5. Phố Tràng Tiền ở __________ phố Đinh Tiên Hoàng.

Machen Sie eine Stadtrundfahrt mit Peggy und Hung! Aber auf Deutsch bitte.

4. Stadtrundfahrt

1. Hôm nay thứ bảy, Peggy và Hùng đi thăm thành phố Hà nội.
2. Hà nội có rất nhiều danh lam thắng cảnh nhưng Peggy chỉ biết Hồ Hoàn Kiếm.
3. Cô ấy rất thích đi thăm lăng Hồ Chủ Tịch. Đầu tiên Peggy và Hùng vào thăm lăng.
4. Sau đó thăm Phủ Chủ Tịch ở bên phải lăng và thăm bảo tàng Hồ Chí Minh ở bên trái lăng.
5. Cuối cùng hai người thăm chùa Một Cột ở đằng sau bảo tàng.

Jetzt antworten Sie ohne Lösungshilfe!

5. So viele Fragen!

1. Ở Hà nội có nhiều người đi làm bằng xe máy không?
2. Peggy đã biết những danh lam thắng cảnh nào ở Hà nội?
3. Mọi người trong văn phòng có làm việc tốt không?
4. Mỗi tuần Peggy học tiếng Việt vào ngày nào?
5. Tất cả người Hà nội đều đi lại bằng xe máy à?

Ist es weit zum Theater?

66

muộn	spät
sớm	früh, rechtzeitig
vé	Eintrittskarte, Ticket
từ … đến …	von … bis …
nhà hát	Theater
xa	weit
gần	nah, in der Nähe
đi bộ	zu Fuß gehen
dẫn	Führer/-in
chương trình	Programm
người dẫn chương trình	Moderator/-in
Múa rối nước	Wassermarionettentheater

■ Anh Hùng, chúng ta đi chứ? Muộn rồi!	Hung, gehen wir, ja? Es ist schon spät!
● Còn rất sớm, Peggy ạ. Anh đã mua vé rồi.	Es ist noch sehr früh, Peggy. Ich habe die Eintrittskarten schon gekauft.
■ Anh mua vé bao giờ?	Wann hast Du sie gekauft?
● Lúc chiều.	Am Nachmittag.
■ Từ đây đến nhà hát có xa không?	Ist es weit von hier bis zum Theater?
● Gần lắm, chúng ta đi bộ chứ?	Sehr nah, gehen wir zu Fuß, ja?
■ Vâng ạ. Chú Tễu là ai, anh Hùng?	Ja. Wer ist Chu Teu, Hung?
● Chú Tễu là người dẫn chương trình của Múa rối nước, Peggy ạ.	Chu Teu ist der Moderator des Wassermarionettentheaters, Peggy.

„Wann?" – Satzstellung

1. Fragt man nach Handlungen der Gegenwart oder Zukunft, stehen die Fragewörter *bao giờ?, khi nào?, lúc nào?* (alle „wann?") am Satzanfang:
Bao giờ *ông mua vé?* (**Wann** werden Sie das Ticket kaufen?)

2. Fragt man nach vergangenen Ereignissen, steht es am Satzende:
Ông mua vé ***bao giờ****?* (**Wann** haben Sie das Ticket gekauft?)

từ… đến … (von … bis …)

1. *từ bao giờ … đến bao giờ?* (Von wann bis wann?)
Từ *7 giờ sáng* ***đến*** *2 giờ chiều.* (**Von** 7.00 Uhr früh **bis** 2.00 Uhr Nachmittag.)

2. *từ đâu … đến đâu?* (von wo … bis wo?)
Từ *hồ Hoàn Kiếm* ***đến*** *nhà hát có xa không?* (Ist es weit **vom** Hoan Kiem-See **bis** zum Theater?)

Adjektiv

1. *sớm* (früh):
Chị đi làm ***sớm*** *quá!* (Sie gehen zu **früh** zur Arbeit!)

2. *muộn* (spät):
Anh đi làm ***muộn*** *quá!* (Sie gehen zu **spät** zur Arbeit!)

3. *gần* (nah, in der Nähe):
Từ đây đến bưu điện chỉ hai trăm mét, rất ***gần****!* (wörtl.: Von hier bis zum Postamt nur 200 m, ganz **nah**!)

4. *xa* (weit):
Từ đây đến bưu điện hai ki lô mét, rất ***xa****!* (wörtl.: Von hier bis zum Postamt 2 km, sehr **weit**!)

Theaterkarten am besten direkt an den Spielstätten kaufen. Die Kassen sind meist auch tagsüber geöffnet.

Übungen

thư (Brief), *thừ* (*mệt thừ* = erschöpft), *thứ* (Sorte; Hilfswort für Wochentage und Ordnungszahlen), *thự* (*biệt thự* = Villa), *thử* (versuchen, aus/anprobieren), *thữ* (südl. Dialekt = *thử*)

Nochmals vier Varianten mit offener Silbe.

Setzen Sie die vorgegebenen Wörter in die entsprechenden Lücken.
Hinweis:
Arbeitsbeginn: 8.00 Uhr.
Neu ist: *ki lô mét* (km)

Suchen Sie die jeweils passende Antwort aus!
Neu ist:
sau khi (nachdem)

1. Müder Brief probiert die Villa

▶ 67

1. thư – thừ – thư	4. thự – thử – thư
2. thừ – thứ – thư	5. thử – thữ – thư
3. thứ – thự – thư	6. thữ – thư – thừ

2. He-ho, ruft Theo den Leo

▶ 68

1.	**êu:**	th**êu**	n**ếu**	k**êu**	ngh**êu** ngao
2.	**eo:**	l**ẽo** đ**ẽo**	th**eo** sau	đói m**eo**	l**eo** l**ẻo**
3.	**ưu:**	l**ựu**	c**ứu**	b**ưu** điện	b**ưu** thiếp
4.	**ao:**	ch**ào**	n**ào**	v**ào**	b**ao** giờ

3. Es ist schon spät!

sớm – muộn – gần – xa – đúng giờ

1. Hôm nay anh Dũng đi làm việc lúc mười giờ.
   Anh ấy đi làm ________.
2. Hôm qua Peggy đã đi làm việc lúc sáu giờ.
   Chị ấy đi làm ________.
3. Hôm nay Peggy đi làm việc lúc tám giờ.
   Chị ấy đi làm ________.
4. Từ hồ Hoàn Kiếm đến lăng Hồ Chủ Tịch
   chỉ hai ki lô mét. Rất ________!
5. Từ Hà nội đến Sài gòn một nghìn bảy trăm
   ki lô mét. ________ lắm!

4. Schon gemacht?

1. Peggy đã thuê phòng ở khách sạn bao giờ?	a ☐ Sau khi đến Hà nội.	b ☐ Hai tuần sau.
2. Peggy đã đến thăm gia đình Thu Hà khi nào?	a ☐ Thứ bảy tuần trước.	b ☐ Thứ bảy tuần sau.
3. Peggy đã học tiếng Việt ở nước Đức bao giờ?	a ☐ Ba tháng sau.	b ☐ Ba tháng trước.
4. Peggy đã mua SIM-Các khi nào?	a ☐ Ngày mai.	b ☐ Thứ ba tuần trước.
5. Peggy và Hùng đã xem Múa rối nước lúc nào?	a ☐ Tám giờ tối mai.	b ☐ Tám giờ tối qua.

Theater, Theater …

Das Theaterspiel hat in Vietnam eine lange Tradition. Schon in grauer Vorzeit gab es im nördlichen Delta *hát chèo* (Gesänge der Bauern und Fischer), aus denen sich seit dem 10. Jahrhundert das *Chèo* (Volkstheater) entwickelte. Besonders während der dörflichen Sommerfeste zogen kleine Theatergruppen – meist mit Laienschauspielern – von Ort zu Ort. Diese Form des Wandertheaters hielt sich bis ins 20. Jahrhundert. Heute spielt man in festen Häusern. Im *Chèo* werden mit ausdrucksstarker Gestik und Mimik Szenen aus dem Alltag, aber auch Heldengeschichten erzählt.

Tuồng (Höfisches Theater), auch *Hát bội* genannt, ist dem Vorbild der chinesischen Peking-Oper nachempfunden. Ein berühmter Darsteller dieses Theaters war im 13. Jahrhundert als Kriegsgefangener in Vietnam und machte diese Theaterform hier bekannt. Beim *Tuồng* sind die Darsteller stark geschminkt und tragen wertvolle Kostüme, wobei die Farben der Schminke und Kostüme bestimmte Charaktere symbolisieren. Mit stilisierten Bewegungen werden historische Ereignisse, Heldenepen und Lehrstücke dargestellt.

Das *Cải Lương* (Reformierte Theater) entstand vor etwa 100 Jahren im Süden des Landes und wurde schnell im ganzen Land beliebt. Im *Cải Lương* verbinden sich Elemente aus *Chèo*, *Tuồng* und dem europäischen Theater. Wer mag, kann eine der farbenfrohen Aufführungen mit eingängiger Musik sogar im Stadion genießen.

Während des Krieges fanden kaum Theateraufführungen statt. Wegen der Luftangriffe konnte höchstens einmal in einer Höhle in den Bergen gespielt werden.

Seit den 1990er-Jahren erleben viele beinahe vergessen geglaubte Volkskunstrichtungen eine Renaissance, nicht zuletzt *Chèo, Tuồng* und *Cải Lương.*

EuropäischeTheaterformen wie *kịch nói* (Sprechtheater), *ba lê* (Ballett) und *hát ôpera* (Oper) gibt es natürlich auch. Theaterbegeisterte sollten die Augen offen halten und nachfragen: Viele Ensembles gehen auf Tournee und treten dann in Kinos, Kulturhäusern oder Sportstadien auf!

10

Eine eigene Wohnung

cửa (Tür)
chìa khóa (Schlüssel)
cửa sổ (Fenster)
rèm cửa (Rollo)
bộ sa lông (Couch)
máy điều hòa (Klimaanlage)
quạt máy (Ventilator)
thảm (Teppich)
nước nóng (Heißwasser)
nước lạnh (Kaltwasser)
gương (Spiegel)
đèn (Lampe)
tủ (Schrank)
giường (Bett
nệm, đệm (Matratze)
máy giặt (Waschmaschine)
máy rửa bát/chén (südl.: Geschirrspüler)
sàn (Fußboden)

Heute Nachmittag will Peggy eine Wohnung in der Straße *Đường Láng* am Ufer des *Tô Lịch*-Flusses besichtigen. Diese Gegend liegt zwar etwas weiter weg vom Stadtzentrum, dafür sind hier die *giá tiền thuê nhà* (Mietpreise) günstiger. Der Weg ist Peggy völlig unbekannt. Zum Glück hat Hung angeboten, sie mit dem Moped hinzubringen. An der *Đường Láng* angekommen, biegt Hung in eine *ngõ* (Gasse) ein, doch wo ist die angegebenen *địa chỉ* (Adresse)? Er fragt einen Anwohner, und der weist sie in ein weiteres Gässchen.
Herr *Thông*, der Vermieter, öffnet ihnen die Tür. *Tôi có hai căn hộ ở tầng tư* (Ich habe 2 Wohnungen in der 4. Etage), erklärt er beim Hinaufgehen. *Tôi thích căn hộ có ban công* (Ich hätte gern eine Wohnung mit Balkon), meint Peggy. Kein Problem: *Phòng này là phòng khách* (Dieses Zimmer ist das Wohnzimmer) und da ist auch der Balkon. Peggy gefällt's und wird mit Herrn Thong handelseinig.
Schon einen Tag später kann Peggy einziehen. *Anh thấy căn hộ ấy thế nào?* (Wie findest du diese Wohnung?), fragt sie Hung, der ihr hilft. Er hat einen guten Eindruck: *Anh thấy căn hộ ấy rất đẹp và quá rẻ* (Ich finde diese Wohnung sehr schön und preiswert). Eine Sorge hat er aber: *Tiền đặt cọc có đắt không?* (Ist die Kaution hoch?). Peggy weiß, dass für möblierte Wohnungen die Kaution je nach Ausstattung recht drastisch ausfallen kann: *Không đắt lắm anh ạ* (Nicht so sehr teuer), beruhigt sie ihn. Die Wohnung ist nicht luxuriös, hat aber alles, was Peggy braucht.

Eine Wohnung mit Balkon

69

tầng	Etage, Stockwerk
đó, ở đó	dort
ban công	Balkon
phòng khách	Wohnzimmer
phòng ngủ	Schlafzimmer
kia	jene/-r/-s, da, dort
đối diện	gegenüber
phòng tắm = buồng tắm, toa lét	Bad, Toilette
ấy	diese/-r/-s
bếp	Küche
đều	gleich, alle
cửa sổ	Fenster

● Chào anh, chào cô. Tôi có hai căn hộ ở tầng tư. Ở đó có một căn hộ hai phòng có ban công.	Guten Tag, Herr und Dame. Ich habe zwei Wohnungen in der 4. Etage. Dort gibt es eine Zweizimmer-Wohnung mit Balkon.
■ Chào ông. Tôi thích căn hộ có ban công.	Guten Tag. Ich hätte gern eine Wohnung mit Balkon.
● Đây là căn hộ có ban công. Phòng này là phòng khách. Đằng trước phòng khách là ban công.	Das ist die Wohnung mit Balkon. Dieses Zimmer ist das Wohnzimmer. Vor dem Wohnzimmer ist der Balkon.
■ Tôi rất thích phòng này. Phòng ngủ ở đâu ạ?	Dieses Zimmer gefällt mir sehr. Wo ist das Schlafzimmer?
● Phòng ngủ ở kia, bên cạnh phòng khách. Đối diện phòng ngủ là phòng tắm.	Das Schlafzimmer ist dort, neben dem Wohnzimmer. Gegenüber dem Schlafzimmer ist das Badezimmer.
■ A, đây là bếp!	Ah, das ist die Küche!
● Vâng, phòng ấy là bếp.	Ja, dieses Zimmer ist die Küche.
■ Các phòng đều có cửa sổ.	Alle Zimmer haben Fenster.

Demonstrativwörter stehen immer hinter dem Substantiv:
này (diese/-r/-s)
phòng ***này*** (dieses Zimmer)
kia (jene/-r/-s) für Gegenstände/Lebewesen in Sichtweite:
phòng ***kia*** (jenes Zimmer)
ấy (diese/-r/-s) und ***đó*** (jene/-r/-s) für weiter entfernte, nicht anwesende Gegenstände/Lebewesen:
phòng ***ấy*** (dieses Zimmer)
phòng ***đó*** (jenes Zimmer)
Steht ***ấy*** hinter Verwandtschaftsbezeichnungen, ist die 3. Person gemeint: *cô* ***ấy*** (Tante **diese** = sie)

đây (hier), ***đó*** (da), ***đấy*** und ***kia*** (dort) können allein stehen:
Đây *là ai?* (Wer ist **hier**?)
Ai ***đó****?* (Wer ist **da**?)
từ ***đây*** *đến* ***đó*** *= từ* ***đây*** *đến* ***đấy*** (von **hier** bis **dort**)
Ban công ở ***kia****.*
(Der Balkon ist **dort**.)

tầng (Etage) oder ***lầu*** (Obergeschoss)?
Unterschiedliche Zählung im Süden und Norden.
1. Im Norden:
tầng *một*
(**Etage** eins = Erdgeschoss)
tầng *hai*
(**Etage** zwei = 1. Stock)
tầng *ba*
(**Etage** drei = 2. Stock)
2. Im Süden:
trệt (auf der Erde):
tầng *trệt* (**Etage** auf der Erde = Erdgeschoss)
lầu *một* (**Obergeschoss** eins = 1. Stock) ***lầu*** *hai* (**OG** zwei = 2. Stock)

Übungen

Nga (nước Nga = Russland), ngà (ngà voi = Elfenbein), ngá und ngạ (keine Bedeutung), ngả (Weg, Richtung), ngã (umfallen, stürzen, fallen)

1. Viel Elfenbein in Russland

▶ 70

1. ng**a** – ng**à** – ng**a**
2. ng**à** – ng**á** – ng**a**
3. ng**á** – ng**ạ** – ng**a**
4. ng**ạ** – ng**ả** – ng**a**
5. ng**ả** – ng**ã** – ng**a**
6. ng**ã** – ng**a** – ng**à**

Hier sind erneut fünf Varianten der offenen Silbe: *a*, *â* in Kombination mit *y* und *u* sowie in 5. *u* mit *y*. (*a*, *â* und *u* werden kurz gesprochen)

2. Au, der Pfau macht Radau

▶ 71

1. **ay:**	h**ay**	b**ảy**	n**ày**	ch**ạy**
2. **ây:**	đ**ây**	đ**ấy**	b**ẩy**	b**ẫy**
3. **au:**	s**áu**	ch**áu**	m**àu**	đ**au** đầu
4. **âu:**	đ**âu**	c**ậu**	t**ầu** hỏa	trận đ**ấu**
5. **uy:**	H**uy**	t**ùy**	Th**úy**	tàu th**ủy**

Ergänzen Sie die zum Inhalt des Dialoges passenden Wörter in die Lücke und lesen Sie langsam und deutlich!
cầu thang (Treppe)

3. Wo ist der Balkon?

phòng khách – phòng tắm – phòng ngủ – bếp

1. Đằng trước __________ là ban công.
2. Bên cạnh __________ là phòng ngủ.
3. Đối diện __________ là phòng tắm.
4. Bên cạnh __________ là bếp.
5. Đằng sau __________ là cầu thang.

Diese kleinen Wörter werden Ihnen im Alltag noch sehr nützlich sein. Es lohnt sich, sie zu kennen.

4. Dies und das, hier und dort

này – kia – ấy – đó – đây

1. Phòng kia là phòng gì? Phòng _______ là phòng khách.
2. Phòng ấy có ban công không? Có, phòng _______ có ban công.
3. Phòng này là phòng gì? Phòng _______ là phòng ngủ.
4. Đó là phòng tắm phải không? Vâng, _______ là phòng tắm.
5. Cầu thang ở đó phải không? Không, cầu thang ở _______.

Die Entscheidungsfragen mit *có … không?* werden Sie immer wieder brauchen.
tủ lạnh (Kühlschrank)
ti vi (Fernseher)

5. Wie ist die Wohnung ausgestattet?

▶ 72

Căn hộ có ***phòng tắm*** *không?*

1. phòng tắm
2. tủ lạnh
3. ti vi
4. bếp
5. ban công

Wie findest du diese Wohnung?

73

thấy	sehen, finden
rẻ	billig, preiswert
đẹp	schön
đắt	teuer
đắt hơn	teurer
tiền	Geld
đặt cọc	Kaution
cái	Ding, Stück, Objekt (Klassifikator für Gegenstände)
bàn	Tisch
ghế	Stuhl
giường	Bett
tủ lạnh	Kühlschrank

■ Anh Hùng, anh thấy căn hộ ấy thế nào?	Hung, wie findest du diese Wohnung?
● Anh thấy căn hộ ấy rất đẹp và quá rẻ. Các căn hộ ở trung tâm thành phố đắt hơn nhiều.	Ich finde diese Wohnung sehr schön und zu billig. Die Wohnungen im Zentrum der Stadt sind viel teurer.
■ Còn anh thấy ông Thông là người thế nào?	Und wie findest du Herrn Thông?
● Ông ấy là người tốt. Tiền đặt cọc có đắt không, Peggy?	Er ist ein guter Mann. Ist die Kaution teuer, Peggy?
■ Không đắt lắm anh ạ. Trong phòng khách chỉ có một cái bàn với hai cái ghế.	Nicht so sehr teuer. Im Wohnzimmer gibt es nur einen Tisch mit zwei Stühlen.
● Trong phòng ngủ có gì?	Was gibt es im Schlafzimmer?
■ Trong phòng ngủ có một cái giường.	Im Schlafzimmer gibt es ein Bett.
● Trong bếp có tủ lạnh không?	Gibt es einen Kühlschrank in der Küche?
■ Có ạ.	Ja.

Gradpartikeln für Adjektive:
1. ***quá*** (zu) und ***lắm*** (sehr) stehen hinter dem Adjektiv:
rẻ ***quá*** (**zu** billig)
đắt ***lắm*** (**sehr** teuer)
2. ***không*** (nicht), ***cũng*** (auch), ***hơi*** (ziemlich, bisschen) und ***rất*** (sehr) stehen vor dem Adjektiv:
không *nhiều* (**nicht** viel)
cũng *khỏe* (geht **auch** gut)
hơi *rẻ* (**ziemlich** preiswert)
rất *đẹp* (**sehr** schön)
3. ***không*** **+ Adjektiv +** ***lắm*** (nicht sehr …): ***không*** *đắt* ***lắm*** (**nicht sehr** teuer)

„Wie?" – Gegenstände
1. ***… (như) thế nào?*** (umgangsspr.: wie wie?)
Căn hộ ấy ***(như) thế nào****?* (**Wie** ist diese Wohnung?)
2. ***có (phải)*** **+ Adjektiv +** ***không?*** oder … ***à?***
Căn hộ ấy ***có đẹp không****?*
Căn hộ ấy rất ***đẹp à****?*
(Ist diese Wohnung **schön**?)

„Wie?" – Personen
1. Äußeres:
Chị ấy ***trông thế nào****?* (**Wie sieht** sie **aus**?)
Anh ấy (trông) có đẹp trai không? (Sieht er schön aus?)
2. Charakter:
Anh ấy ***là người thế nào?*** (**Was für** ein Mensch ist er? = **Wie** ist er?)
Anh ấy có phải là người tốt không? (Ist er ein guter Mann?)

rẻ quá bzw. *quá rẻ* bedeutet hier „echt preiswert", „besonders billig" und ist ein Lob!

Übungen

nghi (nghi ngờ = Verdacht, verdächtigen), *nghì* (keine Bedeutung), *nghí* (*nghí ngoáy* = sich bewegen), *nghị (hội nghị* = Tagung, *nghị sỹ* = Abgeordneter)

1. Entspannte Abgeordnete

74

1. ngh**i** – ngh**ì** – ngh**i**
2. ngh**ì** – ngh**í** – ngh**i**
3. ngh**í** – ngh**ị** – ngh**i**
4. ngh**ị** – ngh**ỉ** – ngh**i**
5. ngh**ỉ** – ngh**ĩ** – ngh**i**
6. ngh**ĩ** – ngh**i** – ngh**ì**

Es geht hier nicht um bayrische Leiterwagen, sondern um offene Silben. Bei denen mit *uê*, *ươ* trägt der zweite Vokal das Tonzeichen.

2. Zwoa Loatawagl

75

1.	**oe:**	kh**oe**	kh**ỏe**	l**óe** sáng	l**òe** loẹt
2.	**oa:**	l**oa**	tầu h**ỏa**	chìa kh**óa**	h**òa** bình
3.	**uê:**	th**uê**	H**uế**	H**uệ**	x**uề** xòa
4.	**ươ:**	muôn th**uở**	th**uở** xưa	th**uở** trước	q**uở** mắng

Was ist denn alles drin in dieser Wohnung?

3. Voll möbliert

76

Trong căn hộ này có ***một cái bàn****.*

1. một cái bàn
2. hai cái ghế
3. một cái giường
4. một cái tủ lạnh
5. một cái ti vi

Nun ja, bei wie vielen Millionen wird es Ihnen denn zu teuer?

4. Ist die Kaution teuer?

không … lắm – hơi – quá – lắm – rất – hơn

1. Tiền đặt cọc của căn hộ này là ba mươi triệu đồng. Đắt ______!
2. Tiền đặt cọc của căn hộ này là hai mươi triệu đồng. ______ đắt!
3. Tiền đặt cọc của căn hộ này là mười triệu đồng. ______ đắt!
4. Tiền đặt cọc của căn hộ này là ba triệu đồng. ______ đắt ______.
5. Tiền đặt cọc của căn hộ này là năm triệu đồng. Rẻ ______!

Versuchen Sie zu ordnen! Welche Antwort passt zu welcher Frage?

5. Was ist das?

1. Đây là cái gì?
2. Kia là cái gì?
3. Cái này là cái gì?
4. Đó là cái gì?
5. Cái ấy là cái gì?

a ☐ Kia là cái bàn.
b ☐ Đây là cái ghế.
c ☐ Đó là cái giường.
d ☐ Cái ấy là cái tủ lạnh.
e ☐ Cái này là cái ti vi.

Straßen und Wege

10

Vietnamesische Adressangaben sehen meist einfacher aus, als sich dann das Auffinden gestaltet. Mit einigen Basisinformationen sollte die Entschlüsselung jedoch nicht mehr schwierig sein: In den Städten werden Adressen meist in der folgenden Reihenfolge angegeben: *số nhà* (Hausnummer), *ngõ* (Gasse), *phố* (Straßenname), *phường* (Ortsteil), *quận* (Stadtbezirk), *thành phố* (Stadt). Postleitzahlen gibt es nicht. Die Häuser einer Straße werden durchnummeriert: Entweder stehen sich gerade und ungerade Zahlen jeweils gegenüber, oder aber man zählt erst eine Straßenseite durch, um auf der anderen Seite fortzufahren. Soweit die Theorie, denn durch die Bebauung von Teilgrundstücken wurde die Reihenfolge bei der Nummerierung selten eingehalten. Umso wichtiger ist die *ngõ* (Gasse) in der Adressangabe. *Ngõ* haben keinen Namen, sondern eine Nummer. Sie zweigen von der *phố* (Straße) ab und bilden den Ausgangspunkt für zahlreiche *ngách* (Gässchen). Eine Hanoier Adresse könnte z. B. lauten: *Nhà số 15* (Hausnummer 15), *Ngõ 640* (Gasse 640), *Đường Láng* (Lang-Str.), *phường Láng hạ* (Ortsteil Lang Ha), *Quận Đống Đa* (Stadtbezirk), *Hà Nội.* Im Süden sehen Adressen so aus: *100/27/8 Đường Phan Đăng Lưu, Quận Phú Nhuận, Thành phố Hồ Chí Minh* (Gasse 100, Gässchen 27, Hausnummer 8, Straße Phan Dang Luu, Bezirk Phu Nhuan, Ho-Chi-Minh-Stadt). In den Dörfern gibt es keine Hausnummern. Hier gibt man die Adresse in der folgenden Reihenfolge an: *xóm* bzw. *thôn* (Weiler), *xã* (Gemeinde), *huyện* (Kreis) und *tỉnh* (Provinz).

Im Süden werden die Straßen *đường* (eigtl.: Weg) genannt.
phố (Straße)
ngõ (Gasse)
ngách (nördl. Dialekt: Gässchen)
hẻm (südl. Dialekt: Gässchen)

xoẹt = xiệc (Strich)
Die Adresse *100/27/8 Đường Phan Đăng Lưu* wird im Süden folgendermaßen ausgesprochen:
100 ***xoẹt/xiệc*** *27* ***xoẹt/xiệc*** *8 Đường Phan Đăng Lưu*

Achtung: Im *bản đồ thành phố* (Stadtplan) sind nur *phố (đường)* angegeben. *Ngõ* und *ngách* muss man vor Ort selber finden!

11

Einkaufen

Einkaufen
quầy trả tiền (Kasse)
bằng tiền mặt (in bar)
thẻ tín dụng (Kreditkarte)

siêu thị (Supermarkt)
cửa hàng (Ladengeschäft)
hiệu sách (Buchhandlung)
hiệu thuốc (Apotheke)

Die Landeswährung ist ***Đồng*** (Kupfer), benannt nach dem Material, aus dem Zahlungsmittel im alten Vietnam bestanden. Ein Euro entspricht einer fünfstelligen Dong-Zahl. In Vietnam ist man also schnell „Dong-Millionär“ – und trotzdem nicht reich. An die großen Zahlen gewöhnt man sich rasch, da die Grundeinheit *nghìn* (1000) ist und meist glatte Summen verlangt werden.

Heute will Peggy ein paar Besorgungen machen. Ihr erstes Ziel ist die *Tràng Tiền*-Straße, die vom Südende des *Hoàn Kiếm*-Sees zum *Nhà hát lớn* (Opernhaus) führt. Hier gibt es mehrere große, modern eingerichtete und gut sortierte Buchläden. Peggy muss in den *hiệu sách* (Buchladen) *Ngoại văn* (für fremdsprachige Literatur). Ein Angestellter bietet ihr seine Hilfe an: *Tôi có thể giúp gì chị không?* (Kann ich Ihnen irgendwie helfen?) Ja, das kann er: *Tôi tìm quyển sách* (Ich suche das Buch) *„Dạy tiếng Việt cho người nước ngoài“* („Vietnamesisch-Lehrbuch für Ausländer“). *Anh có quyển đó không?* (Haben Sie jenes Buch?).

Am Sonnabend will Peggy für Hung kochen. Es soll ihr Dankeschön für seine Hilfe beim Umzug sein. Dazu geht sie gleich früh zum *chợ Đồng Xuân* (Dong-Xuan-Markt) – dem schönsten und größten Markt in Hanoi –, um frische Lebensmittel einzukaufen. Zuerst das Fleisch: *Bà có bán thịt bò tươi không ạ?* (Haben Sie frisches Rindfleisch?). *Có chứ!* (Ja doch!), erwidert die Verkäuferin, *tất cả thịt ở đây đều rất tươi* (hier ist alles Fleisch ganz frisch!). Ihre einheimische Kundschaft nimmt es mit der Qualität auch sehr genau. Deshalb ist sie keineswegs gekränkt, sondern fährt unverdrossen fort: *Mời cô mua đi!* (Bitte, kaufen Sie!) Peggy beginnt mit der Preisverhandlung: *Thịt bò giá bao nhiêu một ki lô ạ?* (Wie viel kostet ein Kilo Rindfleisch?) Der genannte Preis erscheint ihr leicht überhöht. Mit einer gehörigen Portion Dramatik in der Stimme äußert sie ihr Entsetzen: *Đắt quá!* (Zu teuer!). Nach kurzem Feilschen einigt man sich auf einen Preis, mit dem beide Seiten zufrieden sind.

Kann ich Ihnen helfen?

77

có thể	können
giúp	helfen
tìm	suchen
quyển, cuốn	Band (Klassifikator für Bücher)
sách	Buch
dạy	lehren
nước ngoài	Ausland
người nước ngoài	Ausländer
hay	interessant
giá	Preis
đồng	Dong (vietnamesische Währung)
lấy	nehmen, kaufen

● Xin chào chị. Tôi có thể giúp gì chị không?	Guten Tag, die Dame. Kann ich Ihnen bei irgendwas helfen?
■ Chào anh. Tôi tìm quyển sách „Dạy tiếng Việt cho người nước ngoài". Anh có quyển đó không?	Guten Tag. Ich suche das Buch „Vietnamesisch-Lehrbuch für Ausländer". Haben Sie jenes Buch?
● Có, chị ạ. Cuốn này rất hay nhưng hơi đắt.	Ja. Dieses Buch ist sehr interessant, aber ziemlich teuer.
■ Quyển sách này giá bao nhiêu?	Wieviel kostet dieses Buch?
● Cuốn này giá một trăm ba mươi nghìn đồng, chị ạ.	Dieses Buch kostet 130.000 Dong.
■ Không đắt lắm. Tôi lấy quyển này. Cám ơn anh.	Nicht sehr teuer. Ich nehme dieses Buch. Danke Ihnen.

Klassifikatoren (Kf.)

1. Konkretisierung von Substantiven: ***quyển, cuốn*** (allgemein für alle Art von Büchern, Broschüren, Heften): ***quyển/cuốn*** *sách* (wörtl.: **Band** Buch = **das** Buch) ***quyển/cuốn*** *vở* (**das** Heft) ***quyển/cuốn*** *từ điển* (**das** Wörterbuch)

2. Bei konkreten Mengen: *hai* ***quyển*** *sách* (2 Bücher).

3. Bei Fragen: *Đây là* ***cái gì?*** (**Was** ist das für ein **Ding?**) *Đây là* ***quyển sách.*** (Das ist ein **Buch**.)

4. Jeder Kf. hat außerdem eine Wortbedeutung und kann dann auch allein stehen: *Tôi mua* ***quyển*** *(sách) này.* (Ich kaufe **Band** (Buch) dies. = Ich kaufe **dieses** Buch.)

5. Wichtige Klassifikatoren: ***cái*** (Ding, Stück) für Gegenstände: ***cái*** *bàn* (der Tisch) ***con*** (Tier) für Lebewesen: **Frage:** *Đây là* ***con*** *gì?* (Was ist das für **ein Tier**?) *Đây là* ***con bò.*** (Das ist **ein Rind**.) ***người*** (Mensch), ***nữ*** (w.), ***nam*** (m.) oder Anredeformen (***ông, bà, anh, chị, em, cô, ...***) für Personen: ***người*** *kỹ sư* (der Ingenieur) ***nữ*** *thư ký* (die Sekretärin) ***nam*** *sinh viên* (der Student) ***ông/bà*** *bác sỹ* (der/die Arzt/Ärztin) *Đây là* ***chị*** *thư ký.* (Das ist die Sekräterin.)

quyển (nördl. Dialekt), *cuốn* (südl. Dialekt)

Übungen

1. Löwenjunge fressen kein Kurkuma ▶ 78

nghê (Löwenjunges), *nghề* (Beruf), *nghế* und *nghể* (keine Bedeutung), *nghệ* (*củ nghệ* = Kurkuma, *nghệ thuật* = Kunst), *nghễ* (*ngạo nghễ* = arrogant)

1. nghê – nghề – nghê
2. nghề – nghế – nghê
3. nghế – nghệ – nghê
4. nghệ – nghể – nghê
5. nghể – nghễ – nghê
6. nghễ – nghê – nghề

2. Oach! ▶ 79

Bei geschlossener Silbe trägt der letzte Vokal das Tonzeichen.
Hier geht's um die sechs Variationen mit *oa*.

1.	**oan:**	t**oán**	h**oàn**	l**oạn**	h**oãn**
2.	**oam:**	ng**oạm**	**oàm oạp**	nhồm nh**oàm**	xồm x**oàm**
3.	**oang:**	kh**oảng**	ch**oáng**	ch**oàng**	ch**oạng**
4.	**oanh:**	d**oanh**	kh**oảnh**	l**oành** quành	h**oạnh** họe
5.	**oac:**	t**oạc**	kh**oác**	l**oạc** ch**oạc**	oang **oác**
6.	**oach:**	**oách**	ngã **oạch**	kế h**oạch**	thu h**oạch**

3. Wie viel kostet das? ▶ 80

Mit dieser Übung lernen Sie nicht nur die wichtigste Frage beim Einkauf auf dem Markt, sondern üben auch einige Klassifikatoren und Demonstrativwörter.

Quyển sách này *giá bao nhiêu?*

1. quyển sách này
2. cái tủ lạnh kia
3. cái ti vi ấy
4. cái bàn đó
5. cái ghế này

4. Wie ist dieses Buch?

Bilden Sie Fragen nach Eigenschaften und beantworten Sie sie!
không hay = dở (uninteressant, schlecht)
xấu (hässlich)
không tốt (nicht gut)

Quyển sách này *thế nào?*

1. quyển sách này (hay, không hay = dở)
2. tiền đặt cọc của căn hộ ấy (đắt, không đắt lắm)
3. vé xem Múa rối nước (đắt, rẻ)
4. căn hộ ấy (đẹp, xấu)
5. ông Thông (tốt, không tốt)

5. Kann ich Ihnen helfen?

Eine kleine Übung zu den Modalverben, die Sie bisher gelernt haben.
Das Modalverb *thích* kennen Sie bereits aus der Übung 5 zur Lektion 9A.

muốn – định – thích – có thể – được

1. Peggy nói __________ ít tiếng Việt thôi.
2. Anh Hùng rất __________ đi du lịch Sa Pa.
3. Peggy rất __________ thăm lăng Hồ Chủ Tịch.
4. Peggy và Hùng _______ đi du lịch Sa Pa vào cuối tuần sau.
5. Hùng __________ giúp Peggy thuê căn hộ.

Was kostet ein Kilo?

81

bán	verkaufen
thịt	Fleisch
bò	Rind
tươi	frisch
có chứ!	ja doch!
tất cả	alle/-s, insgesamt, zusammen
mời, xin mời	bitten, einladen
đi!	Hilfswort für Aufforderung
ki lô, ki lô gam, cân	Kilogramm
thôi	nur
thì	dann, so
nửa	halb

■ Cháu chào bà ạ. Bà có bán thịt bò tươi không ạ?	Guten Tag, die Dame. Haben Sie frisches Rindfleisch zu verkaufen?
● Chào cô. Có chứ! Tất cả thịt ở đây đều rất tươi. Mời cô mua đi!	Guten Tag, junge Dame. Ja doch! Alles Fleisch hier ist sehr frisch. Bitte kaufen Sie doch!
■ Thịt bò giá bao nhiêu một ki lô ạ?	Wie viel kostet ein Kilo Rindfleisch?
● Hai trăm năm mươi nghìn đồng, cô ạ.	250.000 Dong.
■ Đắt quá! Hai trăm hai mươi nghìn thôi, có được không ạ?	Zu teuer! 220.000 nur, geht das?
● Hai trăm bốn mươi nghìn thì tôi bán.	240.000, dann verkaufe ich.
■ Hai trăm ba mươi nghìn nhé? Bà bán cho cháu nửa cân. Bao nhiêu ạ?	230.000, ja? Bitte verkaufen Sie mir ein halbes Kilo. Wie viel?
● Một trăm mười lăm nghìn, cô ạ.	115.000.
■ Tiền đây bà ạ. Cháu cám ơn bà!	Hier ist das Geld. Ich danke Ihnen.

đi! ist ein umgangssprachliches Hilfswort zur Aufforderung und steht am Satzende:
*Mời cô mua **đi**!*
(Bitte kaufen Sie **doch**!)

Klassifikatoren
1. *con* (Tiere):
con bò (Rind)
con gà (Hahn)
con lợn (Schwein)
con heo (südl.: Schwein)
con tôm (Garnele)
(con) tôm hùm (Hummer)
con chim (Vogel)
con vịt (Ente)
con gà tây (Truthahn)
con ngỗng (Gans)
2. *thịt* (Fleisch):
thịt bò (Rindfleisch)
thịt gà (Hühnerfleisch)
thịt lợn (Schweinefleisch)
thịt vịt (Entenfleisch)
thịt gà tây (Truthahnfleisch)
thịt ngỗng (Gänsefleisch)
3. *(con)* ***cá*** (Fisch):
(con) cá mực (Tintenfisch)
(con) cá thu (Thunfisch)

Maßeinheiten
1. *trọng lượng* (Gewicht):
gam (g)
ki lô = ki lô gam = cân (kg)
nửa cân (halbes kg)
yến (10 kg)
tạ (100 kg)
tấn = 10 tạ (Tonne)
2. *chiều dài* (Länge):
xen/xăng ti mét (cm)
mét (m)
ki lô mét = cây số (km)
3. *diện tích* (Fläche):
xen/xăng ti mét vuông (qcm)
mét vuông (qm)
ki lô mét vuông = cây số vuông (qkm)

Übungen

ngu (dumm), *ngù (ngù ngờ* = langsam, schläfrig), *ngú (ngú ngớ* = unwissend, unerfahren), *ngụ (trú ngụ* = wohnhaft), *ngủ* (schlafen) *ngũ* (fünf)

1. Der Dumme besitzt fünf Häuser

82

1. ng**u** – ng**ù** – ng**u**
2. ng**ù** – ng**ú** – ng**u**
3. ng**ú** – ng**ụ** – ng**u**
4. ng**ụ** – ng**ủ** – ng**u**
5. ng**ủ** – ng**ũ** – ng**u**
6. ng**ũ** – ng**u** – ng**ù**

Hier kommt die letzte Variation von *oa* und weitere Variationen zur geschlossenen Silbe.

2. Gequetschte Zwetschgen

83

1.	**oat:**	đ**oạt**	ấn l**oát**	kiểm s**oát**	h**oạt** động
2.	**oe:**	hoe h**oét**	lở l**oét**	lòe l**oẹt**	h**oen** rỉ
3.	**ua:**	q**uan** tài	q**uán** nước	q**uản** lý	q**uạt** mát
4.	**ue:**	q**uèn** q**uẹt**	làm q**uen**	q**uét** nhà	q**uét** rác
5.	**uê**:	q**uên**	q**uệt** xe	l**uễ**nh loãng	kh**uế**ch trương

Bitte hören Sie genau zu und sprechen Sie nach! Hier üben Sie nicht nur das Aufforderungswort *đi*, sondern auch die Facetten von „wir“: *chúng mình = mình = chúng ta = ta.*

3. Bitte, kaufen Sie doch!

84

1. Mời cô mua thịt bò tươi đi!
2. Anh Hùng, chúng mình đi xem Múa rối nước đi!
3. Anh Hùng, ta đi thăm lăng Hồ Chủ Tịch đi!
4. Anh Hùng, mình đi du lịch Sa Pa đi!
5. Mời cô thuê căn hộ này đi!

Feilschen ist nicht nur auf dem Markt, sondern überall wichtig, wenn Sie Ihr Geld nicht aus dem Fenster werfen wollen. Versuchen Sie das Verkaufsgespräch zu übersetzen!

4. Zu teuer!

1. Bitte, kaufen Sie doch das frische Schweinefleisch!
2. Wie viel kosten hundert Gramm von diesem Schweinefleisch?
3. 9.000 Dong.
4. Zu teuer! 7.000 Dong nur, geht das?
5. 8.000 Dong, dann verkaufe ich.

Schon wieder auswärts essen? Nein, heute wird zu Hause gekocht. Fragen Sie auf dem Markt nach Fleisch.

5. Darf's noch etwas sein?

*Bà có bán **thịt bò** không?*

1. thịt bò
2. thịt gà
3. thịt lợn
4. thịt vịt
5. thịt ngỗng

Handwerkerdörfer

Im alten Vietnam hatten Handwerker keinen leichten Stand. Sie waren sozial weniger geachtet als die Bauern, die als Basis der Gesellschaft galten. Zudem wurden viele Gebrauchsgegenstände in den Familien selbst hergestellt. Ein Handwerker musste schon über ganz besondere Kunstfertigkeit verfügen, um genügend Käufer zu finden. Stellte nun ein Schmied extrem haltbare Eisenwaren her, kamen die Bauern bald von fern und nah, um bei ihm Hacken und Messer zu kaufen. Der Schmied gab seine Kenntnisse an Söhne und Neffen weiter, stellte Helfer an und erweiterte sein Angebot. Bei gutem Absatz gab es bald etliche Schmiedeöfen, und irgendwann kannten alle das *làng rèn* (Schmiededorf). So war es auch im *làng rèn* Phúc Sen (Provinz Cao Bằng). Seit Jahrhunderten werden hier Werkzeuge hergestellt, die für ihre Härte und Zähigkeit berühmt sind. Die Bauern in Cao Bằng, die sich auf den Bergfeldern mit steiniger Erde abmühen, schwören auf die Produkte aus Phúc Sen. Im Flechter-Dorf Hải Triều in der Provinz Thái Bình kennt man sogar den Begründer der Tradition, durch die das Dorf berühmt wurde: Um das Jahr 1000 hatte Phạm Đôn Lễ in China das Flechthandwerk erlernt und gab seine Kunst an die Dorfbewohner weiter. Bis heute sind die besonders weichen *chiếu* (Matten) aus Hải Triều überall begehrt. Sie sind nicht nur besonders weich, sondern lassen sich auch leicht waschen und trocknen schnell. Und im Dorf Tượng Bình Hiệp (Provinz Bình Dương) produzieren hunderte Familien traditionelle Lackarbeiten ... Insgesamt gibt es heute an die 2000 *làng nghề* (Handwerkerdörfer). Vielerorts sind Besucher willkommen.

Die *chiếu* (Matte) ist Schlafunterlage (anstelle von Laken und Matratze), „Esstisch", „Sofa"...
In der heißen Jahreszeit werden Schlafmatten täglich ausgewaschen. Deshalb ist es wichtig, dass sie schnell wieder trocknen.

Traditionelle Produkte
gốm sứ (Keramik, Porzellan)
điêu khắc gỗ (Holzschnitzerei)
sơn mài (Lackarbeiten)
thêu ren (Stickerei, Spitzen)
điêu khắc đá (Steinmetzarbeiten)
mây tre đan (Flechtarbeiten)
giấy thủ công (handgeschöpftes Papier)

Handwerkerdörfer
Làng gốm Bát Tràng (Keramikdorf), *Làng tranh Đông Hồ* (Holzschnittbilderdorf), *Làng đá mỹ nghệ Non Nước* (Steinskulpturendorf), *Làng lụa Vạn Phúc* (Seidenwarendorf)

12

Welche Größe?

***màu, mầu* (Farben)**
mầu da cam (orange)
mầu đen (schwarz)
mầu đỏ (rot)
mầu hồng (rosa)
mầu nâu (braun)
mầu tím (lila, violett)
mầu trắng (weiß)
mầu vàng (gelb)
mầu xám (grau)
mầu xanh da trời (himmelblau)
mầu xanh lá cây/lục (grün)
mầu xanh lam (blau)

Traditionelle Kleidung:
nón (vietnamesischer Strohhut)
áo dài (vietnamesisches Festkleid)

Der Ausflug in die Berge rückt näher. *Ở Sa Pa lạnh hơn ở Hà nội* (In Sa Pa ist es kälter als in Hanoi), erklärt Hung zu Peggys Überraschung. Hätte sie wohl doch lieber auch einige warme Sachen nach Vietnam gebracht. *Chúng ta sẽ mua quần áo ấm nhé!* (Wir werden warme Kleidung kaufen!), schlägt er vor. Also machen sich die beiden am Sonnabend auf den Weg in die *Hàng-Ngang-* und die *Hàng-Đào*-Straße, die belebteste Einkaufsmeile der Altstadt. Dort kaum angekommen, zieht Peggy ihn schon in einen Laden. Die Auswahl ist groß: *Em thích áo len màu gì?* (Welche Pulloverfarbe magst du?), fragt Hung und versucht, Peggy bei der Auswahl zu helfen.
Nach dem Kauf eines wunderschönen Pullovers in Zartrosa gehen sie gleich weiter in einen Schuhladen. Dort werden sie äußerst zuvorkommend bedient: *Anh chị muốn mua giầy hay dép ạ?* (Wollen Sie Schuhe oder Sandalen kaufen?) Peggy hat konkrete Vorstellungen: *Chúng tôi tìm giầy thể thao* (Wir suchen Sportschuhe). Der Verkäufer führt sie zu einem Regal: *Giầy thể thao ở đây ạ* (Hier sind die Sportschuhe). *Chị đi giầy cỡ bao nhiêu?* (Welche Größe tragen Sie?) Peggys geübte Augen haben schon zwei schöne Paare entdeckt: *Tôi muốn đi thử, được không?* (Ich möchte sie anprobieren, geht das?) Selbstverständlich geht das: *Xin mời chị!* (Bitteschön!), sagt der Verkäufer lächelnd und reicht ihr die Schuhe. Das erste *đôi* (Paar) erweist sich leider als zu *chật* (eng), aber beim zweiten hat Peggy mehr Glück: *Đôi này vừa chân tôi lắm* (Dieses Paar passt mir sehr gut).

Welche Farbe magst du?

85

cửa hàng	Laden, Geschäft
áo	Oberbekleidung (Hemd, Bluse, T-Shirt)
quần áo	Kleidung
xa bao nhiêu?	wie weit?
thời tiết	Wetter
lạnh	kalt
lạnh hơn	kälter
ấm	warm
len	Wolle
áo len	Pullover
mầu, màu	Farbe
hồng	rosa

■ Anh Hùng, từ đây đến cửa hàng quần áo xa bao nhiêu?	Hung, wie weit ist es von hier bis zum Bekleidungsgeschäft?
● Năm ki lô mét, Peggy ạ. Chúng ta đi bằng xe máy của anh cũng được.	Fünf km, Peggy. Wir können mit meinem Moped fahren, das geht auch.
■ Thời tiết ở Sa Pa thế nào, anh Hùng?	Wie ist das Wetter in Sa Pa, Hung?
● Ở Sa Pa lạnh hơn ở Hà nội. Chúng ta sẽ mua quần áo ấm nhé!	Es ist in Sa Pa kälter als in Hanoi. Wir werden warme Bekleidung kaufen, ja?
■ Vâng ạ. Chúng ta sẽ mua áo len chứ?	Ja. Wir werden Pullover kaufen, nicht wahr?
● Đồng ý! Em thích áo len màu gì?	Einverstanden! Welche Farbe magst du für den Pullover?
■ Em thích một cái áo len màu hồng.	Ich möchte gern einen rosafarbenen Pullover.

***quần áo* (Kleidung):**
1. *quần* (Hosen alle Art):
quần dài (lange Hose)
quần đùi/cụt (kurze Hose)
2. *váy* (Rock)
3. *áo* (über der Gürtellinie):
áo sơ nam/nữ (Hemd/Bluse)
áo cộc tay (T-Shirt)
áo len (Pullover)
áo khoác (Mantel, Jacke)
4. *quần áo lót* (Unterwäsche):
quần lót, xi líp (Slip)
áo lót (Unterhemd)
áo con, xu chiêng (BH)
5. *giầy (giày) dép* (Schuhe)
6. Accessoires:
mũ (Hüte, Mützen etc.)
nón (südl. für Hut etc.)
khăn (Schal)
7. *tất* bzw. ***bít tất*** (Socke)

***trời* (Wetter)**
rét (sehr kalt, frieren)
lạnh (kalt)
mát (kühl)
ấm (warm)
nóng (heiß)
Trời rét. (Es ist sehr kalt.)

Funktionswörter für die Steigerungsstufen:
bằng – hơn – nhất stehen jeweils **nach dem Adjektiv:**
1. *bằng* (gleich, genauso wie): *Ở Berlin **lạnh bằng** ở Paris.* (Es ist in Berlin **so kalt wie** in Paris.)
2. Komparativ *hơn*:
*Cái áo kia **đắt hơn** cái áo này.* (Jenes Hemd ist **teurer** als dieses.)
3. Superlativ *nhất*:
*Cái áo đó **đắt nhất**.* (Jenes Hemd ist **am teuersten**.)

Übungen

ngư (ngư dân = Fischer), *ngừ (ngần ngừ* = überlegen), *ngứ (ngắc ngứ* = stocken, stammeln, stottern), *ngự* (königlich, thronen), *ngử* (südl. Dialekt: *ngữ*), *ngữ (ngôn ngữ* = Sprache)

1. Der Fischer stottert vor dem König ▶ 86

1. ng**ư** – ng**ừ** – ng**ư**
2. ng**ừ** – ng**ứ** – ng**ư**
3. ng**ứ** – ng**ự** – ng**ư**
4. ng**ự** – ng**ử** – ng**ư**
5. ng**ử** – ng**ữ** – ng**ư**
6. ng**ữ** – ng**ư** – ng**ừ**

Die Vokale ***iê, ươ, uô, uâ, oă, yê*** und ***uyê*** werden immer mit Endkonsonanten „geschlossen". Hier haben Sie fünf Variationen zu ***iê***.

2. Jelena liebt jetzt den Jens ▶ 87

1. **iêc:**	x**iếc**	làm v**iệc**	ăn t**iệc**	xanh b**iếc**
2. **iêm:**	l**iếm**	**điểm**	**Diễm**	t**iệm** ăn
3. **iên:**	t**iền**	đầu t**iên**	tầu **điện**	m**iễn** phí
4. **iêng:**	k**iểng**	t**iếng** Việt	bay l**iệng**	lủng l**iểng**
5. **iêp:**	t**iếp**	nước T**iệp**	bưu th**iếp**	lịch th**iệp**

Und welche Farbe mögen Sie? Vietnamesinnen mögen zarte Pastelltöne, aber auch knallrot und sonnengelb. Grau und taubenblau sind nicht so beliebt.

3. Welche Farbe willst du?

*Tôi thích áo sơ mi **mầu đỏ**.*

1. mầu đỏ
2. mầu vàng
3. mầu trắng
4. mầu đen
5. mầu xanh lá cây

Welche Steigerungsstufe passt: *bằng – hơn* oder *nhất*? Im September ist es in Sa Pa ca. 10 bis 15 Grad warm, im Mai in Hanoi ca. 25 Grad. *Bắc Cực* (Nordpol)

4. Gut – besser – am besten

1. Vào tháng mười một ở Paris trời lạnh ________ ở Berlin.
2. Vào tháng bảy ở Hà nội trời nóng ________ ở Berlin.
3. Vào tháng chín ở Sa Pa trời mát ________ ở Berlin.
4. Vào tháng năm ở Hà nội trời ấm ________ ở Berlin.
5. Vào tháng một ở Bắc Cực trời rét ________.

Tja, das werden Sie erst erfahren, wenn Sie die Sätze übersetzt haben. *vì thế* (deshalb)

5. Was hat Peggy gekauft?

1. Hôm nay Peggy và Hùng đi mua quần áo.
2. Anh Hùng nói: „Ở Sa Pa lạnh hơn ở Hà nội."
3. Vì thế hai người định mua quần áo ấm.
4. Hai người đi bằng xe máy của Hùng đến cửa hàng quần áo.
5. Ở đó Peggy đã mua một cái áo len mầu xanh lam rất đẹp.

Wir suchen Sportschuhe

88

giầy, giày	Schuhe
dép	Sandalen
da	Leder
loại	Sorte, Art
chọn	auswählen, aussuchen
thể thao	Sport, sportlich
đi (giầy)	tragen
cỡ	Größe
đôi	Paar
thử	probieren, versuchen, Versuch
chật	eng
vừa	passen, passend, entsprechen

● Xin chào anh chị. Anh chị muốn mua giầy hay dép ạ?	Guten Tag, Herr und Dame. Möchten Sie Schuhe oder Sandalen kaufen?
■ Chào anh. Chúng tôi tìm giầy da tốt.	Guten Tag. Wir suchen gute Lederschuhe.
● Tất cả giầy ở đây đều bằng da tốt. Chúng tôi có rất nhiều loại giầy da. Anh chị chọn loại nào?	Alle Schuhe hier sind aus gutem Leder. Wir haben sehr viele Sorten Lederschuhe. Welche Art suchen Sie?
■ Chúng tôi tìm giầy thể thao.	Wir suchen Sportschuhe.
● Giầy thể thao ở đây ạ. Chị đi giầy cỡ bao nhiêu?	Die Sportschuhe sind hier. Welche Schuhgröße haben Sie?
■ Tôi đi cỡ ba mươi tám.	Ich habe die Größe 38.
● Chị thích màu gì ạ?	Welche Farbe mögen Sie?
■ Tôi thích hai đôi giầy đẹp màu nâu kia. Tôi muốn đi thử, được không?	Mir gefallen zwei Paar dieser schönen braunen Schuhe. Ich möchte anprobieren, geht das?
● Xin mời chị!	Bitte schön!
■ Đôi này hơi chật. Còn đôi này vừa chân tôi lắm.	Dieses Paar ist ein bisschen eng. Aber dieses Paar passt mir sehr gut.

„tragen", „anhaben"
mặc *quần áo* (**tragen** Kleidung)
đi *giầy/tất/* (**gehen** Schuhe/Socken)
đội *mũ* (**tragen** Hut)
quàng *khăn* (**tragen** Schal)
đeo *nhẫn* (**tragen** Ring)

Klassifikatoren:
1. *đôi* (Paar) für paarweise auftretende Dinge:
đôi *tất* (**Paar** Socken)
đôi *vợ chồng* (Ehe**paar**)
đôi *người yêu* (Liebes**paar**)
2. *chiếc* (Stück) = *cái* (Ding)
chiếc *áo len* (**Stück** Pullover = ein Pullover; *2 chiếc áo len* = 2 Pullover)

bằng (aus) **+ Material:**
bằng *gì?* (woraus?)
giầy ***bằng*** *da* (Schuhe **aus** Leder)

Adjektive:
vừa (passend), ***rộng*** (breit, groß), ***chật*** (eng)
Cái áo len này ***vừa*** *với em.* (Dieser Pullover **passend** für mich = … passt mir.)
Cái áo len này ***rộng/chật.*** (Dieser Pullover ist **groß/eng**.)

Nützlich beim Einkauf:
Anh mua gì? (Was wollen Sie kaufen?)
Cái này giá bao nhiêu? (Wie viel kostet dieses Teil?)
Bao nhiêu tiền ạ? (Wie viel Geld kostet das?)
Tôi lấy/mua cái này. (Ich nehme/kaufe dieses Teil.)
Cho tôi trả tiền. (Ich möchte zahlen.)

Übungen

qua = *sang* (darüber), *quà* (Geschenk), *quá* (sehr), *quạ (con quạ* = Rabe), *quả* (Frucht, Obst), *quã* (südl. Dialekt: *quả*)

1. Der Rabe bringt Obst

▶ 89

1. **qua – quà – qua**
2. **quà – quá – qua**
3. **quá – quạ – qua**
4. **quạ – quả – qua**
5. **quả – quã – qua**
6. **quã – qua – quà**

Hier nun das letzte Beispiel mit ***iê*** sowie vier Variationen der geschlossenen Silbe ***ươ***:
Nicht vergessen: ***ư*** und ***ơ*** werden weit hinten im Mundraum gebildet.

2. Jeder Jeck schlürft jetzt

▶ 90

1.	**iêt:**	b**iết**	v**iết** thư	tiếng V**iệt**	l**iệt** sỹ
2.	**ươc:**	n**ước**	**được**	cái th**ước**	cái l**ược**
3.	**ươm:**	Hồ G**ươm**	l**ườm** nguýt	b**ươm** b**ướm**	hái l**ượm**
4.	**ươn:**	con l**ươn**	v**ườn** hoa	thuê m**ướn**	bay l**ượn**
5.	**ương:**	gi**ường**	v**ướng**	Ánh D**ương**	l**ưỡng** lự

Übersetzen Sie!
Đà Lạt ist ein berühmter Erholungsort in der Hochebene *Tây Nguyên.*
núi (Berg/-e)
giầy đi núi (Schuh gehen Berg = Wanderschuhe)

3. Hinter den sieben Bergen

1. Anh Nam không thích đi chợ.
2. Chúng tôi không muốn đi bằng xe buýt.
3. Cô ấy mua một cái áo len đẹp.
4. Thời tiết ở Đà Lạt mát lắm.
5. Giầy thể thao không đắt hơn giầy đi núi.

Je mehr Vokabeln schon „sitzen", desto schneller geht die Zuordnung. Ansonsten gibt es einen Trost: Spätestens der 5. Versuch ergibt einen Treffer!

4. Wer fragt hier wonach?

1.	Em đi giầy cỡ bao nhiêu?	a ☐	Em thích đi giầy bằng da.
2.	Anh muốn mua cái gì?	b ☐	Ở Huế nóng lắm.
3.	Chị thích màu gì ạ?	c ☐	Tôi muốn mua dép.
4.	Thời tiết ở Huế thế nào?	d ☐	Tôi đi cỡ ba mươi tám.
5.	Em thích đi giầy bằng gì?	e ☐	Tôi thích màu đỏ.

Vervollständigen Sie die Sätze mit dem jeweils passenden Verb!
Verben sind essentiell für die Verständigung. Hier üben Sie einige der wichtigsten.

5. Verben-Lotto

mua – đi – thích – mặc – bán

1. Chị ấy muốn _____ một đôi giầy.
2. Peggy rất _______ áo len màu hồng.
3. Anh Hùng thích _______ bằng xe máy.
4. Bà ấy _______ ___ thịt ở chợ Đồng Xuân.
5. Tôi muốn _______ thử cái áo màu xanh kia.

Nationale Minderheiten

12

Vietnam steht mit 101 Mio. (2024) Einwohnern/-innen an 3. Stelle in Südostasien. Jährlich kommt eine knappe Million hinzu. Das Land ist ein Vielvölkerstaat. Etwa 85 % sind *Kinh* bzw. *Việt* (ethnische Vietnamesen/-innen). Den 53 *Dân tộc ít người* (nationale Minderheiten) gehören 15 % an, die überwiegend in den Bergregionen leben. Die kleinen Völkerschaften unterscheiden sich in Herkunft, Sprache, Kultur und Lebensweise zum Teil sehr von den *Kinh*. Zahlenmäßig am größten sind mit jeweils etwa einer Mio. Angehörigen die Minderheiten der *Hoa* (Chinesen/-innen), *Tày*, *Nùng*, *Thái*, *Khơme* und *Mường*. Die kleinsten ethnischen Gruppen *Brâu*, *Rơ Măm* und *Ơ Đu* zählen jeweils nur einige hundert Menschen. Manche dieser Völker – wie die *Mường*, die eng mit den *Kinh* verwandt sind – leben schon seit Jahrtausenden in Vietnam. Andere, wie die *Hoa*, siedeln erst seit einigen Jahrhunderten hier.
Der Staat unternimmt große Anstrengungen, um Gesundheitsfürsorge und Schulbildung auch in abgelegene Dörfer zu bringen. Die Traditionen der *dân tộc ít người*, ihre Folklore, Handwerkskunst und ihr überliefertes Wissen werden als Teil des reichen Kulturerbes Vietnams anerkannt. Volksfeste und Märkte der Minderheiten sind auch bei *Kinh* und *Tây* (Westlern) beliebt. So beeindruckt der *Chợ phiên* (Markt) in Sa Pa durch eine Vielzahl einheimischer Waren, u. a. Heilkräuter, Waldpilze, Räucherfleisch, handgewebte Stoffe. Für die Jugend der Minderheiten ist der Markt eine gute Gelegenheit zur Partnersuche. Schon am Vorabend trifft man sich und schließt bei Gesang und Musik Bekanntschaften, weshalb der Markt auch *chợ tình* (Liebesmarkt) genannt wird.

Bảo tàng Dân tộc học (Ethnologisches Museum) in *Hà Nội*
Bảo tàng Nghệ thuật Điêu khắc Chăm (Museum für Cham-Bildhauerei) in *Đà Nẵng,*
Bảo tàng Khmer (Khmer-Museum) in *Sóc Trăng*

Feste der Minderheiten:
Hội đua voi (Fest des Elefantenrennens) der *M'nông*
Lễ Hội Mbăng Katê (Neujahrsfest) der *Chăm Bà la môn* (nicht-muslimische Cham)
Lễ Hội Chùa Bà (Fest für die Göttin Mazu, die Schutzheilige der Seeleute) der *Hoa.*

Viele Völker feiern u. a.:
Lễ ăn cơm mới (Fest des neuen Reises)
Hội mừng măng mọc (Begrüßung der Bambussprossen)
Hội ăn trâu (Büffelopfer)

T

Test 3

Diese Fragen sind zu leicht für Sie? Glückwunsch – Sie haben die Texte aufmerksam gelesen!

1. Welche Antwort stimmt?

1. Wie heißt das traditionelle Volkstheater?
   a ☐ Mèo.
   b ☐ Chèo.
   c ☐ Trèo.
2. Warum reicht ein Stadtplan nicht aus, um eine Adresse zu finden?
   a ☐ Weil Rikscha-Fahrer keine Stadtpläne lesen können.
   b ☐ Weil kleine Gassen nicht verzeichnet sind.
   c ☐ Weil aktuelle Pläne nur noch Sehenswürdigkeiten aufweisen.
3. Wie lautet das Wort für Stadtbezirk?
   a ☐ Quần.
   b ☐ Quận.
   c ☐ Quạt.
4. Handwerkerdörfer in Vietnam heißen …
   a ☐ hàng xóm.
   b ☐ làng xóm.
   c ☐ làng nghề.
5. In Vietnam leben insgesamt … Völker.
   a ☐ 35
   b ☐ 45
   c ☐ 54
6. Wie nennt man ethnische Vietnamesen/-innen?
   a ☐ Kinh oder Viet.
   b ☐ Minh oder Ming.
   c ☐ Hoa oder Tây.

Zu viele Wörter auf einmal? Keine Sorge, es ist nichts Neues dabei. Falls Ihnen etwas unbekannt erscheint, schlagen Sie einfach noch mal nach.

2. Fragen und Antworten

1. Peggy đã mua SIM-Các khi nào?	a ☐ Cái này là cái tủ lạnh.
2. Từ đây đến nhà hát có xa không?	b ☐ Kia là cái bàn.
3. Quyển sách này giá bao nhiêu?	c ☐ Tôi thích áo len màu đen.
4. Cái này là cái gì?	d ☐ Ở Sa Pa lạnh hơn ở Hà nội.
5. Anh đi giầy cỡ bao nhiêu?	e ☐ Tôi đi cỡ bốn hai.
6. Bà thích áo len màu gì?	f ☐ Thứ ba tuần trước.
7. Kia là cái gì?	g ☐ Rất gần.
8. Thời tiết ở Sa Pa thế nào?	h ☐ Giá hai trăm nghìn đồng.

3. Was fehlt?

Vervollständigen Sie die Sätze mit Hilfe der angegebenen Möglichkeiten. Achtung: Schauen Sie genau hin, denn hier geht es um die kleinen, aber feinen Unterschiede!
Pure Schikane! Alle kleinen Wörter haben eine Bedeutung, doch nur jeweils eines passt in die Lücke!

1. Xin chào ... anh các chị!
   a☐ các
   b☐ những
   c☐ nhiều
2. ... chúng ta thăm bảo tàng Hồ Chí Minh.
   a☐ Sau khi
   b☐ Sau đó
   c☐ Sáu mươi
3. Phòng ... là phòng khách.
   a☐ này
   b☐ bày
   c☐ hay
4. Cô có ... thịt lợn không?
   a☐ mời
   b☐ trả
   c☐ bán
5. Chúng ta sẽ ... quần áo ấm nhé.
   a☐ với
   b☐ mua
   c☐ bằng
6. ... là ai?
   a☐ Nào
   b☐ Cái
   c☐ Đây

4. Wie sagt man das auf Vietnamesisch?

Bravo, das können Sie schon alles: Einkaufen, Preise aushandeln, Wünsche und Fragen formulieren.

1. Ich möchte die Einstammpagode besuchen.
2. Dieses Zimmer gefällt mir.
3. Die Kaution ist hoch (teuer).
4. Zu teuer! Sind 200.000 in Ordnung?
5. Einverstanden! Ich kaufe diesen Pullover.
6. Wie ist das Wetter in Đà Lạt?
7. Haben Sie schwarze Schuhe (zu verkaufen)?
8. Ist es weit von hier bis zum Theater?

13

Eiskaffee oder Eiscreme

***bữa ăn* (Mahlzeit/-en)**
ăn sáng (Frühstück)
ăn trưa (Mittagessen)
ăn tối (Abendessen)

***thực đơn* (Menü)**
1. *món khai vị* (Vorspeise): *nem rán,* südl.: *chả giò* (Frühlingsrolle)
2. *món chính* (Hauptgericht):
bánh tôm (gebackene Garnelen)
chả cá: Fischgericht mit Dill, Frühlingszwiebeln, *bún* (Nudeln) und *mắm tôm* (aus Garnelen hergestellte *mắm*-Sauce).
lẩu cá (Fischfeuertopf), bei dem man direkt am Tisch seine Lieblingshappen selbst gar kocht.
3. *món tráng miệng* (Dessert):
kem 3 màu (3-Farben-Eis) mit *dưa* (Melone), *dứa* (Ananas), *dừa* (Kokos)

đặc sản (Spezialität)
nhà hàng, hiệu ăn, südl.: *tiệm ăn* (Restaurant)

Für den Samstagabend haben sich Peggy und Hung am *Thủy Tạ,* dem schönsten Restaurant am Ufer des Hoan-Kiem-Sees, verabredet. *Anh đã khát chưa?* (Hast du schon Durst?), fragt Peggy, *em khát lắm rồi!* (ich habe schon großen Durst!). Sie gehen hinein und nehmen auf der Terrasse Platz. Dort weht ein angenehm kühles Lüftchen vom Wasser herauf. *Anh chị muốn uống gì ạ?* (Was möchten Sie trinken?), wendet sich die Kellnerin an Hung. Der bestellt gleich etwas gegen den größten Durst: *Xin chị cho chúng tôi mỗi người một cốc nước khoáng* (Bringen Sie bitte für jeden von uns ein Glas Mineralwasser). Dann probiert Peggy das berühmte *kem 3 màu* (Drei-Farben-Eis). Hung trinkt lieber *một cốc cà phê* (eine Tasse Kaffee), die landestypisch mit dem kleinen Filter auf dem Glas serviert wird. Da fällt Peggy ein, dass ihre Vietnamesisch-Lehrerin in Berlin von *bánh tôm Hồ Tây* (gebackene Garnelen vom West-See) geschwärmt hatte. Ob man die hier bestellen kann? Hung lacht: Die gibt es nur am *hồ Tây*, sonst wären es ja keine *bánh tôm Hồ Tây*! Also geht es am Sonntagabend zum Restaurant *Bánh tôm hồ Tây.* Das liegt idyllisch im Schatten uralter Bäume auf einer Halbinsel. Kaum haben sie Platz genommen, eilt eine Kellnerin herbei: *Đây là thực đơn ạ* (Hier ist die Speisekarte), sagt sie zuvorkommend. *Anh chị dùng món gì ạ?* (Was wünschen Sie zu speisen?), wendet sie sich direkt an Hung. Der muss nicht lange überlegen: *Xin chị cho chúng tôi hai đĩa bánh tôm* (Bringen Sie uns zwei Teller Banh tom), sagt er und erklärt: *Bạn gái tôi muốn ăn thử món này* (Meine Freundin möchte dieses Gericht probieren).

Was möchten Sie trinken?

▶ 91

ngồi	sitzen, hinsetzen
ngoài	draußen, außerhalb
trời	Himmel
uống	trinken
cà phê	Kaffee
bia	Bier
nước ngọt	Limonade
khát	Durst haben, durstig sein
cốc, ly (südl. für cốc)	Trinkgefäß, Glas, Tasse, Becher
nước khoáng, nước suối	Mineralwasser
có ngay!	sofort!
bạn gái	Freundin

● Mời anh chị vào!	Bitte kommen Sie herein!
■ Chào chị.	Guten Tag.
● Anh chị muốn ngồi ở đâu? Ngoài trời hay trong nhà ạ?	Wo möchten Sie sitzen? Draußen oder im Haus?
■ Chúng tôi muốn ngồi ở ngoài trời.	Wir möchten uns draußen hinsetzen.
● Mời anh chị ngồi bàn này. Anh chị muốn uống gì ạ? Cà phê, bia hay nước ngọt?	Bitte nehmen Sie Platz an diesem Tisch. Was möchten Sie trinken? Kaffee, Bier oder Limonade?
■ Chúng tôi đang rất khát. Xin chị cho chúng tôi mỗi người một cốc nước khoáng.	Wir haben großen Durst. Bitte bringen Sie für jeden von uns ein Glas Mineralwasser.
● Vâng. Có ngay ạ. Anh chị còn muốn gì nữa ạ?	Ja. Sofort. Was möchten Sie noch?
■ Xin chị cho bạn gái tôi một cốc kem ba màu và cho tôi một cốc cà phê.	Bitte bringen Sie meiner Freundin einen Becher Drei-Farben-Eiskrem und für mich eine Tasse Kaffee.

Präpositionen
1. *trong* (in, im):
*Peggy học **trong** phòng.* (Peggy lernt **im** Zimmer.)
2. *ngoài* (draußen):
*Tôi muốn ngồi **ngoài** trời.* (Ich möchte **draußen** sitzen.)
3. *trên* (auf, oben):
*Tôi thích ngồi **trên** gác.* (Ich mag **oben** sitzen.)
4. *dưới* (unten, unter):
*Con mèo nằm **dưới** bàn.* (Die Katze liegt **unter** dem Tisch.)
5. *xung quanh* (um … herum): *Peggy đi dạo **xung quanh** hồ Hoàn Kiếm.* (Peggy geht **um den** Hoan-Kiem-See spazieren.)
6. *giữa* (in der Mitte):
*Nhà hát Lớn ở **giữa** Hà nội.* (Das Opernhaus liegt **in der Mitte** Hanois.)

***bạn* (Freund/-in)**
bạn gái (Freundin)
bạn trai (Freund)

***đồ uống* (Getränke)**
… (có) đá (mit Eis)
… không có đá (ohne Eis)
cà phê đá (Eiskaffee)
cà phê sữa (Milchkaffee)
chè đen (schwarzer Tee)
chè xanh (grüner Tee)
chè đá (grüner Tee mit Eis)
nước cam (Orangensaft)
nước dừa (Kokosmilch)
nước khoáng có ga (Mineralwasser mit Sprudel)
nước khoáng không có ga (stilles Mineralwasser)
nước ngọt (Limonade)
nước sinh tố (frisch gepresster Fruchtsaft)

nước ngọt (wörtl.: Wasser süß = Limonade)

Übungen

nha (nha sỹ = Zahnarzt), *nhà* (Haus), *nhá* (= *nhai* = kauen), *Nhạ* (männlicher Vorname), *nhả* (ausspucken), *nhã (nhã nhặn* = höflich, freundlich, liebenswürdig)

1. In Zahnarzt Nhas Haus

92

1. nh**a** – nh**à** – nh**a**
2. nh**à** – nh**á** – nh**a**
3. nh**á** – nh**ạ** – nh**a**
4. nh**ạ** – nh**ả** – nh**a**
5. nh**ả** – nh**ã** – nh**a**
6. nhã – nha – nhà

Hier sind die zwei letzten Variationen von ***ươ*** und als Superbonus drei Variationen der geschlossenen Silbe ***uâ***.

2. Alles Quark

93

1. **ươp:**	**ướp** thịt	kẻ c**ướp**	quả m**ướp**	nườm n**ượp**
2. **ươt:**	v**ượt**	lần l**ượt**	l**ướt** ván	xanh m**ướt**
3. **uân:**	x**uân**	t**uần**	lý l**uận**	ngu x**uẩn**
4. **uât:**	l**uật** sư	quả q**uất**	thuế x**uất**	q**uật** cường
5. **uâng:**	thâm q**uầng**	q**uầng** sáng	bâng kh**uâng**	

Arme Kellnerin: Sechs Leute am Tisch und jeder möchte etwas anderes zu trinken.
chai (Flasche)
đá (Eiswürfel)

3. Hoch die Tassen

94

*Xin chị cho tôi một **cốc bia hơi**.*

1. cốc bia hơi
2. cốc nước sinh tố
3. ly cà phê đen
4. chai bia Sài Gòn
5. cốc nước cam không có đá
6. chai nước khoáng không có ga

Drunter? Drüber? Hier dürfen Sie Präpositionen üben.
Wie schön, dass Sie die Präpositionen nur noch einsetzen müssen!
ta: Kurzform von *chúng ta*, *ngắm* (betrachten)

4. Wir möchten uns draußen hinsetzen

trong – xung quanh – ngoài – giữa – dưới – trên

1. Ta ngồi __________ trời, nhé.
2. Peggy thích đi __________ hồ Hoàn Kiếm.
3. Họ thích ngồi __________ tầng năm hơn.
4. Từ trên tầng năm họ có thể ngắm đường phố ở __________.
5. Quyển sách ở __________ bàn.
6. Peggy làm việc __________ văn phòng.

Chị có uống bia không? (Trinkst du Bier?) Falls nicht, dann bitte höflich verpackte Antworten, z. B. *Tôi thích uống cà phê hơn.* Oder: *Tôi không muốn uống bia.*
ăn (essen)

5. Er mag, sie nicht

thích – rất thích – rất - muốn – không muốn

1. Nhiều người __________ đi du lịch Sa Pa.
2. Anh Hùng __________ uống cà phê đá hơn.
3. Em có __________ ăn kem không?
4. Peggy __________ muốn ngồi ngoài trời.
5. Chị ấy __________ uống bia.

Guten Appetit!

▶ 95

thực đơn	Speisekarte
dùng	benutzen, hier: essen, trinken (höfl.)
món, món ăn	Gericht, Speise
đĩa	Teller
bánh tôm	Garnelengericht
ăn	essen
khai vị	Vorspeise
miến lươn	Glasnudelsuppe mit Aal
bát	Schüssel
Chúc ngon miệng!	Guten Appetit!
ngon	schmeckt, schmackhaft
trả tiền	bezahlen

● Đây là thực đơn ạ. Anh chị dùng món gì ạ?	Hier ist die Speisekarte. Welche Gerichte möchten Sie?
■ Xin chị cho chúng tôi hai đĩa bánh tôm.	Bitte bringen Sie uns zwei Teller Banh Tom.
● Có ngay ạ! Anh chị muốn khai vị bằng món gì ạ?	Sofort! Was möchten Sie als Vorspeise?
■ Chị có miến lươn không?	Haben Sie Glasnudelsuppe mit Aal?
● Có chứ ạ.	Ja, haben wir.
■ Xin chị cho hai bát miến lươn.	Bitte geben Sie uns zwei Schüsseln Aalsuppe.
● Vâng ạ. Anh chị uống gì ạ?	Ja. Was möchten Sie trinken?
■ Xin chị cho bạn gái tôi một cốc nước cam và cho tôi một cốc bia Hà nội.	Bitte bringen Sie meiner Freundin ein Glas Orangensaft und für mich ein Glas Hanoi-Bier.
● Vâng. Nước cam, bia, miến lươn và bánh tôm của anh chị đây ạ. Chúc anh chị ngon miệng!	Ja. Hier sind Ihr Orangensaft, Bier, Aalsuppe und Ihr Banh Tom. Wünsche guten Appetit!
■ Tất cả các món đều rất ngon. Tôi muốn trả tiền.	Alle Speisen sind sehr schmackhaft. Ich möchte zahlen.

Im Restaurant
Nhà hàng này có những món đặc sản gì? (Welche Spezialitäten hat dieses Restaurant?)
Còn món chính là gì ạ? (Und was ist die Hauptspeise?)
Anh muốn tráng miệng bằng món gì? (Was möchten Sie als Dessert?)

chúc ngon miệng! (guten Appetit wünschen!)
chúc (wünschen)
miệng (Mund)

tiền boa (Trinkgeld)
Man gibt etwa ab 5 % aufwärts.

món ăn **(Gericht, Speise)**
cơm trắng (weißer Reis)
cơm rang/chiên (gebratener Reis)
cơm thập cẩm (Reis mit zehn Köstlichkeiten)
nem rán (gebratene Frühlingsrollen)
bánh cuốn (ungebratene Reispapierröllchen)
canh (Suppe zum Reis)
xúp (europäische Suppe)
cháo (Reissuppe)
miến/bún tàu (Glasnudeln)
bánh mì (Brot)
cá biển (Seefisch)
hải sản (Meeresfrüchte)

Wie hätten Sie es gern?
chua ngọt (süß-sauer)
tẩm bột (paniert)
rán (gebraten)
nướng (gegrillt, geröstet)
quay (am Spieß gebraten)
hấp (gedämpft)
pha xí (farciert)

Übungen

nhe (nhe răng = die Zähne zeigen), *nhè (khóc nhè* = flennen, weinen), *nhé* (ja?) *nhẹ* (leicht), *nhẻ* (südl. Dialekt = *nhẽ*), *nhẽ* (Argument)

1. Flennen ist kein Argument

▶ 96

1. nh**e** – nh**è** – nh**e**
2. nh**è** – nh**é** – nh**e**
3. nh**é** – nh**ẹ** – nh**e**
4. nh**ẹ** – nh**ẻ** – nh**e**
5. nh**ẻ** – nh**ẽ** – nh**e**
6. nh**ẽ** – nh**e** – nh**è**

Empfehlung des Hauses und *rất ngon*: Fünf Variationen von ***uô*** in geschlossener Silbe.

2. Mürbe

▶ 97

1.	**uôc:**	l**uộc**	th**uốc**	c**uộc** đời	q**uốc** tế
2.	**uôm:**	c**uỗm**	b**uồm**	nh**uộm**	nh**uốm** màu
3.	**uôn:**	b**uồn**	m**uộn**	c**uốn** sách	l**uôn** l**uôn**
4.	**uông:**	**uống**	cái m**uỗng**	chim m**uông**	b**uồng** tắm
5.	**uôt:**	n**uốt**	con ch**uột**	v**uốt** ve	lạnh b**uốt**

Hier ist etwas durcheinander geraten. Großschreibung und Satzzeichen helfen beim Sortieren.

3. Wörtersalat

1. Tôi – cái – mầu hồng – đẹp – áo len – mua – này.
2. Xin – đẹp – anh – xem – cho tôi – đôi – da – bằng – giầy – ấy.
3. Hai – hay – sách – giá – quyển – này – bao nhiêu?
4. Một – tươi – thịt – cân – kia – giá – gà – bao nhiêu?
5. Tiền – này – đẹp – đắt – có – đặt cọc – căn hộ – của – không?

Sie haben nach Eis gefragt und kriegen prompt Frühlingsröllchen? Das muss nicht sein! Deshalb hier wieder eine kleine Zuordnungsübung. *cay* (scharf)

4. Fragen kostet nichts

1. Món này có cay không?	a ☐	Tôi thích uống cà phê hơn.
2. Chị đã khát chưa?	b ☐	Món này ngon lắm.
3. Món bánh tôm có đắt không?	c ☐	Tôi khát lắm rồi.
4. Anh uống bia, nhé?	d ☐	Không, món này không đắt.
5. Món chả cá có ngon không?	e ☐	Có, món này hơi cay.

Übersetzen Sie ins Vietnamesische!

5. Hier bleibt niemand hungrig!

1. Bringen Sie mir eine Schale Pho mit Rind.
2. Ich möchte einen Teller gebratene Frühlingsrollen essen.
3. Bringen Sie mir einen Teller Banh tom vom Westsee.
4. Bringen Sie uns zwei Schalen Reissuppe.
5. Ich möchte Glasnudelsuppe mit Aal essen.

Essen gehen

Wenn Vietnamesen/-innen nicht zu Hause, sondern unterwegs essen, dann nennen sie das *ăn cơm bụi* (staubigen Reis essen). Die spöttische Bezeichnung kommt daher, dass die einfachen mobilen Nudelstände oft direkt am Straßenrand aufgebaut werden. Man erkennt sie meist nur an ein paar winzigen Tischen und Stühlchen an einer Straßenecke. Eine kleine Tafel zeigt an, was es gibt: *Bún bò Huế* (Reisnudeln mit Rindfleisch Hue-Art), *Phở* (Reisbandnudeln Hanoier Art), *Hủ Tíu* (Nudeln aus Tapioka- und Reismehl) oder auch *Mì Quảng* (Weizennudeln nach Quang-Nam-Art).
Wer beim Essen lieber ein Dach über dem Kopf hat, kann in ein *Hàng Phở* (Nudellokal) oder ein *Cơm Bình Dân* (wörtl.: volkstümlicher Reis = einfaches Speiselokal) gehen. Auch sie werben mit einer Angebotstafel, die Ladenschild und Speisekarte zugleich ist. Im *Cơm Bình Dân* gibt es preiswerte Reisgerichte mit Beilagen (Gemüse, Fleisch, Eierspeisen). Diese sind in Vitrinen ausgestellt, sodass man nicht unbedingt den Namen jeder Speise kennen muss. Man zeigt einfach auf das Gewünschte und stellt sich so sein Essen zusammen. Das nennt man *cơm phần* (Reis mit Beilagen). Noch billiger ist *cơm đĩa* (Tellerreis). Hier bekommt man seine Reisportion auf einem großen Teller und etliche Häppchen Beilagen gleich drumherum gelegt. *Cơm đĩa* darf man mit dem Löffel essen. Ausgefallene *đặc sản* (Spezialitäten) findet man in *Hiệu ăn đặc sản* (Spezialitätenrestaurants).

Leicht und gesund
Vietnamesische Gerichte sind bekömmlich und schmackhaft. Selbst Fastfood-Fans werden hier „bekehrt".

Nước mắm (Fischsoße) ist Grundbestandteil der vietnamesischen Küche. Sie riecht sehr streng und sollte daher vorsichtig dosiert werden. Vermeiden Sie auch Spritzer auf die Kleidung, wenn Sie nicht wie ein Fass Fischsoße riechen wollen!

Vorsicht Falle
Viele Touristen verderben die Suppen-Preise: In von Besuchern überlaufenen Gegenden sollte man den Preis vor dem Essen erfragen! Hat man erst einmal gekostet, muss man auch bezahlen.

14

Kochen zu Hause

rau (Gemüse)
cà chua (Tomate)
dưa chuột (Gurke)
giá (Mungbohnensprossen)
hành củ/tây (Zwiebel)
hành lá (Lauchzwiebel)
măng (Bambussprossen)
rau muống (Wasserwinde)
tỏi tây (Lauch)

gia vị (Gewürze)
chanh (Limette)
đường (Zucker)
gừng (Ingwer)
hạt tiêu (Pfeffer)
muối (Salz)
nước mắm (Fischsoße)
ớt (Chili)
rau mùi (Koriander)
thảo quả (Kardamom)
thì là (Dill)
tỏi (Knoblauch)

Zubereitungsarten
hấp (dünsten), *nấu cơm = làm bếp* (Essen zubereiten), *luộc* (in Wasser kochen), *pha (cà phê, chè)* (aufbrühen), *quay = nướng* (grillen), *rán = chiên* (braten), *rang* (rösten), *xào* (in Pfanne schwenken)

Heute Abend ist Peggy bei ihrer Freundin Thu Hong, um zu lernen, wie man *nem rán* (Frühlingsrollen) macht. Diese kleinen Köstlichkeiten – im Süden *chả giò* genannt – sind in aller Welt als vietnamesische Spezialität bekannt. Peggy sieht eingeweichte Reisblätter und Schüsseln voller Zutaten. Sie will alles genau wissen: *Để làm nem chúng ta phải có những gì?* (Was brauchen wir, wenn wir Frühlingsrollen machen wollen?) Thu Hong erklärt: *Chúng ta phải có bánh đa nem, thịt lợn băm, một số rau thơm và gia vị* (Wir brauchen Reispapier, Gehacktes vom Schwein, Gewürzkräuter und Gewürze). Sie zeigt Peggy, wie die Zutaten vermischt und in das Reispapier gewickelt werden. Peggy hat den Bogen schnell raus und fragt ihre Freundin: *Peggy muốn tự làm nem, có được không?* (Ich möchte selbst Frühlingsrollen machen, geht das?) Thu Hong freut sich über Peggys Eifer: *Được chứ!* (Aber klar doch!), stimmt sie zu. Ein paar Tage später soll Hung Peggy die Geheimnisse der berühmten *Phở* („Hanoi"-Suppe) enthüllen. Grundlage ist aus Rinderknochen bereitete Brühe, die etliche Stunden köchelt. Zwischendurch muss immer wieder der Schaum abgeschöpft und Wasser nachgegossen werden. Hung erklärt Peggy, was alles in die *Phở* kommt: *Chúng ta cần phải có thịt bò, hành củ và gừng* (Wir brauchen Rindfleisch, Zwiebeln und Ingwer). Peggy möchte es genau wissen: *Ngoài ra, ta còn cần gia vị nào khác ạ?* (Was brauchen wir außerdem noch an Gewürzen?) Hung hat das Rezept von seiner Mutter und weiß: *Gia vị quan trọng nhất là nước mắm* (Das wichtigste Gewürz ist die Fischsoße). *Hmh, thơm quá!* (Hmh, wie das duftet!)

Was brauchen wir?

14 A

▶ 98

phải	müssen
bánh đa nem	Reispapier
thịt lợn băm, thịt lợn xay	Hackfleisch vom Schwein
một số, vài, một ít	einige, etwas, ein bisschen
ngoài ra, ngoài … ra	außerdem, außer
cần, cần phải	brauchen, müssen, benötigen
nữa	noch, zusätzlich, dazu
quả	Stück (rund), Frucht (Kf. Obst)
trứng	Ei
giá	Sojasprossen
miến	Glasnudeln
nấu	kochen, zubereiten
đũa	Stäbchen
bao lâu?	wie lange?

■ Thu Hồng, để làm nem chúng ta phải có những gì?	Thu Hong, was müssen wir haben, um Frühlingsrollen zu machen?
● Chúng ta phải có bánh đa nem, thịt lợn băm, một số rau thơm và gia vị.	Wir müssen Reispapier, Hackfleisch, einige Kräuter und Gewürze haben.
■ Ngoài ra chúng ta còn cần gì nữa?	Was brauchen wir außerdem noch?
● Chúng ta cần vài quả trứng, giá và một ít miến nữa.	Wir brauchen noch einige Eier, Sojasprossen und ein wenig Glasnudeln.
■ Peggy muốn tự làm nem, có được không?	Ich will die Frühlingsrollen selbst machen, darf ich?
● Được chứ! Peggy có thể nấu bằng đũa được không?	Ja, klar darfst du! Kannst du mit Stäbchen kochen?
■ Có chứ! Chúng ta phải rán nem bao lâu?	Ja, doch! Wie lange müssen wir die Frühlingsrollen braten?
● Chỉ vài phút thôi.	Nur einige Minuten.

***tự* (sich, selbst) + Verben:**
tự *giới thiệu*
(**sich** vorstellen)
tự *làm* (**selbst** machen)

Hilfswörter für unbestimmte Mengen:
1. Zählbar:
vài, một vài, vài ba, một số (einige, ein paar). Welches Sie benutzen, ist egal:
vài *quả trứng*
(**ein paar** Eier)
một số *người*
(**einige** Personen)
2. Nicht zählbar:
một chút, chút xíu, một ít
(etwas, ein bisschen/wenig):
một ít *miến*
(**ein wenig** Glasnudeln)
một chút *hạt tiêu*
(**ein bisschen** Pfeffer)
3. Sie stehen immer vor dem Klassifikator + Substantiv: *Tôi có* ***vài ba*** *cái bút bi.* (Ich habe **einige** Kugelschreiber.)

Doppelt gemoppelt
1. *còn* (noch)
2. *còn … nữa* (noch; ugs.)
Chúng ta ***còn*** *cần gì* ***nữa****?*
(Was brauchen wir **noch**?)
3. *chỉ* (nur)
4. *thôi* (fertig, Ende)
5. *chỉ … thôi* (nur; ugs.)
Chỉ *vài phút* ***thôi****.*
(**Nur** einige Minuten.)

được (können) als Fähigkeit:
Chị có thể đi (bằng) xe máy ***được*** *không?* (**Können** Sie mit dem Moped fahren?)

quả (Wortbedeutung: Frucht) ist Klassifikator für annähernd runde Objekte: *quả cam* (Orange), *quả bóng* (Ball), *quả tim* (Herz).

Übungen

nhu (nhu nhược = willenlos, matt), *nhù* (ungeschickt, schwerfällig), *nhú* (sprießen), *Nhụ* (Frauenvorname), *nhủ* (*khuyên nhủ* = empfehlen), *nhũ* (*nhũ mẫu* = Pflegemutter)

1. Die Pflegemutter berät Nhụ

99

1. nh**u** – nh**ù** – nh**u**
2. nh**ù** – nh**ú** – nh**u**
3. nh**ú** – nh**ụ** – nh**u**
4. nh**ụ** – nh**ủ** – nh**u**
5. nh**ủ** – nh**ũ** – nh**u**
6. nh**ũ** – nh**u** – nh**ù**

Ein weiterer Höhepunkt artikulatorischer Gaumenfreuden: vier Variationen von ***oă***.

2. Zander wackelt an der Angel

100

1.	**oăc:**	h**oặc**	ng**oắc**	nghi h**oặc**	móc ng**oặc**
2.	**oăn:**	x**oắn**	x**oăn**	băn kh**oăn**	họa h**oằn**
3.	**oăng:**	kh**oắng**	**oă**ng **oẳng**	l**oăng** quăng	dài ng**oẵng**
4.	**oăt:**	nhọn h**oắt**	rẽ ng**oặt**	thoăn th**oắt**	l**oắ**t ch**oắt**

Eine kleine Übung zu den Verben mit *tự*.
bài tập (Aufgaben)
có (thể) … được không? (können …?)

3. Selbst ist die Frau

1. Anh/Chị có thể tự làm bài tập này không?
2. Có phải Peggy đã tự thuê phòng ở khách sạn không?
3. Peggy đã tự giới thiệu với ai ở văn phòng?
4. Peggy đã tự đi xe máy được chưa?
5. Peggy có tự làm nem được không?

Einführung in die vietnamesische Küche. Wonach fragen die Teilnehmer?
tre (Bambus)

4. Kochkurs

1. Chúng ta còn cần gì nữa?
2. Chị có thể nấu bằng đũa không?
3. Tôi phải rán nem bao lâu?
4. Đôi đũa này làm bằng gì?
5. Đây là cái gì?

a ☐ Chỉ vài phút thôi.
b ☐ Đây là thịt lợn băm.
c ☐ Đôi đũa này bằng tre.
d ☐ Chúng ta còn cần gia vị.
e ☐ Có chứ!

Meisterköche kochen „nach Gefühl". Welches Wort passt jeweils zu den unbestimmten Mengenangaben?
nước chấm (Tunke, Sauce), *đường* (Zucker), *nhân* (Füllung), *củ* (Knolle)

5. Man nehme etwa …

đường – quả trứng – củ hành – bánh đa nem – thịt băm

1. Để pha nước chấm tôi cần một ít ___________.
2. Để làm nem ta phải có một số ___________.
3. Để trộn nhân nem chúng ta cần vài ba ___________.
4. Và còn cần vài ___________.
5. Cuối cùng chúng ta phải có 500 gam ___________.

Wie das duftet!

101

phở	Reisbandnudelsuppe
dễ	leicht, einfach
bánh phở	Bandnudeln (aus Reismehl)
thứ	Dinge, Sachen
khác	anders, andere/-r/-s
quan trọng	wichtig
thái	schneiden, zerkleinern
xong	fertig, erledigt
ướp	marinieren
thơm	aromatisch, gut riechen
càng … (thì) càng …	je … desto …, umso … je

■ Anh Hùng, em rất thích ăn phở. Nấu phở như thế nào?	Hung, ich esse sehr gern Pho. Wie kocht man Pho?
● Dễ thôi. Để nấu được phở bò, chúng ta cần phải có bánh phở, thịt bò, hành củ và gừng.	Ganz einfach. Um Rinder-Pho kochen zu können, brauchen wir Reisbandnudeln, Rindfleisch, Zwiebeln und Ingwer.
■ Ngoài ra, ta còn cần gia vị nào khác ạ?	Außerdem brauchen wir noch welche Gewürze?
● Gia vị quan trọng nhất là nước mắm.	Das wichtigste Gewürz ist die Fischsoße.
■ Bây giờ chúng ta thái thịt à?	Jetzt schneiden wir das Fleisch klein, ja?
● Đúng, Peggy ạ. Sau khi thái thịt xong, chúng ta ướp thịt với nước mắm, hạt tiêu và tỏi.	Richtig, Peggy. Nachdem wir das Fleisch fertiggeschnitten haben, marinieren wir es mit Fischsoße, Pfeffer und Knoblauch.
■ Thơm quá! Đã ăn được chưa, anh Hùng?	Wie das duftet! Kann man schon essen, Hung?
● Mời em, ta ăn thôi. Phở ăn càng nóng càng ngon.	Bitte schön, lass uns essen. Pho schmeckt umso besser, je heißer sie ist.

để … (um … zu …)
Frage: *để làm gì?* (wozu?)
*Peggy học tiếng Việt **để làm gì**? **Để** làm việc ở Việt nam.* (**Wozu** lernt Peggy Vietnamesisch? **Um** in Vietnam **zu** arbeiten.)

ngoài ra od. ***ngoài … (ra)?***
1. *ngoài ra* (außerdem): ***Ngoài ra** chúng ta còn cần gì nữa?*
2. *ngoài … (ra)* (außer): ***Ngoài** chả cá **(ra),** anh có món ăn nào khác không?* (Haben Sie **außer** Chả cá irgendwelche anderen Speise?)

càng … (thì) càng …
(je …, desto …):
*Phở ăn **càng** nóng **càng** ngon.*

bát đĩa (Geschirr, Besteck):
bát ô tô, südl.: *tô* (Schüssel)
bát ăn cơm, südl.: *chén* (Schälchen)
đũa (Essstäbchen)
thìa, südl.: *muỗng* (Löffel)
dĩa, südl.: *nĩa* (Gabel)
dao (Messer)
đĩa (Teller)
cốc, südl.: *ly* (Glas)
nồi = *xoong* (Topf)
chảo (Pfanne)
hộp = *lon* (Dose)

Geschmacksrichtungen
ngon (lecker) – *dở* = *không ngon* (ekelhaft)
cay (scharf), *mặn* (salzig) – *nhạt* (fad)
chua (sauer) – *ngọt* (süß)
nóng (heiß) – *nguội, lạnh* (kalt)
thơm (aromatisch) – *tanh, thối* (übel riechend)
đắng, chát (bitter)

Übungen

như (wie), *nhừ* (*chín nhừ* = weich kochen/werden), *nhứ* (fangen, locken), *Nhự* (Frauenvorname), *nhử* (*nhử mắt* = triefaugig), *Nhữ* (Frauenvorname)

1. Frau Nhự kocht alles ganz weich

102

1. như – nhừ – như
2. nhừ – nhứ – như
3. nhứ – nhự – như
4. nhự – nhử – như
5. nhử – nhữ – như
6. nhữ – như – nhừ

Hier kommen sechs Variationen von ***uă***.

2. Knackis quatschen nicht

103

1.	**uăc:**	kỳ q**uặc**	sáng q**uắc**	q**uắc** mắt	q**uắc** thước
2.	**uăm:**	cò q**uăm**	dao q**uắm**	q**uằm** q**uặm**	mũi q**uằm**
3.	**uăn:**	q**uăn** queo	xoăn q**uắn**	q**uẳn** quại	đau q**uặn**
4.	**uăng:**	q**uăng** lưới	mỏ q**uặng**	q**uăng** quật	q**uẳng** đi
5.	**uăp:**	q**uắp** nhau	q**uắp** đuôi	mũi q**uặp**	q**uặp** xuống
6.	**uăt:**	rẽ q**uặt**	khô q**uắt**	đói q**uắt**	q**uặt** quẹo

Sie haben den Lektionswortschatz schon intus? Dann übersetzen Sie mal.
sách giáo khoa (Lehrbuch)
sách bài tập (Übungsbuch)

3. Was brauchen wir außerdem noch?

1. Để học tiếng Việt, ngoài sách giáo khoa, Peggy còn cần sách bài tập.
2. Ngoài học tiếng Việt ra, Peggy còn phải học tiếng Trung quốc.
3. Để đi du lịch Sa Pa, Peggy và Hùng cần phải có quần áo ấm.
4. Món nem thơm quá! Còn cà phê hơi đắng.
5. Bánh tôm Hồ Tây ngon, nhưng miến lươn dở (không ngon).

cay (scharf)
mặn (salzig, herzhaft)
ngọt (süß)
biết (kennen, können)

4. Satzpaare gesucht

1. Đây có phải là gừng không?
2. Ta phải có những gì?
3. Anh có thích ăn cay không?
4. Chị có biết ăn bằng đũa không?
5. Có phải đó là nhà hàng không?

a ☐ Có, anh thích ăn cay.
b ☐ Có, tôi biết ăn bằng đũa.
c ☐ Không, đây là tỏi.
d ☐ Đúng rồi! Nó đây.
e ☐ Ta phải có bánh đa nem và thịt băm.

Jetzt üben Sie die Klassifikatoren *người, ông, bà, …* und Fragen mit *… là ai?, … là người thế nào?*
chủ (Chef, Inhaber)
thông minh (intelligent)

5. Was ist denn das für einer?

1. Người phụ nữ đẹp kia là ai? Đó là ______bác sỹ.
2. Anh kỹ sư đẹp trai ấy là người thế nào? Anh ấy là ______tốt.
3. Cô Lisa là người nước nào? Cô ấy là _______ Thụy Sĩ.
4. Ông già kia là ai? Ông ấy là ________ chủ hàng phở.
5. Bà giám đốc kia là người thế nào? Bà ấy là ___ thông minh.

Goldener Reis, silbener Reis ...

14

Die Geschichte der vietnamesischen Zivilisation ist eng mit dem Anbau von *lúa* (Reis) verbunden. Er prägte die Landschaft, die Mentalität der Menschen, beeinflusste ihr Denken und ihre Sprache. In Vietnam wird vor allem *lúa nước* (Nassreis) angebaut: Dieser wächst auf überschwemmten Feldern, wobei der Wasserstand ständig reguliert werden muss. Die endlosen Reisfelder in den Ebenen sind ebenso wie die malerischen Terrassenfelder in den Bergen das Ergebnis mühevoller Arbeit vieler Generationen: Jedes einzelne Feld wird eingedeicht, damit der Reis während des Wachstums im Wasser stehen kann. Man pflügt die schlammige Erde, um das Feld für die Pflanzen vorzubereiten. Der Boden darf keinerlei Gefälle aufweisen, sonst haben manche Pflanzen zu wenig Wasser, während andere „ertrinken". Gleichzeitig werden in Saatbeeten *mạ* (Setzlinge) herangezogen. Sind die *mạ* etwa 20 cm groß, werden sie ins Feld umgesetzt. Nun wird Wasser auf das Feld geschöpft bzw. gepumpt. Während der drei bis vier Monate, die der Reis zum Reifen braucht, muss gedüngt, Unkraut gejätet und immer wieder der Wasserstand reguliert werden.
Die mühselige Handarbeit wird zunehmend mit Maschinen verrichtet, immer weniger Menschen sind in der Landwirtschaft tätig. Am jeweiligen Wort für Reis kann man die Verarbeitungsstufe erkennen: *thóc* ist ungeschälter Reis, *gạo* geschälter, ungekochter Reis. Schmecken lassen kann man sich dann endlich *cơm* (gekochten Reis).

Das Märchen von der Reiskugel
In alten Zeiten waren die Reiskörner faustgroß. Sie reiften ohne Pflege und rollten ins Haus, wenn dieses sauber war. Einst griff eine faule Bäuerin erst nach dem Besen, als schon die erste Reiskugel heranrollte. Unbedacht schlug die Frau die Kugel entzwei. Gekränkt befand der Reis, dass die Menschen von nun an erst durch tausend Mühen an die kleinen weißen Körner kommen sollten. Und so blieb es bis heute.

Im Norden werden zwei, im Süden drei Reisernten jährlich eingebracht. Vietnam ist nicht nur Selbstversorger, sondern einer der größten Reisexporteure der Welt.

15

Auf in die Berge!

Es gibt dreißig ***Vườn Quốc gia*** (Nationalparks), u. a.:
– *Cúc Phương* (in den Provinzen *Ninh Bình, Thanh Hóa, Hòa Bình*): der älteste
– *Cát Bà* (in *Hải Phòng*): auf der größten der 3000 Inseln der *Hạ Long*-Bucht: besonders schön
– *Phong Nha-Kẻ Bàng* in *Quảng Bình:* Weltnaturerbe
– *U Minh Thượng* (in *Kiên Giang*): mit Torfsumpfwäldern und vielen seltenen Tier- und Pflanzenarten.

chụp ảnh (fotografieren):
hình, ảnh (Foto)
in/rửa ảnh (Foto/s ausdrucken)
phóng to ảnh (vergrößern)
khung ảnh (Fotorahmen)
máy ảnh số (Digitalkamera)
thẻ nhớ (Speicherkarte)
pin sạc (Akku)
đính kèm ảnh (Foto in E-Mail anhängen)

Endlich stehen Peggy und Hung vor dem Bahnhof von Sa Pa und atmen tief die kühle Frühlings-Bergluft ein. Was für eine Frische – und welch großartige Aussicht. Die bunten Häuser von Sa Pa scheinen die tiefgrünen Berghänge hinaufzuwandern, in der Ferne schimmern smaragdgrüne Terrassenfelder. Dort drüben sieht Peggy einige Frauen der H'mông: Wie wunderschön ihre Kleidung ist! Peggy ist hingerissen.
Zuerst müssen sie ins Hotel, dann kümmern sie sich um einen fahrbaren Untersatz. Im Motorradverleih übernimmt Hung die Verhandlungen: *Chúng tôi muốn thuê xe mô tô để đi núi* (Wir wollen ein Motorrad mieten, um damit in die Berge zu fahren), erklärt er. Die Angestellte möchte es genauer wissen: *Anh chị muốn thuê xe loại nào?* (Welche Art von Motorrad möchten Sie mieten?), fragt sie, *xe to hay xe nhỏ ạ?* (groß oder klein?). Hung ist unsicher: *Xe to là xe gì?* (Was bedeutet „groß"?), fragt er lächelnd und setzt hinzu: *Tôi không hiểu* (Ich verstehe nicht). Oh je! Die Angestellte fürchtet, ihren Kunden in Verlegenheit gebracht zu haben. Sie entschuldigt sich bei Hung und erklärt ihm die verschiedenen Fahrzeugtypen.
Nach einem Tag voller Erlebnisse will Peggy am Abend in ein Internet-Café, um ihren Eltern eine E-Mail und vor allem viele Fotos zu senden! *Tôi muốn viết thư điện tử* (Ich möchte eine E-Mail schreiben), erklärt sie dem Angestellten. Der weist sie gleich zu einem Platz: *Xin mời chị dùng máy này ạ* (Bitte benutzen Sie dieses Gerät). Vorsichtshalber erklärt er noch: *Sau khi viết thư xong, chị ghi nhớ vào một thư mục* (Nachdem Sie fertig geschrieben haben, speichern Sie in einer Datei ab).

Ein Motorrad mieten

104

núi	Berg
to, lớn	groß
nhỏ	klein
hiểu	verstehen
công suất	Leistung, Kapazität, hier: Hubraum
phân khối, xăng/xen ti mét khối	Kubikzentimeter
từ … trở lên	ab …
chưa … bao giờ	noch nie
đúng	richtig, recht haben
đấy	Hilfswort, hier: wirklich
hướng dẫn	hinweisen, einweisen
một ngày	hier: pro Tag

■ Chúng tôi muốn thuê xe mô tô để đi núi.	Wir wollen ein Motorrad mieten, um in die Berge zu fahren.
● Anh chị muốn thuê xe to hay xe nhỏ ạ?	Möchten Sie ein großes oder ein kleines mieten?
■ Xe to là xe gì? Tôi không hiểu.	Was bedeutet „ein großes“? Ich verstehe nicht.
● Xin lỗi anh. Xe to là xe công suất lớn, từ một trăm năm mươi phân khối trở lên. Anh chưa đi loại này bao giờ à?	Entschuldigung. „Ein großes“ ist ein Motorrad mit großem Hubraum, ab 150 qbcm. Sind Sie noch nie mit diesem Typ gefahren?
■ Đúng đấy. Chưa bao giờ.	Das stimmt tatsächlich. Noch nie.
● Không sao chúng tôi sẽ hướng dẫn. Chỉ cần ba mươi phút là anh đi được tốt rồi.	Macht nichts, wir werden Sie einweisen. Sie brauchen nur 30 Minuten, um gut fahren zu können.
■ Bao nhiêu tiền một ngày?	Wie viel kostet es pro Tag?
● Ba trăm nghìn đồng anh ạ.	300.000 Dong.

***thể tích* (Volumen):**
*phân **khối*** =
*xăng/xen ti mét **khối*** (**cb**cm);
*đề xi mét **khối*** (**cb**dm);
*mét **khối*** (**cb**m);

chưa … bao giờ (noch nie): *Tôi **chưa** đi Việt nam **bao giờ**.* (Ich bin **noch nie** nach Vietnam gefahren.)
*Chị đã đi Việt nam **bao giờ chưa**?* (Sind Sie **schon einmal** nach Vietnam gefahren?)
Antwort: *Rồi.* oder *Chưa.*

Richtig oder falsch?
1. ***đúng*** (richtig, recht haben): ***Đúng!*** (Richtig!)
*Anh ấy **đúng**.*
(Er **hat recht.**)
không đúng (nicht richtig)
2. ***sai*** (falsch, nicht recht haben): ***Sai!*** (**Falsch**!);
*Chị ấy **sai**.* (Sie **hat nicht recht**.)

Zweimal *đấy:*
1. Als Funktionswort: dort, da
2. Als Hilfswort: *… đấy!* steht es am Satzende, um eine Information oder Feststellung zu betonen:
*Em đã biết nấu phở rồi **đấy**!* (Ich kann **tatsächlich** schon Phở kochen!)

Dreimal *được:*
1. được + Verb (dürfen):
*Nó **được đi** xe máy.*
(Er **darf** Moped **fahren**.)
2. Verb + *được* (können):
*Nó **nói** tiếng Anh **được**.*
(Er **kann** Englisch **sprechen**.)
3. *Được!* (In Ordnung!)

Übungen

nho (Weintrauben), *nhò* (*nhằm nhò* = erzielen, bezwecken), *nhó* (*nhăn nhó* = böse, mürrisch), *nhọ* (*nhọ nhem* = schmutzig), *nhỏ* (klein, winzig), *nhõ* (= *nhỏ*, südl. Dialekt)

1. Böse, klein, schmutzig

105

1. nh**o** – nh**ò** – nh**o**
2. nh**ò** – nh**ó** – nh**o**
3. nh**ó** – nh**ọ** – nh**o**
4. nh**ọ** – nh**ỏ** – nh**o**
5. nh**ỏ** – nh**õ** – nh**o**
6. nh**õ** – nh**o** – nh**ò**

Hier sind die Variationen von ***uy*** und ***yê***:

2. Uik, uik!

106

1.	**uych/-p:**	h**uých**	huỳnh h**uỵch**	**tuýp**	kh**uýp**
2.	**uynh:**	q**uỳnh**	phụ h**uynh**	mừng q**uýnh**	**luýnh quýnh**
3.	**uyt:**	x**uỵt**	xe b**uýt**	q**uỵt** tiền	h**uýt** còi
4.	**yên:**	**yên** bình	**yên** tĩnh	**yên** tâm	chim **yến**
5.	**yêm/-t:**	**yếm** đào	**yểm** bùa	niêm **yết**	**yết** thị

Was manche Leute alles können ... ! Und Sie dürfen jetzt Sätze ergänzen!

3. Wer kann, der darf

nấu phở – xe đạp – xe mô tô – tiếng Việt có dấu – ăn cơm Việt Nam

1. Anh Hùng có thể ____________ được.
2. Peggy có thể đi ____________ được.
3. Anh ấy có thể đi ____________ được.
4. Chị Lan có thể viết____________ được.
5. Chúng tôi có thể ____________ được.

Eigentlich ganz leicht: Steht ja schon alles da. Sie sollen nur noch zuordnen. *Khỏe* in Satz 2 bedeutet auch stark/leistungsfähig.

4. Ja wie denn nun?

1. Xe to là xe gì?
2. Xe này đi núi có khỏe không?
3. Chị đã đi núi bao giờ chưa?
4. Anh có thuê cái xe này không?
5. Ở đây có thể thuê xe mô tô không?

a ☐ Có, tôi thuê cái xe này.
b ☐ Có, nó đi núi rất khỏe.
c ☐ Xe to là xe công suất lớn.
d ☐ Rồi, tôi đã đi núi rồi.
e ☐ Có, anh định thuê xe loại gì?

Jetzt dürfen Sie mal Leute ausfragen: Bitte übersetzen Sie!
Lào (Laos)
Thái Lan (Thailand)

5. So neugierig

1. Waren Sie (junger Mann) schon einmal in Laos?
2. Waren Sie (junge Frau) schon einmal in der Schweiz?
3. Waren Sie (Herr und Dame) schon einmal in Deutschland?
4. Waren Sie (Dame) schon einmal in Thailand?
5. Waren Sie (Herr) schon einmal in China?

Ich möchte eine E-Mail schreiben

107

viết	schreiben
thư điện tử	E-Mail
máy	Maschine, Geräte, Kurzform für Computer
máy tính điện tử	Computer
bàn phím	Tastatur
dấu	Tonzeichen
bố mẹ	Eltern
sau khi	nachdem
xong	fertig sein, erledigt, erledigen
ghi nhớ	speichern
nó	er, sie, es (für Dinge)
thư mục	Datei
địa chỉ	Adresse

■ Tôi muốn viết thư điện tử.	Ich möchte eine E-Mail schreiben.
● Xin mời chị dùng máy này ạ.	Bitte benutzen Sie diesen Computer.
■ Xin lỗi, xin anh cho tôi biết, dùng máy tính điện tử này như thế nào.	Entschuldigung, bitte sagen Sie mir, wie ich diesen Computer benutze.
● Vâng ạ. Đây là bàn phím tiếng Việt. Chị có biết viết tiếng Việt có dấu không?	Ja. Hier ist die vietnamesische Tastatur. Können Sie Vietnamesisch mit Tonzeichen schreiben?
■ Không. Nhưng tôi viết tiếng Đức để gửi cho bố mẹ tôi.	Nein. Aber ich schreibe auf Deutsch, um (die E-Mail) an meine Eltern zu senden.
● Sau khi viết thư xong, chị ghi nhớ nó vào một thư mục. Sau đó chị lên mạng, viết địa chỉ của bố mẹ chị và gửi đi.	Nachdem Sie den Brief fertig geschrieben haben, speichern Sie ihn in einer Datei. Danach gehen Sie ins Netz, Sie schreiben die Adresse Ihrer Eltern und schicken (die E-Mail) ab.

bố (Vater) → *bố mẹ* (Eltern)

Temporalsätze:
1. ***trong khi*** bzw. ***khi*** im **Nebensatz,** ***thì*** im **Hauptsatz** (während ..., ...):
Trong khi *Peggy viết thư điện tử* ***thì*** *Hùng uống cà phê.* (**Während** Peggy eine E-Mail schreibt, trinkt Hung Kaffee.)
2. ***trước khi ...*** (bevor ...):
Trước khi *lên núi, Hùng và Peggy đi thuê xe mô tô.* (**Bevor** sie in die Berge fahren, gehen Hung und Peggy ein Motorrad mieten.)
3. ***sau khi ...***(nachdem):
Sau khi *viết xong thư điện tử, Peggy đã gửi nó về Đức.* (**Nachdem** sie die E-Mail fertig geschrieben hat, hat Peggy sie nach Deutschland geschickt.)

Adjektiv-Paare für **Gegenstände:**
to, lớn (groß) – *nhỏ, bé* (klein)
đắt (teuer) – *rẻ* (billig)
nhẹ (leicht) – *nặng* (schwer)
mới (neu) – *cũ* (alt)
rộng (breit, weit) – *chật*(eng), *hẹp* (schmal)
ngắn (kurz) – *dài* (lang)
dày (dick) – *mỏng* (dünn)
đẹp (schön)–*xấu* (hässlich)
sâu (tief) – *nông* (flach)
dễ(einfach)–*khó*(schwierig)
nhanh, mau, chóng (schnell) – *chậm* (langsam)
sắp (bald) – *lâu* (lange)

mạng Internet (Internet)
đăng nhập (einloggen)
mật mã (Passwort)
bấm vào (anklicken)
chủ đề (Betreff)

Übungen

nhơ (*nhơ bẩn* = schmutzig, fleckig), *nhờ* (bitten um etwas), *nhớ* (sich erinnern), *nhợ* (*dây nhợ* = Schnur), *nhở* (*nhắc nhở* = warnen, mahnen, erinnern), *nhỡ* (durchschnittlich)

1. Achtung, eine schmutzige Schnur! 108

1. nh**ơ** – nh**ờ** – nh**ơ**
2. nh**ờ** – nh**ớ** – nh**ơ**
3. nh**ớ** – nh**ợ** – nh**ơ**
4. nh**ợ** – nh**ở** – nh**ơ**
5. nh**ở** – nh**ỡ** – nh**ơ**
6. nh**ỡ** – nh**ơ** – nh**ờ**

Hier sind fünf Tonhöhen-Variationen von ***uyê***. Das klingt wie „üjänn" – halb so schwer.

2. Müde Kühe machen Mühe 109

1.	**uyên:**	Q**uyên**	t**uyên** bố	kết d**uyên**	h**uyên** th**uyên**
2.	**uyền:**	h**uyền** bí	q**uyền** lực	đen t**uyền**	tuyên tr**uyền**
3.	**uyến:**	gia q**uyến**	t**uyến** đầu	tiền t**uyến**	l**uyến** tiếc
4.	**uyện:**	h**uyện**	l**uyện** tập	hòa q**uyện**	câu ch**uyện**
5.	**uyển:**	q**uyển** vở	q**uyển** sách	t**uyển** dụng	t**uyển** sinh

Eine Übersetzung mit Adjektivpaaren.
chạy (laufen)

3. Gegensätze ziehen sich an

1. Dieser Computer läuft gut, jener läuft nicht gut.
2. Das Fahrrad ist (wiegt) leicht, aber das Motorrad ist sehr schwer.
3. Diese Schuhe sind schön, aber jener Pullover ist hässlich!
4. Diese Aufgabe ist leicht, aber jene Aufgabe ist ziemlich schwierig.
5. Dieses Wörterbuch ist dick, jenes Lehrbuch ist dünn.

E-Mail schreiben? Kein Problem: In dieser Übung dreht sich alles darum. Bitte ordnen Sie zu.

4. Nur schnell sortieren

1. Cô cần bàn phím tiếng Việt à?	a ☐ Sau đó chị lên mạng.
2. Anh muốn viết thư à?	b ☐ Chị ghi nhớ vào thư mục của chị.
3. Còn sau đó?	c ☐ Được, xin mời chị.
4. Tôi dùng máy này, được không?	d ☐ Đúng, tôi muốn viết thư điện tử.
5. Tôi phải ghi nhớ vào đâu?	e ☐ Cám ơn, không. Tôi viết tiếng Đức.

Zum Lektionsabschluss noch eine Übersetzung mit Temporalsätzen.

5. Während, nachdem, bevor

1. Trước khi đến Việt nam, Peggy đã học tiếng Việt mười tuần ở Đức.
2. Trong khi Peggy chụp ảnh thì Hùng ngắm cảnh núi rừng.
3. Trong khi nấu phở, Hùng nói về đặc sản Việt nam.
4. Sau khi đi núi, Peggy muốn viết thư điện tử về Đức cho bố mẹ.

Wälder und Berge

15

In Vietnam machen *rừng* (Wald) und *núi* (Berge) 75 % der Landesfläche aus. Allein die wertvollen Regenwälder bedecken etwa 35 % des Territoriums. Sie sind in ihrem Bestand inzwischen ernsthaft bedroht. Im Krieg wurden durch Flächenbombardements und das Versprühen von Herbiziden riesige Waldflächen in Südvietnam zerstört. Heute dezimieren vor allem illegaler Holzeinschlag und Brandrodung die Waldbestände.
Wilddiebe und Holzschmuggler nutzen den Reichtum des Regenwaldes, um aus seltenen Tieren und Pflanzen Kapital zu schlagen. Ihre Gegner sind Naturschützer, denn in den letzten Jahren wurden hunderte neuer Spezies entdeckt, darunter viele Säugetierarten. Inzwischen hofft man sogar, das auf dem südostasiatischen Festland eigentlich für ausgestorben erklärte Sumatra-Nashorn wieder im grünen Dickicht zu sichten. Der Staat hat bisher 34 Nationalparks eingerichtet und realisiert gemeinsam mit internationalen Organisationen umfassende Schutzprogramme für bedrohte Arten – ein Wettlauf mit der Zeit!
Vielen Menschen ist nicht klar, dass sie mit ihrem Verhalten unwiderbringlichen Schaden anrichten: Trotz staatlicher Verbote blüht der Handel mit tropischen Hölzern. Und tagtäglich enden seltene Tiere als Delikatesse oder „Heilmittel" – meist in chinesischen Mägen. Selbst hohe vietnamesische Funktionäre haben sich schon beim Jagen im Nationalpark erwischen lassen. Manche Vietnamesen/-innen besuchen gern die chinesischen Nachbarn, um sich gleich hinter der Grenze Dschungelfleisch zu gönnen. Kein Wunder, dass die armen Bergbewohner/innen nicht verstehen, warum ausgerechnet sie darauf verzichten sollen, Tiere aus ihrem Wald zu jagen.

Umweltschäden
1. Seit 1890 Zerstörung riesiger Waldflächen durch den **Steinkohle-Abbau** der Franzosen in Quang Ninh.
2. Vietnamkrieg (1962 bis zum Pariser Abkommen 1973): Die USA zerstören mit 80 Mio. Litern dioxinhaltiger Herbizide (davon 50 Mio. Liter des Entlaubungsmittels Agent Orange) 33 Mio. Hektar Wälder und Felder. Diese Flächen sind bis heute vergiftet. So wurden u. a. 50 % der Mangrovenwälder, die sich nicht allein regenerieren können, zerstört.
3. Die Folgen von Agent Orange: Bisher ca. 3 Mio. Opfer, 500.000 Menschen leiden heute an den Spätfolgen (v. a. Missbildungen, Immunschwäche, Krebs). Seit 2009 ist der 10. August Gedenktag für die Opfer von Agent Orange.

16

Arztbesuch

***chứng bệnh* (Krankheit)**
đau (wehtun, Schmerz)
đau đầu (Kopfschmerz)
đau bụng (Bauchschmerz)
đau răng (Zahnschmerzen)
cúm (Grippe)
gẫy xương (Knochenbruch)
dị ứng (Allergie)
bị ốm (krank sein)
thành ra ốm (krank werden)

Hilfe
phòng khám (Praxis)
bệnh viện (Klinik)
trung tâm y tế (Medizinisches Zentrum)
trạm xá, bệnh xá, trạm y tế (ländlicher Medpunkt)
khám bệnh (untersuchen)
chụp X-quang (Röntgen)
siêu âm (Ultraschall)
bệnh nhân (Patient)
cô/anh y tá (Krankenschwester/-pfleger)
y sĩ (Hilfsarzt)
bác sĩ (Arzt)
dược sĩ (Apotheker)
chữa/trị bệnh (behandeln)
khỏi bệnh (gesund werden)

Zwei Tage nach ihrer Rückkehr aus den Bergen bekommt Peggy Fieber. Sie fühlt sich richtig elend, also geht sie zum Arzt. In der Praxis zieht sie eine Nummer und setzt sich ins Wartezimmer. Als sie an der Reihe ist, grüßt sie respektvoll: *Xin chào bác sĩ ạ* (Guten Tag, Herr Doktor). Der Arzt ist angenehm überrascht. Er hat schon einige laute und schroffe *Tây* in seiner Sprechstunde erlebt. Umso mehr freut er sich über Peggy: *Chị bị làm sao?* (Was fehlt Ihnen?), fragt er liebenswürdig. *Tôi bị sốt ạ* (Ich habe Fieber), erklärt Peggy. Nach der Untersuchung kann er Peggy beruhigen: *Chị bị cảm* (Sie sind erkältet). Er zückt seinen Stift: *Tôi sẽ viết cho chị đơn thuốc* (Ich werde Ihnen ein Rezept schreiben).
Mit dem Rezept geht Peggy gleich weiter zur *Hiệu thuốc* (Apotheke). *Tôi muốn mua thuốc theo đơn này ạ* (Ich möchte Medizin nach diesem Rezept kaufen), sagt sie dem Apotheker. Nach einem Blick auf das *đơn thuốc* (Rezept) erklärt er lächelnd: *Rất tiếc, thuốc này phải được đặt trước* (Es tut mir leid, diese Medizin muss vorher bestellt werden). So ein Pech, denkt Peggy und fragt: *Tôi phải chờ bao lâu ạ?* (Wie lange muss ich warten?) Der Apotheker lächelt noch mehr: *Nhanh thôi* (Es geht ganz schnell), versichert er. *Sáng mai cô có thể đến lấy* (Morgen früh können Sie kommen, um es abzuholen).

Was fehlt Ihnen?

110

bác sĩ	Arzt, Doktor
bị	leiden, FW für Passivbildung
chị/anh bị làm sao?	was fehlt Ihnen?
thưa	Verehrter, Respektbekundung vor der Anrede
sốt	Fieber
đi chơi	Reise, reisen, spazieren gehen
vì sao?	warum?
vì … nên …	weil …, deshalb …
cảm	Erkältung
đo	messen
nhiệt độ	Temperatur
độ	Grad Celsius
đơn thuốc	Rezept

■ Xin chào bác sĩ ạ.	Guten Tag, Herr Doktor.
● Chào chị. Chị bị làm sao?	Guten Tag, die Dame. Was fehlt Ihnen?
■ Tôi bị sốt.	Ich habe Fieber.
● Chị bị sốt từ bao giờ?	Seit wann haben Sie Fieber?
■ Từ hai hôm rồi ạ.	Schon seit zwei Tagen.
● Vì sao chị bị sốt?	Warum haben Sie Fieber?
■ Vì tôi đi ngoài trời không đội mũ nên bị cảm ạ.	Weil ich draußen ohne Hut gegangen bin, deshalb bin ich erkältet.
● Chị đo nhiệt độ đi!	Bitte messen Sie doch Fieber!
■ Thưa bác sĩ, vâng ạ. Ba mươi tám độ rưỡi ạ.	Ja, verehrter Doktor. 38,5 Grad Celsius.
● Chị bị cảm. Tôi sẽ viết cho chị đơn thuốc.	Sie sind erkältet. Ich werde Ihnen ein Rezept schreiben.

Kausalsätze
Frage: *Vì/Tại sao …?* (Warum … ?)
Vì/Bởi vì …, nên/cho nên … (Weil …, deshalb …)
***Vì sao** Peggy học tiếng Việt?* (**Warum** lernt Peggy Vietnamesisch?)
***Vì** chị ấy muốn làm việc ở Vietnam.* (**Weil** Peggy in Vietnam arbeiten möchte.)
***Tại sao** Peggy bị sốt?* (**Warum** hat Peggy Fieber?)
***Bởi vì** chị ấy đi ngoài trời không đội mũ **cho nên** bị cảm.* (**Weil** sie ohne Hut draußen gegangen ist, **deshalb** ist sie erkältet.)

Adjektiv-Paare: Menschen
khỏe (gesund, stark) – *yếu* (schwach), *trẻ* (jung) – *già* (alt), *cao, to* (groß) – *thấp, lùn, bé* (klein), *béo* (dick) – *gầy* (schlank)
Frauen: *đẹp, xinh gái* (hübsch) – *xấu gái* (hässlich)
Männer: *đẹp trai* (schön) – *xấu trai* (hässlich)

Körperteile:
mặt (Gesicht), *mắt* (Auge), *tai* (Ohr), *mũi* (Nase), *miệng, mồm* (Mund), *họng* (Kehle), *cổ* (Hals), *vai* (Schulter), *ngực* (Brust), *vú* (Frauenbrust), *bụng* (Bauch), *lưng* (Rücken), *cột sống* (Wirbelsäule), *hông* (Hüfte), *mông* (Gesäß), *cánh tay* (Arm), *tay, bàn tay* (Hand), *ngón tay* (Finger), *chân* (Bein), *bàn chân* (Fuß), *ngón chân* (Zeh), *phổi* (Lunge), *tim* (Herz), *dạ dày* (Magen), *gan* (Leber), *thận* (Niere), *mật* (Galle), *ruột/tràng* (Darm)

Übungen

ngo (*ngo ngoe* = sich bewegen, sich regen), *ngò* (*rau ngò*, südliche Variante von *rau mùi*), *ngó* (anblicken), *ngọ* (Pferd), *ngỏ* (offen, öffnen), *ngõ* (Gasse)

1. Das Pferd blickt den Koriander an

111

1. ng**o** – ng**ò** – ng**o**
2. ng**ò** – ng**ó** – ng**o**
3. ng**ó** – ng**ọ** – ng**o**
4. ng**ọ** – ng**ỏ** – ng**o**
5. ng**ỏ** – ng**õ** – ng**o**
6. ng**õ** – ng**o** – ng**ò**

Die letzten Variationen mit ***uyê***. *Nguyễn Du* (1765 bis 1820) schrieb das vietnamesische Nationalepos *Truyện Kiều* (Geschichte des Mädchens Kieu).

2. Ein Roman von Nguyễn Du

112

1.	**uyễn:**	Ng**uyễn**	giã nh**uyễn**	hen s**uyễn**	tr**uyền** thuyết
2.	**uyết:**	t**uyết**	q**uyết** tâm	tiểu th**uyết**	nhiệt h**uyết**
3.	**uyệt:**	t**uyệt** vời	ngon t**uyệt**	quỷ q**uyệt**	t**uyệt** vọng

Beantworten Sie die Fragen mit den vorgegebenen Wortgruppen:
tiện lợi (bequem, vorteilhaft)

3. Wieso, weshalb, warum?

sốt cao – tiện lợi – mát – ngoài trời không đội mũ – đau lưng quá

1. Tại sao người Sài gòn thích uống cà phê đá?
   Vì cà phê đá rất ________.
2. Vì sao nhiều người Hà nội đi lại bằng xe máy?
   Vì đi xe máy rất ________.
3. Tại sao Peggy bị cảm? Vì Peggy đi ________________.
4. Tại sao anh ấy phải đi khám? Vì anh ấy bị __________.
5. Vì sao ông ấy cần uống thuốc. Vì ông ấy ____________.

Patienten im Wartezimmer kommen leicht ins Schwatzen. Welche Sätze passen zusammen? Bitte sortieren Sie!

4. Neugierde

1. Peggy bị làm sao?	a ☐	Bởi vì chị ấy bị ốm.
2. Tại sao chị ấy không đi làm?	b ☐	Có, cô ấy là y tá.
3. Peggy đi đâu?	c ☐	Có, Peggy đã đi rồi.
4. Cô Lan có phải là y tá không?	d ☐	Peggy bị sốt.
5. Peggy đã đi hiệu thuốc chưa?	e ☐	Peggy đi khám bệnh.

Da hat es Sie ja schwer erwischt! Sagen Sie, woran Sie leiden!

5. Was für ein schwerer Fall!

113

*Tôi bị **đau đầu.***
1. đau đầu
2. đau bụng
3. sốt cao
4. bỏng
5. viêm họng

Die Apotheke ist täglich geöffnet

▶ 114

thuốc	Medizin, Medikamente
theo	nach (dem/der), gemäß
rất tiếc!	es ist schade!, es tut mir leid!
được	FW zur Passivbildung
nếu … thì …	wenn …, dann …
chờ	warten
nhanh	schnell
lấy	abholen
hiệu thuốc	Apotheke
mở cửa	die Tür aufmachen, hier: geöffnet
đóng cửa	die Tür zumachen, hier: geschlossen
cả … lẫn …	sowohl … als auch …

■ Chào ông. Tôi muốn mua thuốc theo đơn này ạ.	Guten Tag, mein Herr. Ich möchte Medizin nach diesem Rezept kaufen.
● Rất tiếc, thuốc này phải được đặt trước. Nếu cô muốn thì tôi sẽ đặt mua cho cô.	Es tut mir leid, dieses Medikament muss vorher bestellt werden. Wenn Sie möchten, werde ich (es) für Sie bestellen.
■ Tôi phải chờ bao lâu ạ?	Wie lange muss ich warten?
● Nhanh thôi. Sáng mai cô có thể đến lấy.	Es geht schnell. Morgen früh können Sie es abholen kommen.
■ Ngày mai hiệu thuốc mở cửa và đóng cửa lúc mấy giờ ạ?	Um welche Uhrzeit ist die Apotheke morgen geöffnet und geschlossen?
● Hàng ngày hiệu thuốc mở cửa từ chín giờ sáng đến năm giờ chiều. Cả thứ bẩy lẫn chủ nhật.	Die Apotheke ist täglich von 9:00 Uhr vormittags bis 5:00 Uhr nachmittags geöffnet. Sowohl samstags als auch sonntags.

Passiv
được (werden) und ***bị*** (leiden, ertragen) als FW stehen immer vor dem Verb.
1. Neutrale und positive Vorgänge mit ***được:*** *Thuốc này phải **được** đặt trước.* (Diese Medizin muss vorher bestellt **werden**.)
Peggy ***được*** *khen.* (Peggy **wird** gelobt.)
2. Negative Vorgänge mit ***bị****: Peggy **bị** cảm.* (Peggy **leidet** an einer Erkältung.)

Bedingungssatz
Nếu … (Nebensatz) ***thì …*** (Hauptsatz) (**Wenn** …, **dann** …) ***Nếu** trời nóng quá **thì** em thích ăn kem.* (**Wenn** es zu heiß ist, **dann** esse ich gern Eis.) Gibt es in beiden Satzteilen nur ein Subjekt, kann es in einem Satzteil weggelassen werden: ***Nếu cô** bị sốt cao **thì** phải uống nước nhiều. = **Nếu** bị sốt cao **thì cô** phải uống nước nhiều.* (**Wenn** Sie hohes Fieber haben, **(dann)** müssen Sie viel Wasser trinken.) Wenn der Nebensatz im 2. Teil des Satzes steht, fällt *thì* im Hauptsatz weg. *Chị phải đến bác sĩ, **nếu** bị sốt cao.* (Sie müssen zum Arzt gehen, **wenn** Sie hohes Fieber haben.)

Sowohl … als auch …
1. *cả … lẫn …:*
*Peggy rất thích ăn **cả** Chả cá **lẫn** nem rán.* (Peggy isst gerne **sowohl** Cha ca **als auch** Frühlingsrollen.)
2. *kể cả … cũng như …:*
*Hiệu thuốc mở cửa **kể cả** thứ bảy **cũng như** chủ nhật.*

Übungen

ngô (Mais, *Ngô* = Familienname), *ngồ* (*ngồ ngộ* = kurios), *ngố* (dumm), *ngộ* (*ngộ nhận* = Irrtum), *ngổ* (*ngổ ngáo* = frech), *ngỗ* (*ngỗ nghịch* = wild, ungehorsam)

1. Der wilde Ngô sieht komisch aus

115

1. ng**ô** – ng**ồ** – ng**ô**
2. ng**ồ** – ng**ố** – ng**ô**
3. ng**ố** – ng**ộ** – ng**ô**
4. ng**ộ** – ng**ổ** – ng**ô**
5. ng**ổ** – ng**ỗ** – ng**ô**
6. ng**ỗ** – ng**ô** – ng**ồ**

Oho, die schwierigsten vietnamesischen Laute! In offenen Silben mit drei Vokalen trägt der zweite Vokal das Tonzeichen! Hier die ersten drei.

2. Miu, miezt die Mieze

116

1.	**iêu:**	nh**iều**	h**iểu**	bao nh**iêu**	giới th**iệu**
2.	**yêu:**	**yếu**	tình **yêu**	**yêu** cầu	**yểu** điệu
3.	**oai:**	uể **oải**	nước ng**oài**	điện th**oại**	kh**oai** tây

Was man so hört im Wartezimmer. Sie verstehen es sicher, nicht wahr? Übersetzen Sie!
sốt cao (hohes Fieber)
thuốc giảm đau (Schmerzmittel)

3. Patientengeschichten

1. Er hat hohes Fieber und Kopfschmerzen.
2. Peggy wird vom Arzt Fieber gemessen.
3. Die Apotheke ist von 9:00 Uhr vormittags bis 5:00 Uhr nachmittags geöffnet.
4. Dieses Medikament muss vorher bestellt werden.
5. Weil sie Rückenschmerzen hat, kauft sie Schmerzmittel.

Eine Übersetzung mit Bedingungssätzen, diesmal ins Deutsche.
uống thuốc (Medizin einnehmen)

4. Wenn alle Stricke reißen

1. Nếu chị uống thuốc này hàng ngày thì sẽ khỏi bệnh.
2. Nếu bị ốm thì anh Dũng không thể đi làm được.
3. Nếu không có thuốc thì cô phải đi mua thôi.
4. Nếu hiệu thuốc không mở cửa thì tôi mua thuốc ở đâu?
5. Nếu bị sốt cao, thì chị làm thế nào?

Eine kleine Wiederholung zu *vì ... nên ...* aus 16A. Bitte ergänzen Sie!
nghỉ (ausruhen, erholen)
nghỉ ốm (wegen Krankheit nicht arbeiten)

5. Ach so, deshalb

nghỉ ốm – mệt quá – bị đau bụng – tự chữa bệnh – vào hiệu thuốc

1. Vì đang bị sốt cao, nên Peggy phải ______________.
2. Vì đi chơi nhiều, nên anh Phong ______________.
3. Vì đã ăn nhiều kem quá, nên cháu Sơn______________.
4. Vì không thích đi khám bệnh, nên bà già cần ______________.
5. Vì cần mua thuốc, nên Peggy đi ______________.

Gesundheitswesen

16

Am Ende der Kolonialzeit 1945 gab es in der neugegründeten DR Vietnam fünf Mio. Malariakranke, 640.000 TBC-Kranke, 12.000 Leprakranke und eine Säuglingssterblichkeit von etwa 50 %. Fast die gesamte Bevölkerung litt an Darmparasiten, 80 % an infektiösen Augenkrankheiten. Während der mörderischen japanischen Besatzung (1944–45) verhungerten in Nordvietnam zwei Mio. Menschen. Der sich anschließende, drei Jahrzehnte dauernde Kampf um die Bewahrung der Unabhängigkeit forderte etwa fünf Mio. Menschenleben und hinterließ noch einmal so viele Mio. Kriegsversehrte.
Der Aufbau des vietnamesischen Gesundheitswesens erfolgte also unter schwierigsten Bedingungen. Dabei griff man auch auf Verfahren der traditionellen vietnamesischen Heilkunde zurück, die während der Kolonialherrschaft von der europäischen Schulmedizin verdrängt worden war. Die Kombination von vietnamesischer, chinesischer und westlicher Medizin wird bis heute praktiziert – mit beachtlichem Erfolg: Viele Krankheiten wurden zurückgedrängt, und das bei einem Bevölkerungswachstum von 18 Mio (1950) auf heute über 100 Mio. Menschen. Mit Hygienekampagnen und Impfaktionen begann der letztlich erfolgreiche Kampf gegen infektiöse Augenkrankheiten, Malaria, TBC, Typhus, Cholera, Lepra und Pest. Heute liegt die Lebenserwartung bei 76 Jahren (2024). Zu den jüngsten Fortschritten gehört die schrittweise Einführung einer staatlichen Krankenversicherung, der inzwischen 94 % der Bevölkerung angehören. Leider deckt diese nicht alle Leistungen ab. Die konsequente Bekämpfung von Vogelgrippe und SARS brachte dem Land sogar internationales Lob ein.

Zivilisationsbringer:
Nach der Eroberung Vietnams durch die Franzosen bestand deren erste gesundheitspolitische Maßnahme darin, ein Ambulatorium für Prostituierte einzurichten. Die zweite Maßnahme: Abschaffung des seit dem 15. Jahrhundert etablierten Gesundheitssystems.

Zahlen und Fakten:
Vietnam stellt rund 5 % seines BIP für das Gesundheitswesen zur Verfügung. 80 % der Kosten werden von den Patienten selbst getragen.

T Test 4

Tja, wie hieß doch gleich dieser Reis? Und was war mit den Prozentangaben? Aus Gemeinheit haben alle Lösungsvarianten eine echte Bedeutung. Sie sollen die hier passende finden!

1. Welche Antwort stimmt?

1. In den einfachen Speiselokalen kann man … essen.
   a ☐ *cơm phần*
   b ☐ *cơm bẩn*
   c ☐ *cơm lam*
2. Die berühmten *nem* sind …
   a ☐ handgewebte Stoffe der Bergvölker.
   b ☐ besonders haltbare Flechtmatten.
   c ☐ Reispapierröllchen mit Füllung.
3. Die durchschnittliche Lebenserwartung in Vietnam beträgt …
   a ☐ 55 Jahre.
   b ☐ 76 Jahre.
   c ☐ 81 Jahre.
4. Das vietnamesische Festland besteht zu …
   a ☐ 75 % aus Wäldern und Bergen.
   b ☐ 50 % aus Mangrovenwäldern.
   c ☐ 30 % aus Nationalparks.
5. Die größte Gefahr für die vietnamesische Regenwälder sind …
   a ☐ saurer Regen und Stickstoffdünger.
   b ☐ Taifune und Schädlinge.
   c ☐ illegaler Holzeinschlag und Brandrodung.
6. Vietnamesische Ärzte arbeiten mit …
   a ☐ ausschließlich moderner westlicher Schulmedizin.
   b ☐ vietnamesischen, chinesischen und westlichen Heilmethoden.
   c ☐ traditionellen asiatischen Verfahren.

Das ist ja nun wieder leicht! Nur noch ein wenig zuordnen …

2. Fragen und Antworten

1. Đây có phải là tỏi không?	a ☐ Có, tôi rất thích ăn nem.
2. Chị có bị sốt không?	b ☐ Có, tôi bị sốt cao.
3. Chị có thích ăn nem không?	c ☐ Không, đây là hành tây.
4. Tại sao anh bị đau bụng?	d ☐ Tôi muốn thuê xe mô tô to.
5. Một cân thịt bò giá bao nhiêu?	e ☐ Đúng, bà Hoa là bác sĩ.
6. Bà Hoa là bác sĩ, phải không?	f ☐ Hai trăm nghìn đồng.
7. Cô muốn uống gì ạ?	g ☐ Vì tôi uống nhiều bia hơi quá.
8. Anh muốn thuê xe loại nào?	h ☐ Xin chị cho tôi một ly sinh tố.

3. Was fehlt?

Was passt in die Lücken? Vervollständigen Sie die Sätze mit Hilfe der angegebenen Möglichkeiten. Achtung: Schauen Sie genau hin, denn hier geht es um die kleinen, aber feinen Unterschiede!

1. Phở ăn càng nóng ... ngon.
   a ☐ còn
   b ☐ càng
   c ☐ thì
2. Peggy học tiếng Việt ... làm gì?
   a ☐ và
   b ☐ mà
   c ☐ để
3. Tôi ... đi Việt Nam bao giờ.
   a ☐ sẽ
   b ☐ chưa
   c ☐ luôn
4. Trước ... lên núi, Hùng và Peggy thuê xe mô tô.
   a ☐ gì
   b ☐ khỉ
   c ☐ khi
5. Vì bị cảm, cho ... Peggy đi khám bệnh.
   a ☐ mềm
   b ☐ nên
   c ☐ lên
6. Ông Nam ... đau bụng.
   a ☐ bị
   b ☐ được
   c ☐ có

4. Wie sagt man das auf Vietnamesisch?

Glückwunsch! Sie können sich nun über typische Spezialitäten austauschen, für Ihr leibliches Wohl sorgen, ein Fahrzeug mieten, E-Mails versenden und ein Gespräch mit dem Arzt führen.

1. Bringen Sie mir eine Flasche Mineralwasser!
2. Ich möchte eine Schüssel Pho mit Rindfleisch essen.
3. Wie viel kostet Pho mit Huhn?
4. Gebratene Frühlingsrollen schmecken sehr gut.
5. Wir wollen ein Motorrad mieten.
6. Ich möchte eine E-Mail schreiben.
7. Ich habe Kopfschmerzen und Fieber.
8. Wann macht die Apotheke auf?

17

Zahnschmerzen

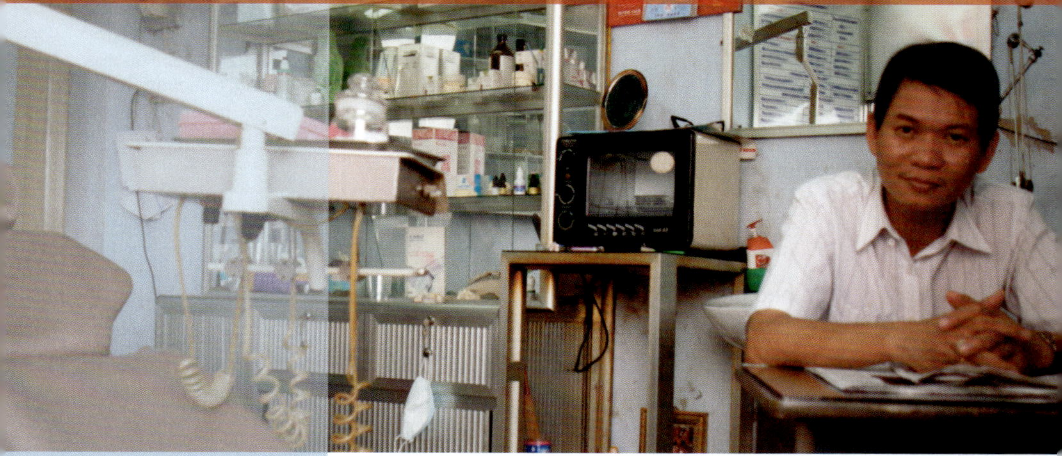

bác sĩ … (Ärzte)
… đa khoa (Allg. Arzt)
… răng = nha sĩ (Zahnarzt)
… mắt (Augenarzt)
… nội khoa (Inn. Medizin)
… ngoại khoa (Chirurg)
… sản khoa-phụ khoa (Frauenarzt)

Behandlungsmethoden
tiêm (spritzen)
mổ (operieren)
cắt (schneiden, entfernen)
thử máu (Blutprobe machen)
xét nghiệm (Befund)

***Các môn thể thao* (Sportarten)**
chạy (laufen)
đi bộ (gehen)
bóng đá (Fußball)
bóng chuyền (Volleyball)
tập thể dục (Gymnastik)

***Các môn nghệ thuật* (Kunstrichtungen)**
nhiếp ảnh (Fotografie)
điện ảnh (Filmkunst)
phim = chiếu bóng (Film)
hội họa (Malerei)
âm nhạc (= nhạc) (Musik)

Ein Unglück kommt selten allein: Nachdem Peggys Fieber weg ist, bekommt sie plötzlich Zahnschmerzen. Deshalb kann sie heute wieder nicht zur Arbeit gehen, sondern muss zum Zahnarzt. Dieser diagnostiziert: *Cô bị sâu một cái răng* (Sie haben Karies in einem Zahn) und ein wenig *viêm lợi* (Zahnfleischentzündung). Peggy ahnt Böses: *Cái răng sâu sẽ bị khoan* (Der kariöse Zahn muss gebohrt werden), eröffnet ihr der Zahnarzt mit einem beruhigenden Lächeln. Nach einer kurzen und fachmännischen Behandlung fragt die Patientin: *Còn viêm lợi thì sao ạ?* (Und was ist mit der Zahnfleischentzündung?) Der Arzt schreibt ein Rezept aus. *Cô uống thuốc này hàng ngày trong ba ngày* (Sie nehmen dieses Medikament täglich drei Tage lang ein), *mỗi ngày hai lần* (täglich zweimal), *mỗi lần ba viên* (jeweils drei Tabletten), erklärt er ihr. Schließlich überreicht er Peggy noch eine *giấy cho phép nghỉ ốm* (Krankschreibung). Auf Anraten ihres Arztes joggt Peggy neuerdings täglich um den *Thành Công*-See in der Nähe ihrer Wohnung. Heute wird sie von einem jungen Vietnamesen angesprochen, den sie schon einige Male gesehen hat, wenn beide ihre Runden drehen. Der junge Mann erklärt: *Chạy là môn thể thao ưa thích của tôi* (Laufen ist mein Lieblingssport). Peggy kann ihm nur zustimmen: *Tôi cũng thích chạy* (Ich jogge auch gern), sagt sie. *Ngoài ra tôi biết bơi nhưng không biết đi xe máy* (Außerdem kann ich schwimmen, aber nicht Moped fahren), ergänzt sie.

Dreimal täglich

▶ 117

nằm lên	sich (hin-)legen (auf)
đau răng	Zahnschmerzen
từ … nay	von … bis jetzt
há to miệng/mồm	Mund weit aufmachen
ra	heraus, hinaus
sâu (răng)	Karies
viêm (viêm lợi)	Entzündung (hier: Zahnfleischentzündung)
khoan (răng)	bohren
thì sao?	was ist (los mit …)?
nên	sollen
uống thuốc	Medizin einnehmen
viên	Tablette

■ Xin chào bác sĩ ạ.	Guten Tag, Herr Doktor.
● Chào cô. Mời cô nằm lên ghế này. Cô bị đau răng từ bao giờ?	Guten Tag, junge Dame. Bitte legen Sie sich auf diesen Stuhl. Seit wann haben Sie Zahnschmerzen?
■ Tôi bị đau răng từ hai ngày nay ạ.	Ich habe seit zwei Tagen Zahnschmerzen.
● Xin cô há to miệng ra! Cô bị sâu một cái răng và viêm lợi. Cái răng sâu sẽ bị khoan.	Bitte machen Sie den Mund weit auf! Sie haben Karies in einem Zahn und eine Zahnfleischentzündung. Der kariöse Zahn wird gebohrt werden.
■ Còn viêm lợi thì sao ạ?	Und was ist mit der Zahnfleischentzündung?
● Tôi sẽ viết cho cô đơn thuốc. Cô nên uống thuốc này hàng ngày trong ba ngày, mỗi ngày hai lần, mỗi lần ba viên.	Ich werde Ihnen ein Rezept schreiben. Sie sollen diese Medizin täglich drei Tage lang einnehmen, zweimal pro Tag, jeweils drei Tabletten.

nằm lên (sich legen)
nằm (liegen)
lên (hinauf-, einsteigen)

từ … nay (von … bis jetzt):
***Từ** ba ngày **nay** tôi bị sốt cao.* (**Seit** 3 Tagen habe ich hohes Fieber.)

Zweimal *mỗi*
1. *mỗi* (pro):
***mỗi** ngày 2 lần*
(2 Mal **pro** Tag/täglich)
2. *mỗi* (jede/-er/-es):
***mỗi** lần 3 viên*
(**jedes** Mal 3 Tabletten)

In der Arztpraxis
Anh bị đau ở đâu? (Wo haben Sie Schmerzen?)
Bà bị đau gì? (Was haben Sie für Schmerzen?)
Tôi bị đau bụng và tiêu chảy (đi ỉa chảy). (Ich habe Bauchschmerzen und Durchfall.)
Tôi cảm thấy khó chịu. (Ich fühle mich nicht wohl.)
Tôi bị thương. (Ich bin verletzt.)
Tôi bị mất ngủ. (Ich leiden fehlen schlafen. = Ich leide an Schlaflosigkeit.)
Tôi bị dị ứng với … (Ich bin allergisch gegen …)
Xin anh cởi quần áo ra! (Bitte ziehen Sie sich aus!)
Anh được nghỉ ốm hai ngày. (Sie sind 2 Tage krankgeschrieben.)
Thuốc này không uống được, chỉ bôi được thôi. (Diese Medizin ist nicht zum Einnehmen, sondern nur zum Einreiben.)

Übungen

ngơ (*ngơ ngác* = verblüfft), *ngờ* (*nghi ngờ* = verdächtigen, bezweifeln), *ngớ* (*ngớ ngẩn* = einfältig), *ngợ* (*ngờ ngợ* = verzweifeln, zweifelhaft), *ngở*, (südl. für *ngỡ*), *ngỡ* (= *nghĩ* = denken, glauben, meinen)

1. Verblüfft über den Verdacht

▶ 118

1. ng**ơ** – ng**ờ** – ng**ơ**
2. ng**ờ** – ng**ớ** – ng**ơ**
3. ng**ớ** – ng**ợ** – ng**ơ**
4. ng**ợ** – ng**ở** – ng**ơ**
5. ng**ở** – ng**ỡ** – ng**ơ**
6. ng**ỡ** – ng**ơ** – ng**ờ**

Hier sind noch fünf weitere Varianten der schwierigsten Laute.

2. Hui, der Louis

▶ 119

1.	**uai:**	q**uai** nón	yêu q**uái**	quả q**uại**	q**uái** đản
2.	**ueo:**	quả q**uéo**	quắt q**ueo**	q**uẹo** trái	q**uẹo** phải
3.	**uôi:**	t**uổi**	b**uổi** sáng	c**uối** cùng	quả ch**uối**
4.	**ươi:**	ng**ười**	mát r**ượi**	tức t**ưởi**	hai m**ươi**
5.	**uao/-u, uâu, uêu:**		q**uều** q**uào**	q**uàu** q**uạu**	q**uào** q**uấu**

Bitte übersetzen Sie!

3. Sind denn hier alle krank?

1. Từ ba hôm nay, anh Dũng bị đau đầu.
2. Từ hai hôm nay, chị Hoa bị đau răng.
3. Cô Lan phải uống thuốc mỗi ngày ba lần.
4. Ông Lai tập thể dục mỗi ngày một lần.
5. Hôm nay chị Peggy đã khỏi bệnh rồi.

Was für eine Gängelei: Finden Sie heraus, welche Ergänzung wohin passt.
pê ni xi lin (Penizillin)
nhanh (schnell)

4. Du sollst, du sollst nicht …

khám bệnh – quyển từ điển – xe mô tô – uống thuốc pê ni xi lin

1. Bà Nga nên đi ____________ mỗi tuần một lần.
2. Anh Sơn không nên đi ____________ nhanh quá.
3. Ông Phong nên mua ____________ kia.
4. Anh Cường không nên ____________.

Wir wünschen Ihnen natürlich beste Gesundheit. Doch für alle Fälle sollten Sie auch Sätze wie diese hier übersetzen können.

5. Herr Doktor!

1. Ich habe Kopfschmerzen.
2. Mir tut der Rücken weh.
3. Ich habe Zahnschmerzen.
4. Ich habe eine Allergie.
5. Ich brauche Medizin.

Ich jogge auch gerne

▶ 120

lâu	lange
vừa mới	erst, gerade
chạy	laufen, rennen, joggen
môn	Fach, Bereich, Art
ưa thích	Lieblings-, Hobby
bơi	schwimmen
chơi	spielen, ausüben, (Sport) treiben
đá bóng	Fußball spielen
nhạc	Musik
đàn Ghi ta	Gitarre
thỉnh thoảng	manchmal, ab und zu

● Chào chị.	Guten Tag, junge Dame.
■ Chào anh.	Guten Tag, junger Herr.
● Chị đến Việt nam lâu chưa?	Sind Sie schon lange in Vietnam?
■ Tôi vừa mới đến Việt nam hai tháng trước, anh ạ. Anh chạy ở đây hàng ngày à?	Ich bin erst vor zwei Monaten in Vietnam angekommen. Joggen Sie hier täglich?
● Vâng. Chạy là môn thể thao ưa thích của tôi. Còn chị, chị thích môn thể thao nào?	Ja. Joggen ist mein Lieblingssport. Und Sie, welche Sportart mögen Sie?
■ Tôi cũng thích chạy. Ngoài ra tôi biết bơi nhưng không biết đi xe máy. Anh biết chơi những môn thể thao nào?	Ich jogge auch gern. Außerdem kann ich schwimmen, aber Moped fahren kann ich nicht. Welche Sportart können Sie (ausüben)?
● Tôi thích đá bóng. Tôi cũng thích nghe nhạc. Chị có thích nhạc không?	Ich spiele gern Fußball. Ich höre auch gerne Musik. Mögen Sie Musik?
■ Có, tôi chơi được đàn Ghi ta. Thỉnh thoảng tôi đi nghe nhạc ở Nhà hát Lớn Hà nội.	Ja, ich kann Gitarre spielen. Manchmal gehe ich Musik hören im großen Opernhaus (in/von) Hanoi.

Zeitangaben bei Verben

1. ***thường, hay*** (oft):
Vào thứ bảy tôi ***thường*** *đi xem phim.* (Samstags gehe ich **oft** Filme ansehen = ins Kino.)
Vào mùa hè Peggy ***hay*** *mặc váy ngắn.* (Im Sommer trägt Peggy **oft** kurze Röcke.)

2. ***thường xuyên, thường thường, luôn, luôn luôn*** (regelmäßig):
Peggy ***thường xuyên*** *viết thư điện tử cho bố mẹ.* (Peggy schreibt **regelmäßig** eine E-Mail an die Eltern.)

Die FW von 1. und 2. stehen zwischen Subjekt und Prädikat.

3. ***thỉnh thoảng, đôi khi, ít khi*** (manchmal, ab und zu), ***hiếm khi*** (selten), ***không bao giờ*** (niemals) stehen zwischen Subjekt und Prädikat oder am Satzanfang:
Thỉnh thoảng *tôi đi xem đá bóng ở sân vận động.* = *Tôi* ***thỉnh thoảng*** *đi xem ...* (**Manchmal** gehe ich ins Stadion, um Fußball zu sehen.)
Hiếm khi *tôi đi nghe nhạc ở Nhà hát Lớn Hà nội.* (**Selten** gehe ich Musik hören/zum Konzert ins Opernhaus Hanoi.)
Không bao giờ *tôi đi xem quần vợt.* (**Niemals** gehe ich Tennis anschauen.)

Funktionswörter

1. ***vừa*** (vor Kurzem eine Handlung angefangen): *Tôi* ***vừa*** *bắt đầu làm việc.* (Ich fange die Arbeit **eben** an.)

2. ***vừa mới*** (erst, gerade): *Tôi* ***vừa mới*** *bị cảm hôm qua.* (Ich bin **erst** seit gestern erkältet.)

Übungen

ghe (südl. für *thuyền* = Boot), *ghè* (abbrechen, schlagen), *ghé* (anlegen, anlaufen), *ghẹ* (*con ghẹ* = *con cua* = Krabbe), *ghẻ* (Krätze), *ghẽ* (*gọn ghẽ* = geregelt)

1. Ein Boot mit Krabben legt an ▶ 121

1. gh**e** – gh**è** – gh**e**
2. gh**è** – gh**é** – gh**e**
3. gh**é** – gh**ẹ** – gh**e**
4. gh**ẹ** – gh**ẻ** – gh**e**
5. gh**ẻ** – gh**ẽ** – gh**e**
6. gh**ẽ** – gh**e** – gh**è**

Hier sind die letzten Varianten: Die Silbe mit ***y*** am Ende wird kurz gesprochen.

2. Oh!, ei! ▶ 122

1. **ươu:**	con h**ươu**	r**ượu** nho	b**ướu** cổ	r**ượu** nếp
2. **oay:**	hí h**oáy**	lốc x**oáy**	l**oay** h**oay**	ngọ ng**oạy**
3. **uay:**	con q**uay**	lăn q**uay**	q**uay** lại	q**uay** quắt
4. **uây:**	q**uầy** báo	xúi q**uẩy**	q**uấy** quả	q**uây** quần
5. **uya/-u:**	kh**uya**	ngã kh**uỵu**	kh**uỵu** xuống	kh**uỷu** tay

Sie treffen auf Sportfans. Derlei Sätze könnten dabei gewechselt werden.

3. Sportskanonen

1. Ich jogge nur.
2. Gehst du gern schwimmen?
3. Nein, ich schwimme nicht gerne.
4. Ich sehe gern Fußball, aber ich spiele nicht gerne Fußball.
5. Und ich, ich fahre gern Fahrrad.

Welche Frage passt zu welcher Antwort? Ordnen Sie zu.

4. Oft – manchmal – nie

1. Anh thường đi xem hát à?
2. Chị thỉnh thoảng xem bóng đá à?
3. Cô đã đi Lào bao giờ chưa?
4. Anh hay uống chè xanh à?
5. Chị thường xuyên bị đau đầu à?

a ☐ Chưa, tôi chưa bao giờ đi Lào.
b ☐ Đúng, hàng tuần tôi đi xem hát.
c ☐ Đúng, tôi thường uống chè xanh.
d ☐ Không, tôi hiếm khi bị đau đầu.
e ☐ Không, tôi không thích bóng đá.

Bilden Sie sinnvolle Sätze!

5. Sie kann dies, er versteht das

viết tiếng Việt – đá bóng – nhổ răng – đi xe máy – chơi đàn ghi ta

1. Chị Peggy vừa mới biết ______________.
2. Cô Thu không biết ______________.
3. Bác sĩ nha khoa biết ______________.
4. Em bé chưa biết ______________.
5. Anh Việt biết ______________.

Bildungsstreben

17

Bildung hat in Vietnam einen sehr hohen Stellenwert. Jahrhundertelang war sie die wichtigste Voraussetzung für sozialen Aufstieg. Bis heute wird der gerade Weg zum Hochschulabschluss als unabdingbar für eine sichere Zukunft des Kindes betrachtet. „Lern halt fleißiger!", lautet denn auch die gängige Antwort vietnamesischer Eltern auf Schulprobleme ihrer Kinder. Sie entspricht der tief verwurzelten Ansicht, Lernen sei eine reine Fleißfrage und jeder könne es schaffen, wenn er nur lang und hart genug arbeitet. Entsprechend groß ist der Druck, der auf vietnamesischen Schülern lastet. Freizeitvergnügen? Gerne, aber bitte nur „nützliche" Hobbys wie Japanisch, Klavier oder Geige, sofern sich die Eltern den zusätzlichen Unterricht leisten können. Man verlässt sich nicht allein auf einen guten Schulabschluss. Mit aller Kraft versuchen die Familien, die Chance ihres Kindes auf einen der begehrten Studienplätze zu erhöhen. Auch in armen Familien ist die häufigste Frage an Töchter und Söhne: *Con học bài chưa?* (Hast du deine Aufgabe/-n schon gemacht?) Für jede Familie ist das größte Glück der Schulerfolg ihrer Kinder. Doch diese müssen oft nebenher zum Familieneinkommen beitragen, deshalb manchmal sogar die Schule aufgeben. Ab und zu gründen engagierte Lehrer *lớp tình nghĩa* (Klassen der Sympathie) und unterrichten unentgeltlich „berufstätige" Schüler. Wo es solches Engagement nicht gibt, teilen die Kinder meist das Schicksal ihrer Eltern und müssen sich als Ungelernte durchschlagen.

Das alte Vietnam war eine **Vier-Stände-Gesellschaft**: Am angesehensten waren *sĩ* (Gelehrte) und *nông* (Bauern). Dann kamen *công* (Handwerker). Ganz unten in der Rangordnung standen die *thương* (Händler).
Heute hört man aber auch oft die Redewendung *Phi thương bất phú* (Ohne Handel wird man nicht reich).

Zahlen und Fakten

– Hochschuleinrichtungen: 70 % staatlich, 30 % privat
– Insgesamt 460 Universitäten, Hochschulen und Fachhochschulen
– ca. 2,3 Mio. Studenten. Die übergroße Mehrheit erwirbt nur den Bachelor – meist aufgrund wirtschaftlicher Zwänge.
– Eine wachsende Zahl junger Vietnamesen/-innen absolviert ein Studium im Ausland. Auch deshalb sind Englisch, Französisch, Japanisch und Chinesisch die beliebtesten Fremdsprachen bei jungen Leuten.

18

Behördengänge

***Các mục đích đến Việt nam* (Einreisezweck)**
đi du lịch (Tourismus)
thực tập (Praktikum)
thăm thân (Verwandtenbesuch)
đi công tác (Arbeitsaufenthalt)
du học (Studium)

***Công an* (Polizei)**
Công an địa phương (örtliche Polizeibehörde)
công an phường/xã (Polizeibehörde der Gemeinde/auf dem Land)
Cảnh sát giao thông (Verkehrspolizei)
Cảnh sát hình sự (Kriminalpolizei)
đơn xin (Antrag)
giấy phép (Genehmigung)
tiền phạt (Geldstrafe)
luật sư (Rechtsanwalt)
Đại sứ quán (Botschaft)
Lãnh sự quán (Konsulat)

Heute muss Peggy nach der Arbeit zur *Công an phường* (Polizei des Stadtviertels/Ortsteils). Dort will sie sich für die Zeit ihres Aufenthaltes ordnungsgemäß *đăng ký tạm trú* (polizeilich anmelden). Ihren *hộ chiếu* (Pass) hat sie natürlich dabei. Vorsichtshalber hat sie auch den *hợp đồng thuê nhà* (Mietvertrag), den sie mit Herrn Thông geschlossen hat, mitgenommen. Als sie das Büro mit lauter Uniformierten betritt, weiß sie nicht recht, an wen sie sich wenden muss. Ein junger Polizist nimmt sich ihrer an. Peggy trägt ihr Anliegen vor: *Tôi muốn đăng ký tạm trú* (Ich möchte mich anmelden). Dazu sind ein paar Angaben nötig: *Hiện nay chị đang sống ở đâu?* (Wo wohnen Sie derzeit?), fragt der Polizist. *Hiện nay tôi đang ở căn hộ thuê của ông Thông* (Ich wohne jetzt in der gemieteten Wohnung von Herrn Thông), erklärt Peggy. Nach kurzer Zeit verlässt sie zufrieden mit ihrer gestempelten Anmeldung das Revier.
Am Wochenende will Peggy eine Tour mit einem Mietwagen unternehmen. Dazu muss sie zum *Sở Giao thông* (Verkehrsamt der Stadt/Provinz), um *đổi bằng lái xe* (den Führerschein umschreiben) zu lassen. Peggy hat so allerhand Geschichten über vietnamesische Behörden gehört. Daher bringt sie ihren Wunsch jetzt leicht nervös vor: *Cho phép tôi đổi bằng lái xe*! (Bitte erlauben Sie mir, den Führerschein umzutauschen!) Dann ist aber alles ganz einfach: Der *cán bộ* (Beamte) erkundigt sich: *Bằng của bà có giá trị đến bao giờ?* (Bis wann ist Ihr Führerschein gültig?) *Bằng của tôi có giá trị vĩnh viễn ạ* (Mein Führerschein ist unbefristet gültig), sagt Peggy. Sie muss ein Formular ausfüllen und eine *nộp lệ phí* (Gebühr entrichten).

Ich möchte mich anmelden

▶ 123

đăng ký	anmelden, registrieren
tạm trú	vorübergehender Aufenthalt
hiện nay	jetzt, im Moment
sinh	gebären, zur Welt bringen
ngày sinh	Geburtsdatum
nơi sinh	Geburtsort
quốc tịch	Staatsangehörigkeit
mục đích	Zweck
thực tập	Praktikum
điền	ausfüllen, eintragen, eingeben (Computer, Geldautomat, Antrag)
tờ	Blatt (Klassifikator für dünne Dinge in Blattform)
đơn (đơn xin)	Antrag

■ Tôi muốn đăng ký tạm trú!	Ich möchte mich für einen vorübergehenden Aufenthalt anmelden.
● Hiện nay chị đang sống ở đâu?	Wo wohnen Sie jetzt?
■ Ở căn hộ thuê của ông Thông.	In der gemieteten Wohnung von Herrn Thông.
● Ngày sinh và nơi sinh của chị là gì?	Wie sind Ihr Geburtsdatum und der Geburtsort?
■ Ngày 9 tháng 5 năm 1986 ở Berlin.	Am 9. Mai 1986 in Berlin.
● Quốc tịch của chị là gì và chị đến Việt nam với mục đích gì?	Ihre Staatsangehörigkeit und der Aufenthaltszweck?
■ Tôi là người Đức. Tôi thực tập ở Hà nội.	Ich bin Deutsche. Ich mache ein Praktikum in Hanoi.
● Chị tạm trú ở đây bao lâu?	Wie lange bleiben Sie hier?
■ Tám tháng.	Acht Monate.
● Mời chị điền vào tờ „Đơn xin đăng ký tạm trú" này.	Füllen Sie diesen „Antrag auf polizeiliche Anmeldung" aus.

Zeitbezogene FW stehen immer vor dem Verb:
1. Vergangenheit:
đã = rồi (schon):
*Tôi **đã** có chồng **rồi**.*
mới, vừa, vừa mới (erst, gerade, eben):
*Tôi **vừa/mới/vừa mới** đến Hà nội hôm qua.* (Ich bin gestern **erst** in Hanoi angekommen.)
2. Gegenwart:
đang (gerade), ***vẫn, vẫn còn*** (noch, immer noch)
*Em **đang** nấu phở.*
(Ich koche **gerade** Pho.)
*Tôi **vẫn/vẫn còn** độc thân.*
(Ich bin **noch** ledig.)
3. Zukunft: *chưa* (noch nicht), ***sẽ*** (werden):
*Tôi **chưa** lập gia đình.*
(Ich bin **noch nicht** verheiratet.)
*Tôi **sẽ** thực tập ở Hà nội.*
(Ich **werde** in Hanoi ein Praktikum machen.)

Zeitangaben: *năm* (Jahr)
*Chị sinh **năm nào?*** (**In welchem Jahr** sind Sie geboren?)
*Tôi sinh **năm** một nghìn chín trăm chín hai.* (Ich bin **im Jahr** 1992 geboren.)
hai năm trước (vor 2 Jahren)
năm trước/ngoái (letztes Jahr)
năm nay (dieses Jahr)
năm sau, năm tới (nächstes Jahr)
hai năm sau (in 2 Jahren)
Weitere Zeitangaben:
trước kia (früher)
ngày xưa (vor langer Zeit)
bây giờ (jetzt, im Moment)
hiện nay, ngày nay (zur Zeit)
sau này, mai sau (später, in der Zukunft)

Übungen

tô (*ô tô* = Auto), *tồ* (dumm, stumpfsinnig), *tố* (*tố cáo* = anprangern, beschuldigen), *tộ* (*kho tộ* = eine Speise im Süden), *tổ* (Nest), *tỗ* (südl. für *tổ*)

1. Eine dumme Anschuldigung

124

1. tô – tồ – tô
2. tồ – tố – tô
3. tố – tộ – tô
4. tộ – tổ – tô
5. tổ – tỗ – tô
6. tỗ – tô – tồ

Und nun zu den *từ láy* (reduplizierte Wörter). Diese nuancieren durch die zweite Silbe die Bedeutung der ersten: *ào ào* (rauchend, heult), *ào ạt* (stürmisch) ...

2. Kein Wischi-Waschi

125

1.	**a**:	**a**o ước	**à**o **à**o	**à**o **ạ**t	**ả**m **đạ**m
		an ủi	**á**m **ả**nh	**ả**o não	**á**y n**á**y
2.	**ă**:	**ă**n n**ă**n	**ằ**ng **ặ**c	yên **ắ**ng	**ă**ng **ẳ**ng
3.	**â**:	**â**m u	**ầ**m ĩ	**ấ**m **á**p	**ẩ**m ướt
		ân c**ầ**n	**â**u yếm	**ấ**p úng	**ẩ**u **đả**

Hier werden die Zeitangaben trainiert. Bitte übersetzen Sie.

3. Es war, es ist, es wird

1. Trước kia, Peggy đã đi thực tập ở Paris.
2. Ngày xưa, ít người Đức biết nói tiếng Việt.
3. Hiện nay Peggy đang sống ở Hà Nội.
4. Bây giờ chị ấy đang xin đăng ký tạm trú.
5. Mai sau, Peggy sẽ làm việc ở Huế.

Jetzt heißt es genau sein: Lesen Sie erst in Ruhe, entscheiden Sie dann, welche Zeitangabe zu welchem Satz passt (es ist immer von Peggy die Rede). *chăm* (fleißig)

4. Logische Reihenfolge

hai năm trước – năm nay – năm ngoái – hai năm sau – năm tới

1. ____________ Peggy chưa biết gì về nước Việt Nam.
2. ____________ chị ấy mới bắt đầu đọc sách về Việt Nam.
3. ____________,Peggy đang học tiếng Việt rất chăm.
4. ____________ chị ấy sẽ nói tiếng Việt tốt lắm.
5. ____________ Peggy sẽ biết nhiều về Việt Nam.

Die wunderbar kurze und höfliche Aufforderung mit *cho phép* ist üblich, um ein Anliegen zu formulieren. *đi ngang qua* (vorbeigehen)

5. Gestatten Sie?

126

*Cho phép tôi **nói**.*

1. nói
2. đợi đây
3. đi ngang qua
4. đăng ký tạm trú
5. điền vào tờ giấy này

Bitte füllen Sie den Antrag aus!

18 B

127

cho phép	gestatten, erlauben, lassen
đổi	tauschen, hier: umschreiben
bằng lái xe	Führerschein
cơ quan	Behörde
cấp	ausstellen, ausgestellt werden
công an	Polizei
Béc linh	Berlin
giá trị	gültig, Gültigkeit
vĩnh viễn	ewig, unbefristet
hãy	bitten, bitte (mit Nachdruck)
đề nghị	vorschlagen, Vorschlag
nộp	entrichten, einreichen
lệ phí	Gebühr

■ Cho phép tôi đổi bằng lái xe!	Bitte erlauben Sie mir, den Führerschein umzuschreiben!
● Cơ quan nào đã cấp bằng lái xe cho bà?	Welche Behörde hat Ihnen den Führerschein ausgestellt?
■ Thưa ông, công an Béc linh cấp ạ.	Verehrter Herr, die Polizei Berlin hat (ihn) ausgestellt.
● Bằng của bà có giá trị đến bao giờ?	Bis wann ist Ihr Führerschein gültig?
■ Bằng của tôi có giá trị vĩnh viễn ạ.	Mein Führerschein ist unbefristet gültig.
● Hãy cho tôi xem bằng lái xe của bà!	Bitte zeigen Sie mir doch Ihren Führerschein!
■ Đây ạ!	Hier ist er!
● Bà phải nộp lệ phí đấy!	Sie müssen eine Gebühr entrichten!
■ Tôi hiểu ạ!	Ich verstehe!
● Đề nghị bà điền vào tờ đơn này!	Bitte füllen Sie diesen Antrag aus!

bằng lái xe (Führerschein)
bằng (Schein, Zeugnis)
lái, lái xe (führen, Auto fahren)

Aufforderung
1. *cho/cho phép* (lassen, gestatten, erlauben) – sehr höflich: *Chị **cho phép** tôi hỏi, …* (**Erlauben** Sie mir zu fragen, …)
*Cô **cho** tôi xem cái áo len kia!* (**Lassen** Sie mich jenen Pullover sehen! = Zeigen Sie mir **bitte** …)
2. *đề nghị* (vorschlagen) – höflich, oft in offiziellen Situationen:
***Đề nghị** chị điền vào tờ giấy này!* (**Bitte** füllen Sie dieses Formular aus!)
3. *Hãy …!* (Bitte …!) – mit Nachdruck, bestimmt:
***Hãy** cho tôi xem bằng lái xe của bà!* (**Bitte** zeigen Sie mir Ihren Führerschein!)

… đấy! Hilfswort, das am Satzende steht, betont eine Mitteilung/Information:
*Em đã biết nấu phở rồi **đấy**!* (Ich kann schon Pho kochen!)

Adjektiv-Paare
***thực phẩm* (Lebensmittel):**
thịt (Fleisch): *tươi* (frisch) – *ôi, thiu* (alt, verdorben)
cá (Fisch): *tươi – ươn* (alt, verdorben)
rau (Gemüse), ***củ*** (Knolle): *tươi – ôi, non* (jung) – *già* (alt)
quả (Obst): *tươi – héo* (alt, verdorben), *chín* (reif) – *xanh* (grün, hart)
hoa (Blumen): *tươi – héo, tàn* (alt, verdorben)

Übungen

te (*te tái* = schnell, eilig), *tè* (urinieren), *té* (verspritzen, um-, herunterfallen), *tẹ* (keine Bedeutung), *tẻ* (*buồn tẻ* = traurig, langweilig), *tẽ* (entfernen, auseinandernehmen)

1. Schnell betrübt

▶ 128

1. **te** – **tè** – **te**
2. **tè** – **té** – **te**
3. **té** – **tẹ** – **te**
4. **tẹ** – **tẻ** – **te**
5. **tẻ** – **tẽ** – **te**
6. **tẽ** – **te** – **tè**

Weitere *từ láy* mit ***e***, ***ê*** und ***i***.
êm ái (zart, sanft)
êm dịu (angenehm)

2. Heckmeck

▶ 129

1.	**e:**	**e** ấp	**e** lệ	**e**ng **é**c	**e**o **é**o
		éo le	**ẻ**o lả	**ẽ**o ợt	**è**o uột
2.	**ê:**	**ê** ẩm	**ê** hề	**ế** ẩm	**ê**m ả
		êm ái	**ê**m ấm	**ê**m dịu	**ê**m đềm
3.	**i:**	**ì** ạch	**ì** ầm	**i**m ắng	**i**m **ỉ**m
		inh ỏi	**ì**nh **ị**ch	**í**t ỏi	**ỉ**u x**ì**u

Hier üben Sie die verschiedenen Möglichkeiten, Aufforderungen zu formulieren. Übersetzen Sie!

3. Wenn Sie bitte wollen würden

1. Xin ông cho phép tôi đăng ký tạm trú!
2. Cho phép tôi đổi bằng lái xe!
3. Xin cô cho xem hộ chiếu!
4. Đề nghị bà nộp lệ phí!
5. Anh hãy điền vào tờ giấy này!

Was „frisch" heißt, ist ja soweit klar. Doch wie sagt man, wenn etwas nicht mehr frisch ist? Vietnamesisch ist hier sehr abwechslungsreich.
miếng (Stück, Bissen)

4. Frisch auf den Tisch?

1. Củ hành kia còn tươi không?	a	☐	Không, nó thiu rồi đấy.
2. Con cá kia tươi à?	b	☐	Không, nó đã héo rồi đấy.
3. Bó hoa này có tươi không?	c	☐	Không, nó đã ươn rồi đấy.
4. Quả cam kia còn tươi không?	d	☐	Không, nó đã ôi rồi đấy.
5. Miếng thịt này còn tươi à?	e	☐	Không, nó tàn rồi đấy.

Ergänzen Sie die Sätze mit den Wortgruppen.
tờ giấy (Blatt Papier, hier: Formular)
Achtung: *giấy tờ* (Personaldokument wie Reisepass etc.)

5. Was muss ich tun?

lệ phí – vào tờ giấy – nộp đơn xin – ngày sinh và nơi sinh – trả tiền đặt cọc

1. Tôi phải điền ______________ như thế nào?
2. Tôi phải nộp ______________ ở đâu?
3. Tôi cần ______________ như thế nào?
4. Tôi phải ghi ______________ vào đâu?
5. Tôi có cần ______________ không?

Geben und Nehmen

18

Die vietnamesische Gesellschaft war und ist stark hierarchisch strukturiert. Jeder kennt seinen Rang und verhält sich dementsprechend. Eine wichtige Forderung ist die Achtung gegenüber Älteren und Höhergestellten. Dieses Hierarchiebewusstsein und das Streben nach Harmonie bilden Grundpfeiler des Wertesystems. Konflikte werden dabei möglichst vermieden. Das hängt auch damit zusammen, dass sich Rechte im alten Vietnam stets auf Gemeinschaften (Dorf, Familie, Staat) bezogen, nicht auf das Individuum. Außerdem legten die Mandarine bestehende Gesetze oft willkürlich aus, d.h. wer „sein" Recht wollte, hatte die Option, es sich zu erkaufen. In einer Gesellschaft ohne Rechtssicherheit dienten Geben und Nehmen als Mittel des Interessenausgleichs. Bürgerliche Rechte, also Individualrechte, gibt es noch nicht sehr lange (das erste BGB wurde erst 1995 verabschiedet). Vietnamesen/-innen sind es noch nicht gewohnt, aktiv für ihr Recht einzustehen. Ranghöheren die Stirn zu bieten, fällt schwer, wenn man stets Unterordnung und Konfliktvermeidung geübt hat!
Darüber hinaus vollzieht sich in Vietnam derzeit ein dramatischer Wertewandel. Im Klima eines ungezügelten Gründerzeitkapitalismus wächst die Gier nach Geld. Es scheint, als wollten die Menschen nach Jahrzehnten der Entbehrung nun alle Wünsche auf einmal erfüllt sehen. Und während der Staat eine Anti-Korruptions-Kampagne nach der anderen durchführt, halten viele Staatsbeamte/-innen schamlos die Taschen auf, um sich auf Kosten der Bürger zu bereichern.

Seit Jahrhunderten halten sich Rituale, mit denen Hierarchiebewusstsein und Harmoniestreben ausgedrückt werden. Dazu gehört z. B. die Tradition der Tet-Festgaben. Zum *Tết* beschenkt man diejenigen, denen man sich verpflichtet fühlt: Schüler/innen beschenken ihre Lehrer/innen, Untergebene die Vorgesetzten, Patienten/-innen den Arzt/die Ärztin und Schuldner/innen ihre Gläubiger/innen.

Quan (Mandarin): Staatsbeamter im alten Vietnam

Cộng hoà Xã hội Chủ nghĩa Việt Nam (Sozialistische Republik Vietnam): Seit Beginn von *đổi mới* (Erneuerungspolitik) 1986 entwickelt sich eine Mehrsektorenwirtschaft mit staatlichem, privatem und genossenschaftlichem Eigentum, wobei der private Sektor am stärksten wächst.

19

Inselparadies

Die schönsten Strände und Inseln Vietnams
1. Norden:
Hạ Long, Đồ Sơn, Cát Bà, Trà Cổ
2. Zentralvietnam:
Sầm Sơn, Cửa Lò
3. Süden:
Hội An, Nha Trang, Mũi Né, Vũng Tàu, Côn Đảo, đảo Phú Quốc

Himmelsrichtungen
Bắc (Nord)
Nam (Süd)
Đông (Ost)
Tây (West)

vé máy bay (Flugkarten)
đại hạ giá (stark reduziert, last minute)

Fast fünf Wochen ist Peggy nun in Vietnam. Nächste Woche muss Hung schon wieder zurück nach Deutschland. Die beiden „Hanoi-Berliner" beschließen, am Wochenende *cùng nhau* (gemeinsam) auf die *đảo Phú Quốc* (Insel Phu Quoc) zu fliegen, die auch als *thiên đường* (Paradies) *giữa biển khơi* (inmitten des Meeres) bezeichnet wird. Diese vor der Südspitze des vietnamesischen Festlandes gelegene Insel ist für ihre endlosen Sandstrände vor der Kulisse tiefgrüner Berge bekannt. Hat man genug von Sonne, Sand und Meer, kann man den Urwald erforschen, in kühlen Quellbächen baden oder frisch zubereiteten Fisch und andere Meeresfrüchte genießen.
Vor dem Inselparadies steht für Peggy noch ein ganz profaner Gang zur *ngân hàng* (Bank) an. Am *quầy đổi tiền* (Wechselschalter) sagt sie: *Tôi muốn đổi tiền* (Ich möchte Geld wechseln). *Tỷ giá ngoại tệ hôm nay thế nào?* (Wie sind heute die Wechselkurse für Devisen?)
Für den Flug auf die Insel haben Peggy und Hung zum Glück *vé máy bay* (Flugkarten) *đại hạ giá* (Last Minute) bekommen. Die zwei Tage auf *Phú Quốc* sind viel zu schnell vorbei. Vor dem Rückflug geht es durch die Passkontrolle. *Đề nghị chị cho kiểm tra hộ chiếu!* (Bitte lassen Sie mich den Pass kontrollieren!), fordert der Uniformierte sie auf. Peggy ist ratlos: *Hộ chiếu là cái gì?* (Was ist „ho chieu"?), *tôi không hiểu* (ich verstehe nicht). Der Grenzpolizist erklärt und nun versteht Peggy: *À, cái này tiếng Việt gọi là hộ chiếu!* (Ach so, das heißt auf Vietnamesisch Pass!) *Xin mời anh cứ kiểm tra!* (Bitteschön, kontrollieren Sie!)

Wo ist der Geldautomat?

130

đổi	wechseln
tỷ giá	Wechselkurs
ngoại tệ	Devisen
Đô (la) Mỹ	Dollar, US-Dollar
Ơ-rô	Euro
rút	herausziehen, hier: abheben
mà ... thì ...	wenn ..., dann ...
thẻ	Kf. für Karten aller Arten
thẻ tín dụng	Kreditkarte
máy rút tiền	Geldautomat
mật mã, mã số	Geheimzahl
đừng	(bitte) nicht

■ Chào anh. Tôi muốn đổi tiền. Tỷ giá ngoại tệ hôm nay thế nào?	Guten Tag. Ich möchte Geld wechseln. Wie sind heute die Wechselkurse für Devisen?
● Chị định đổi tiền Đô Mỹ hay là tiền Ơ-rô?	Beabsichtigen Sie USD oder Euro zu wechseln?
■ Tôi muốn đổi tiền Ơ-rô sang tiền đồng Việt Nam.	Ich möchte Euro in vietnamesische Dong wechseln.
● Hôm nay một Ơ-rô bằng hai mươi sáu nghìn đồng Việt Nam.	Heute steht der Euro bei 26.000 vietnamesischen Dong.
■ Tôi có thể rút tiền ở đâu?	Wo kann ich Geld abheben?
● Chị mà có thẻ tín dụng thì chỉ cần dùng máy rút tiền thôi. Nhưng chị đừng điền mật mã sai!	Wenn Sie eine Kreditkarte haben, brauchen Sie nur den Geldautomaten zu benutzen. Aber geben Sie keine falsche PIN ein!
■ Máy rút tiền ở đâu?	Wo ist der Geldautomat?
● Ta cùng nhau đi sang phòng kia, máy rút tiền ở đó.	Wir gehen zusammen in jenen Raum dort, dort ist der Geldautomat.

... mà ... thì ...
mà (dasjenige, das ...; Relativpronomen), ***thì*** (so, dann; als Folge): *Học tiếng Việt **mà** không có sách dạy tiếng Việt **thì** không thể học tốt được.* (Wenn man Vietnamesisch lernt, aber kein Lehrbuch hat, **dann** kann man nicht gut lernen.)

Bildungen mit *... nhau*
cùng nhau (gemeinsam): *Peggy và Hùng **cùng nhau** đi du lịch.* (Peggy und Hung verreisen **gemeinsam**.)
với nhau (miteinander): *Peggy và Thu Hà nói chuyện **với nhau**.* (Peggy und Thu Ha unterhalten sich **miteinander**.)
lẫn nhau (einander, gegenseitig): *Peggy và Dũng giúp đỡ **lẫn nhau**.* (Peggy und Dung helfen **einander**.)

Bewegungsrichtungen
lên, lên trên (hinauf), *xuống, xuống dưới* (hinunter), *ra, ra ngoài* (hinaus), *vào, vào trong* (hinein), *quay lại, quay về* (zurück), *đi ngang qua* (vorbeigehen), *đi qua, đi sang* (überqueren)

Negativer Imperativ
đừng, chớ + Verb (Aufforderung etwas **nicht** zu tun): ***Đừng** mua!* (Kauf (es) **nicht**!), *Chị **chớ** nói thế!* (Sprich **nicht** so!).
không nên (man soll nicht) *und **cấm*** (verboten sein): *Chị **không nên** đổi tiền ở ngoài phố vì việc ấy bị **cấm**.* (Du **sollst nicht** auf der Straße Geld tauschen, weil das **verboten** ist.)

Übungen

tu (*thầy tu* = Mönch), *tù* (Gefängnis), *Tú* (männlicher Vorname), *tụ* (sich versammeln, zusammenkommen), *tủ* (Schrank), *tũ* (südl. für *tủ*)

1. Der Mönch versteckt sich

131

1. **tu** – **tù** – **tu**
2. **tù** – **tú** – **tu**
3. **tú** – **tụ** – **tu**
4. **tụ** – **tủ** – **tu**
5. **tủ** – **tũ** – **tu**
6. **tũ** – **tu** – **tù**

Hier sind die *từ láy* (Reduplikationswörter) mit ***o***, ***ô*** und ***ơ***.

2. Holterdipolter

132

1.	**o:**	**o** ép	**ọ**p **ẹ**p	**o**ái **o**ăm	**o**an uổng
		oi ả	**õ**ng **ẹ**o	**o**ằn **o**ại	**ó**ng ánh
2.	**ô:**	**ồ** ạt	**ố**m đau	**ô**i thôi	**ổ**n thỏa
		ồn ào	**ố**m yếu	**ồ**ng **ộ**c	**ô**ng **ổ**ng
3.	**ơ:**	**ơ**i **ới**	**ỡ**m **ờ**	**ơ**n **ớ**n	**ơ**n huệ

Eine kleine Übersetzung für Eltern: Tu dieses nicht, lass jenes!
Nicht verwechseln:
thuốc (men) (Medizin)
thuốc lá (Zigarette)

3. Der erhobene Zeigefinger

1. Chị mà bị cảm thì không nên dùng máy lạnh.
2. Anh mà bị ho thì đừng hút thuốc lá nữa.
3. Khi rút tiền mà điền mật mã, thì chớ cho người khác xem.
4. Không nên lái xe máy mà không có bằng (lái), vì việc đó bị cấm.
5. Nấu Phở mà không có nước mắm, thì không ngon.

Ja, gemeinsam geht's besser. Setzen Sie die vorgegebenen Wörter in die Lücken ein.

4. Miteinander durch dick und dünn

rẽ – trên – quay – dưới – ra

1. Hai ông già cùng nhau lên ____ tàu hoả.
2. Peggy và anh Hùng nói chuyện với nhau khi đi ____ ngoài.
3. Hai người bạn giúp đỡ lẫn nhau khi xuống ____ tàu thủy.
4. Đổi tiền xong, chị ấy ____ lại nhà.
5. Để đi đến ngân hàng, Peggy phải ____ trái vào phố Tràng Tiền.

Oh je, hier sind die Sätze komplett zerbröselt. Reihenfolge S-P-O beachten, und alles wird gut!
cá nhân (privat, persönlich)
mật mã cá nhân (PIN)

5. Wörtersalat mit Devisen

1. tiền – Tôi – đổi – muốn
2. tiền đồng Việt Nam – Tôi – đổi tiền Ơ rô sang – định
3. hỏi tỷ giá – Tôi – muốn – ngoại tệ – hôm nay
4. muốn – rút tiền – ở máy rút tiền – Tôi
5. Tôi – điền – mật mã cá nhân – muốn

Passkontrolle

▶ 133

kiểm tra	kontrollieren
hộ chiếu	Pass
giấy tờ tùy thân	Personaldokument/-e
vẫn	immer noch
cầm	festhalten, in der Hand halten
kia kìa	jene dort
à!, thế à!, ra thế!	ach so!
gọi là	nennen, heißen (für Dinge)
cứ!	nur zu!, bitte schön!; FW Aufforderung
thị thực nhập cảnh	Einreisevisum
may mắn	Glück, glücklich

● Đề nghị chị cho kiểm tra hộ chiếu!	Bitte lassen Sie Ihren Pass kontrollieren!
■ „Hộ chiếu“ là cái gì? Tôi không hiểu.	Was bedeutet „ho chieu“? Ich verstehe nicht.
● Hộ chiếu là giấy tờ tùy thân của chị khi đi nước ngoài.	Der Pass ist Ihr Personaldokument, wenn Sie ins Ausland reisen.
■ Xin lỗi, xin anh nói chậm hơn. Tôi vẫn chưa hiểu.	Entschuldigung, bitte sprechen Sie langsamer. Ich verstehe immer noch nicht.
● „Hộ chiếu“ chị đang cầm trên tay kia kìa!	„Ho chieu“ ist das, was Sie dort gerade in der Hand halten!
■ À, cái này tiếng Việt gọi là hộ chiếu! Xin mời anh cứ kiểm tra!	Ach so, das heißt auf Vietnamesisch „Pass“! Bitte, kontrollieren Sie nur!
● Thị thực nhập cảnh vào Việt nam của chị có giá trị đến bao giờ?	Ihr Einreisevisum für Vietnam, wie lange ist es gültig?
■ Đến tháng sáu năm sau anh ạ.	Bis Juni nächsten Jahres.
● Rất tốt. Bây giờ mời chị vào để lên máy bay. Chúc chị may mắn!	Sehr gut. Bitte gehen Sie jetzt (zum Gate) hinein, um dann ins Flugzeug zu steigen. (Ich) wünsche Ihnen Glück!

„Häh?“
*Cái này tiếng Việt **gọi là cái gì**?* **(Wie nennt man** dieses Ding auf Vietnamesisch?) *Cái này tiếng Việt **gọi là** cái …* (Dieses Ding heißt auf Vietnamesisch …)

giấy tờ tùy thân (Personaldokument/-e)
giấy tờ (Dokument/-e)
tùy thân (Personal-)

Menschliche Eigenschaften
sạch sẽ (sauber) – *bẩn thỉu* (schmutzig), *thông minh* (intelligent) – *ngu dốt* (dumm), *tốt* (gut) – *xấu* (schlecht, böse), *dũng cảm* (mutig) – *hèn nhát* (feige), *chân thật, chân thành* (aufrichtig) – *giả dối, dối trá* (verlogen), *nhiệt tình* (herzlich) – *thờ ơ* (gleichgültig), *chăm chỉ* (fleißig) – *lười biếng* (faul), *lịch sự* (höflich) – *hỗn xược* (frech), *dịu dàng* (zart) – *thô lỗ* (grob), *tế nhị* (feinfühlig) – *thô thiển* (unsensibel), *nhanh* (schnell) – *chậm* (langsam)

thị thực nhập cảnh (Einreisevisum), *thị thực* (Visum), *nhập cảnh* (einreisen, Einreise)

Ein- und Aussteigen
1. *vào/ra khỏi* *ô tô* (Auto)
2. *lên/xuống* *máy bay/tàu hỏa/xe buýt* (Flugzeug, Bahn, Bus)
3. *xuống* *tàu (thủy)/**lên bờ*** (Schiff)

Chúc … may mắn! (Alles Gute!)

Übungen

đơ (*cứng đơ* = fest, hart), *đờ* (*đờ đẫn* = lässig, stumpfsinnig), *đớ* (*đớ người* = verstummen, erstarren), *đợ* (*ở đợ* = Hausmädchen), *đở* (südl. für *đỡ*), *đỡ* (*giúp đỡ* = helfen)

1. In Stumpfsinn erstarrt

134

1. **đơ** – **đờ** – **đơ**
2. **đờ** – **đớ** – **đơ**
3. **đớ** – **đợ** – **đơ**
4. **đợ** – **đở** – **đơ**
5. **đở** – **đỡ** – **đơ**
6. **đỡ** – **đơ** – **đờ**

Speziell für Sie: die *từ láy* (Reduplikationswörter) mit ***u, ư*** und ***y***.

2. Kuckuck

135

1.	**u:**	**ù** ờ	**ủ** ê	**u**ất ức	**ụ**c ịch
		u uất	**ù**n **ù**n	**ú**p mở	**u**ể oải
2.	**ư:**	**ư**u ái	**ư**ớt át	**ư**ỡn ẹo	**ư**ơng bướng
3.	**y:**	**ỳ** ạch	**y**ên ắng	**y**ên ổn	**y**ến ẩm
		yếu ớt	**y**êu kiều	**y**ểu điệu	**y**êu quái

Der Mensch, das unbekannte Wesen. Wie ist er denn nun? Übersetzen Sie diese schönen, mit Adjektiven gespickten Sätze!

3. Schnell oder langsam?

1. Peggy chậm hơn Thu Hà, nhưng vẫn nhanh hơn Dũng.
2. Phong không chăm bằng Sơn, nhưng chưa lười bằng Đức.
3. Bà già rất nhiệt tình, nhưng ông chồng bà ấy thờ ơ quá.
4. Cô y tá dịu dàng, nhưng ông bác sĩ thô lỗ.
5. Anh Hùng dũng cảm, nhưng em Út thì hèn nhát.

Kleine Lockerungsübung zum Thema Ein- und Aussteigen. Ordnen Sie zu! *sân bay* (Flughafen)

4. Im Flieger oder wo?

1. Anh đã lên tàu hỏa chưa?
2. Chị muốn vào xe không?
3. Em xuống tàu thủy chưa?
4. Ông đã lên máy bay chưa?
5. Anh đã về đến nhà chưa?

a ☐ Chưa, em vẫn ở trên bờ.
b ☐ Chưa, tôi vẫn còn ngồi trên tàu.
c ☐ Chưa, tôi vẫn ở trong nhà ga.
d ☐ Không, tôi thích chờ ngoài phố hơn.
e ☐ Chưa, tôi đang còn ở sân bay.

Hier möchte ein freundlicher Gesetzeshüter Ihre Papiere sehen. Da kontern Sie locker mit *cứ!*, denn Ihre sind ja gültig und sogar echt!

5. Bitte schön!

136

Xin mời ông cứ kiểm tra ***hộ chiếu****!*

1. hộ chiếu
2. vé máy bay
3. bằng lái xe
4. giấy tờ của tôi
5. thị thực nhập cảnh

Pagoden, Tempel und mehr

19

Das Miteinander von Göttern, Geistern, Toten und Lebenden prägt die Glaubensvorstellungen der Vietnamesen/-innen. Entsprechend vielfältig sind die Kultstätten. Große Bedeutung kommt der Ahnenverehrung zu. Fast jede Familie besitzt einen *bàn thờ* (Ahnenaltar), der auf einem Schrank oder einem Wandbrett etwas erhöht aufgebaut ist. Der *bàn thờ* ist ein Arrangement aus Räucherstäbchen, Blumen, symbolischen Gaben und eventuell Fotos verstorbener Angehöriger. So bescheiden ein *bàn thờ* auch sein mag, er ist eine heilige Stätte, die von Fremden nicht berührt werden darf.
Gläubige Buddhisten besuchen am 1. und 15. Tag des Mondmonats die *chùa* (Pagode). Auch Menschen, die im Alltag nicht nach den buddhistischen Regeln leben, wenden sich an Buddha, um Beistand zu erbitten. Im *đền* (Tempel) werden historische Persönlichkeiten und daoistische Gottheiten verehrt. *Phủ* sind Tempel, die vor allem der Schutzheiligen Prinzessin *Liễu Hạnh* geweiht sind. Auch in *điện Mẫu, am* und *tĩnh* werden „heilige Mütter" verehrt. *Miếu* (im Süden: *miễu)* sind kleinere Tempel bzw. Schreine, die meist lokalen Schutzgeistern geweiht sind. *Đình* (Dorfversammlungshalle) ist gleichermaßen Versammlungsort und Kultstätte zur Verehrung des *Thành hoàng* (Dorfschutzgeistes).
Der Glaube an die Hilfe der Götter, Schutzgeister und eigenen Ahnen ist tief in den Menschen verwurzelt. Bekenntnisse sind allerdings nicht üblich – Glaubensfragen sind Privatsache. Der Staat erkennt die religiösen Traditionen als Teil der nationalen Identität an. Zum Tetfest gehen selbst Repräsentanten der Regierung in die Pagode.

Ahnenverehrung
Thà đui mà giữ đạo nhà Còn hơn sáng mắt ông cha không thờ! (Lieber blind und dem Brauch des Hauses treu sein, als sehen können, aber Großvater und Vater nicht ehren!)

Mit den Göttern auf du und du
Trời ơi sinh giặc làm chi, Cho chồng tôi phải ra đi chiến trường! (Oh Himmel, wozu hast du die Feinde geschaffen, dass mein Mann nun hinaus in die Schlacht muss!)

Prinzessin *Liễu Hạnh*
Der Legende nach war sie die zweite Tochter des Himmelskönigs, die mehrmals als Mensch wiedegeboren wurde. In all ihren Inkarnationen erschien sie als vorbildliche Tochter, Ehefrau und Mutter. In der Verehrung der *Liễu Hạnh* vermischen sich Elemente des Buddhismus mit dem vietnamesischen Volksglauben an heilige Urmütter.

20

Abschied

***mùa* (Jahreszeit, Saison)**
mùa xuân (Frühling)
mùa hè/hạ (Sommer)
mùa thu (Herbst)
mùa đông (Winter)
Im Norden unterscheidet man vier Jahreszeiten, im Süden nur zwei:
mùa khô (Trockenzeit)
mùa mưa (Regenzeit)

***thời tiết* (Wetter)**
nắng (sonnig)
mưa (regnerisch)
khô (trocken)
ẩm (feucht)

In einigen Tagen hat Peggy Geburtstag. Sie möchte Hung und einige vietnamesische Freunde/-innen zu einer kleinen Feier einladen. Auch *vợ chồng anh chị Thu Hà-Trung* (das Ehepaar Thu Ha und Trung) soll kommen. Da Vietnamesen/-innen es ein wenig förmlich lieben, hat sich Peggy richtig schöne *giấy mời* (schriftliche Einladungen) in den Kopf gesetzt. Also fährt sie mit Hung zum Hauptpostamt, wo es wunderschöne Karten aller Art zu kaufen gibt. Peggy ist zwar nicht sicher, ob ihr Vietnamesisch schon für das Formulieren von Einladungen ausreicht, doch zur Not kann Hung ja helfen: *Anh Hùng ơi,* (Du, Hung,) *em nên viết thiếp mời như thế nào?* (wie soll ich die Einladungskarten schreiben?) Gut, dass sich Hung auch in Sachen Etikette auskennt: *Viết cho người già hơn mình* (Schreibst du an Leute, die älter sind als du selbst), *thì em phải viết* (dann musst du schreiben): *Trân trọng kính mời …* (Hochachtungsvolle Einladung an …).
Ein paar Tage später geht Hungs Heimaturlaub zu Ende. Er muss zurück nach Deutschland und Peggy wird ganz wehmütig, weil die schöne Zeit mit ihm vorbei ist. Als Peggy ihn zum Flughafen begleitet, versucht sie ihre Befangenheit zu überspielen und berichtet stolz vom guten Abschluss ihres Sprachkurses. Doch dann naht der endgültige Abschied. *Đừng buồn Peggy ạ!* (Sei nicht traurig, Peggy!), tröstet Hung sie, obwohl auch ihm ein wenig schwer ums Herz ist: *Chúng ta sẽ gặp lại nhau ở Berlin!* (Wir werden uns in Berlin wiedersehen!) Schließlich umarmt Peggy ihren Freund ganz fest und verabschiedet sich mit einem herzlichen *Chúc anh luôn khỏe và vui!* (Wünsche Dir Gesundheit und Frohsinn!)

Einladungskarten

137

ơi!	Rufpartikel
thiếp mời	Einladungskarte
mình	sich selbst
trân trọng kính mời	hochachtungsvoll einladen
thân mời	herzlich einladen
dự	teilnehmen
lễ	Feier, Fest
sinh nhật	Geburtstag
cưới	Hochzeit, heiraten
khác nhau	unterschiedlich

■ Anh Hùng ơi, em nên viết thiếp mời như thế nào?	Hung, wie soll ich eine Einladungskarte schreiben?
● Viết cho người già hơn mình thì em phải viết „Trân trọng kính mời".	An die Leute, die älter sind, als man selbst ist, musst Du schreiben „Hochachtungsvolle Einladung".
■ Còn viết cho các bạn thì thế nào?	Und an die Freunde?
● Chỉ „Thân mời …" thôi.	Nur „Herzliche Einladung".
■ Sau đó là „đến dự lễ sinh nhật của tôi". Có đúng không, anh Hùng?	Danach „zu meiner Geburtstagsfeier". Ist das richtig, Hung?
● Đúng rồi, Peggy ạ. Em xem, ở đây có nhiều thiếp mời các loại đẹp chưa này!	Richtig, Peggy. Schau mal, hier gibt es so viele schöne Einladungskarten aller Art!
■ A, đây là thiếp mời sinh nhật phải không anh Hùng?	Ah, das ist eine Einladung zum Geburtstag, stimmt das, Hung?
● Đúng đấy. Nó và thiếp mời cưới kia là khác nhau.	Richtig. Sie und jene Einladung zur Hochzeit sind unterschiedlich.

… ơi!
Rufpartikel, steht hinter dem Namen oder der Anredeform.
Antwort: ***ơi.***
*Anh Hùng **ơi!***
(Hallo, Hung!)
***Ơi**, em hỏi gì?*
(**Ja**, was fragst du?)

***mình* (sich selbst)**
*cao hơn **mình*** (größer/höher als **man selbst** ist)
*của **mình*** (gehört zu **sich selbst**)

***… nhau* (einander)**
giống nhau (einander ähnlich): *Peggy và em gái cô ấy **giống nhau**.* (Peggy und ihre jüngere Schwester sehen sich **ähnlich**.)
bằng nhau (gleich): *Hùng và anh trai anh ấy cao **bằng nhau.*** (Hung und sein älterer Bruder sind **gleich groß**.)
khác nhau (unterschiedlich): *Hai tấm bưu thiếp này **khác nhau**.* (Diese zwei Postkarten sind **unterschiedlich.**)

Zweimal *nhỉ?*
1. Umgspr. **Hilfswort**, steht hinter dem Fragewort: *Nên mua tấm bưu thiếp **nào nhỉ**?* (Welche Postkarte sollen wir kaufen?
2. Als Fragewort: … ja?, stimmt das?, nicht wahr? *Nhà hàng này đẹp quá anh **nhỉ?*** (Wie schön dieses Restaurant ist, **nicht wahr?**)

giấy mời (Papier einladen = schriftliche Einladung)

Übungen

dư (dư dả, dư dật = wohlhabend, reichlich), *dừ (chín dừ* = weich, weich werden), *dứ* (anlocken), *dự (tham dự* = teilnehmen), *dử* (locken, verlocken), *dữ (dữ tợn* = wild, wütend, grausam)

1. Er ist wohlhabend, aber wild

138

1. dư – dừ – dư
2. dừ – dứ – dư
3. dứ – dự – dư
4. dự – dử – dư
5. dử – dữ – dư
6. dữ – dư – dừ

Aus einem lustigen Kinderreim, den alle vietnamesischen Kinder gerne aufsagen.

2. Die dicke Oma Ba

139

1. Bà Ba béo
2. bán bánh bèo
3. bên bờ bể
4. bị bỏ bom
5. ba bốn bận
6. Bà Ba béo bán bánh bèo bên bờ bể bị bỏ bom ba bốn bận.

„Sich", „einander", „gegenseitig" ..., die Kombinationen mit der kleinen Silbe *nhau* haben es schon in sich. Übersetzen Sie!
cô gái (Mädchen, Mädel)

3. Miteinander

1. Hai ông già cùng nhau đi chơi.
2. Ba cô gái trẻ kia xinh đẹp bằng nhau.
3. Hai anh em rất giống nhau.
4. Peggy và anh Hùng thích nói chuyện với nhau.
5. Chị Hà và Peggy giúp đỡ lẫn nhau.

Es ist so leicht: Aussagesatz + *nhỉ* = Satz mit „stimmt's?"
Bitte ordnen Sie zu!

4. Satz-Salat

1. Bưu thiếp này đẹp nhỉ?
2. Tại sao nó viết xấu thế nhỉ?
3. Em đã hiểu chưa?
4. Đây là thiếp mời cưới nhỉ?
5. Tôi viết „thân mời …" nhỉ?

a ☐ Vì nó không biết viết đẹp.
b ☐ Không, nó không đẹp.
c ☐ Vâng, đây là thiếp mời cưới.
d ☐ Đúng, chị cứ viết như thế.
e ☐ Dạ, chưa, anh ạ. Anh nói sao?

Manchmal braucht man Hilfe. Vietnamesen/-innen freuen sich, wenn man sie um Rat bittet, also keine Scheu und frisch drauflos gefragt!

5. Was soll ich heute tun?

thuê nhà – viết thư điện tử – vào tờ giấy – thiếp mời – đổi tiền

1. Chị Lan ơi, tôi nên viết __________ như thế nào?
2. Anh Đức ơi, tôi nên __________ như thế nào?
3. Chị Hoa ơi, tôi nên điền __________ như thế nào?
4. Anh Bình ơi, tôi nên __________ ở đâu?
5. Chị Lan ơi, tôi nên __________ ở đâu?

Sei nicht traurig!

▶ 140

thế là	also, dann
khóa học	Kurs, Jahrgang
kết thúc	beenden, abschließen, Schluss
chúc mừng	gratulieren, Gratulation
mùa xuân	Frühling
ngắm	betrachten
ánh nắng	Sonnenschein
họ	sie (3. Person Plural)
thương (= yêu)	lieben
quên	vergessen

■ Thế là hôm qua khóa học tiếng Việt của em đã kết thúc, anh Hùng ạ.	Also, gestern ist mein Vietnamesisch-Sprachkurs zu Ende gegangen, Hung.
● Anh chúc mừng em, Peggy! Mùa xuân ở Hà nội thật là đẹp, phải không Peggy?	Ich gratuliere dir, Peggy! Der Frühling in Hanoi ist wirklich schön, Peggy, nicht wahr?
■ Rất đẹp. Em rất thích ngắm ánh nắng trên hồ Tây.	Sehr schön. Ich betrachte gern den Sonnenschein auf dem West-See.
● Công việc của em thế nào?	Wie ist deine Arbeit?
■ Vẫn tốt anh ạ. Em luôn được các anh các chị trong văn phòng giúp đỡ. Họ thương em lắm!	Immer gut. Ich wurde oft von den Kollegen und Kolleginnen im Büro unterstützt. Sie lieben mich sehr!
● Đừng quên viết thư điện tử cho anh nhé!	Vergiss bitte nicht, mir eine E-Mail zu schreiben, ja?
■ Vâng ạ. Tạm biệt anh Hùng! Em chúc anh luôn khỏe và vui!	Ja. Auf Wiedersehen, Hung! Ich wünsche Dir, dass du immer gesund und fröhlich bist!
● Đừng buồn Peggy ạ! Chúng ta sẽ gặp lại nhau ở Berlin!	Sei nicht traurig, Peggy! Wir werden uns wiedertreffen in Berlin!

Personalpronomen
3. Person Plural
các + Anrede + ***ấy*** (sie):
các *anh* ***ấy,*** *các chị ấy, các ông ấy, các bà ấy, các cô ấy, các em ấy, …*
họ (sie, für Erwachsene)
chúng nó (sie, für Kinder)

Kombinationen mit *nào* (jeder)
Cô đến ***lúc nào*** *cũng được.* (Sie können **jederzeit** kommen.)
Peggy thích đi bộ ở những ***nơi nào*** *yên tĩnh.* (Peggy läuft gern an Orten, **wo es** ruhig ist.)
Hôm nào *rảnh mời em đến thăm gia đình tôi.* (**Wenn** du Zeit hast, lade ich dich zu meiner Familie zu Besuch ein.)

Adjektiv-Paare
Gefühle:
buồn (traurig) – *vui* (froh, fröhlich, freudig)
sướng (glücklich) – *khổ* (elend, unglücklich)
yêu (lieb, liebenswert) – *ghét* (widerwärtig)
hài lòng (zufrieden) – *bất bình* (unzufrieden)
tự tin (selbstsicher) – *thiếu tự tin* (ängstlich)
tự do (frei, liberal) – *nô lệ* (sklavisch, hörig)

Übungen

dưa (Melone), *dừa* (Kokos), *dứa* (Ananas), *dựa* (sich anlehnen), *rửa* (waschen), *giữa* (in der Mitte), Hanoier Dialekt: *dửa* = *rửa*, *dữa* = *giữa*

1. Melone, Kokos, Ananas

141

1. **dưa** – **dừa** – **dưa**
2. **dừa** – **dứa** – **dưa**
3. **dứa** – **dựa** – **dưa**
4. **dựa** – **rửa** – **dưa**
5. **rửa** – **giữa** – **dưa**
6. **giữa** – **dưa** – **dừa**

Lesen Sie zuerst langsam, dann immer schneller.

2. Zunge trainieren

142

1. Nồi đồng nấu ốc.
2. Nồi đất nấu ếch.
3. Nồi đồng nấu ốc, nồi đất nấu ếch.

Immer so viele Sachen auf einmal … Sie sollen aber hier nur übersetzen.
bánh mì (Brot)
pho mát (Käse)

3. Sowohl als auch

1. Cả người Việt lẫn người Đức thích xem bóng đá.
2. Nó biết cả tiếng Anh lẫn tiếng Pháp.
3. Ở Việt nam cả mùa xuân lẫn mùa thu đều đẹp.
4. Peggy thích cả đi dạo chơi lẫn ngắm ánh nắng trên hồ Tây.
5. Anh Hùng ăn được cả Phở lẫn bánh mì và pho mát.

Lúc nào, khi nào, nơi nào und Gefühlsadjektive sollen hier geübt werden. Ordnen Sie zu!
một mình (allein, einsam)

4. Alles ist recht

1. Lúc nào có thể rút tiền được?	a ☐	Không sao, vẫn vui anh ạ.
2. Chị thích đi nghỉ ở đâu?	b ☐	Nơi nào cũng được.
3. Đi chơi một mình buồn nhỉ?	c ☐	Ngày nào cũng được.
4. Khi nào đi mua máy tính?	d ☐	Lúc nào cũng được.
5. Chị có nhớ bố mẹ chị không?	e ☐	Có chứ. Không bao giờ tôi quên.

Wenn du mal Zeit hast, dann bring doch bitte den Brief weg und nimm auch gleich den Müll mit!
Hier dürfen Sie mal Arbeit verteilen.

5. Und nicht vergessen …

143

*Khi nào rảnh, đừng quên **viết thư cho anh**, nhé.*

1. viết thư cho anh
2. viết thiếp mời
3. đi đổi tiền
4. mua vé máy bay
5. hỏi tỷ giá ngoại tệ

Vietnamesen/-innen und Deutsche

20

Vietnamesen/-innen haben ein überaus positives Deutschlandbild. Besonders deutsche Technik und das Rechtssystem werden bewundert. Deutsche sind in vietnamesischen Augen ordentlich, zuverlässig und natürlich pünktlich. Wer als Deutsche/r nach Vietnam kommt, kann sich auch heute noch eines „DDR-Bonus" erfreuen. Der kleinere der beiden deutschen Staaten hat das Land auf vielen Gebieten unterstützt. DDR-Bürger/innen übten Solidarität mit Vietnam, spendeten Geld, Güter aller Art, sogar Blut. Die daraus resultierende Sympathie wird heute großzügig auf alle Deutschen übertragen.
In Deutschland leben heute über 200.000 Vietnamesen/-innen, meist in größeren Städten. Sie kamen überwiegend als Studenten/-innen, Flüchtlinge oder Vertragsarbeiter/innen. So unterschiedlich Herkunft, politische Ansichten und Aufenthaltsgründe auch sind – sie alle zeigen einen extremen Anpassungswillen. Die erste Generation bringt meist große Opfer, um der Familie eine Existenz zu schaffen. Die zweite Generation ist bereits voll integriert und spricht fließend und akzentfrei Deutsch. Vietnamesische Schüler/innen erzielen unabhängig vom Bildungsgrad ihrer Eltern überdurchschnittlich gute schulische Ergebnisse. Fast 60 % von ihnen besuchen das Gymnasium. Preisträger von Mathematikolympiaden, Schachmeisterschaften oder Musikwettbewerben tragen immer häufiger vietnamesische Namen. Dabei haben es junge Vietnamesen/-innen in Deutschland nicht leicht: Zu Hause gelten die strengen vietnamesischen Normen, während sie in der Schule und bei ihren deutschen Freunden/-innen eine viel freizügigere Erziehung erleben.

Vietnamesen/-innen in Deutschland

- Mitte der 1950er-Jahre: Fast 20.000 Schüler, Berufsschüler und Studenten aus Vietnam wurden in der DDR ausgebildet.
- In die Alt-BRD kamen in den 1970er-Jahren 38.000 Kontingentflüchtlinge aus Südvietnam, meist Boat-People.
- 1980–1990: Ca. 72.000 Vertragsarbeiter in der DDR.
- Seit dem Fall der Mauer: Einwanderer, die mangels anderer Möglichkeiten meist Asyl beantragen.

Hatte sich Bonn seit 1976 noch am Boykott gegen Vietnam beteiligt, so normalisierten sich seit 1990 die Beziehungen. Heute ist Deutschland der größte Handelspartner Vietnams in der EU. Schwerpunkte der Entwicklungszusammenarbeit sind Berufsbildung, Umwelt, nachhaltige Wirtschafts- und Stadtentwicklung sowie dezentrale Gesundheitsversorgung.

T

Test 5

Wieder zu leicht? Willkommen im Kreis der Vietnam-Kenner!

1. Welche Antwort stimmt?

1. Bildung …
   a ☐ hat im vietnamesischen Wertesystem große Bedeutung.
   b ☐ ist nicht wichtig, denn Reisbauern brauchen kein Diplom.
   c ☐ ist in Vietnam nur für Reiche von Belang.
2. Korruption …
   a ☐ gibt es in Vietnam nicht.
   b ☐ ist in Vietnam in allen Bereichen anzutreffen.
   c ☐ läuft so verdeckt, dass der Bürger nichts merkt.
3. Pagoden in Vietnam heißen …
   a ☐ *chùa*.
   b ☐ *vua*.
   c ☐ *mùa*.
4. Vietnamesen/-innen …
   a ☐ meiden als Atheisten religiöse Stätten.
   b ☐ verehren ihre Ahnen, Buddha und zahlreiche Gottheiten.
   c ☐ sehen nur den Dorfschutzgeist als verehrungswürdig an.
5. Vietnamesen/-innen in Deutschland …
   a ☐ gibt es nicht, da Vietnam nie deutsche Kolonie war.
   b ☐ zeigen extremes Anpassungsstreben.
   c ☐ sind nur zum Studium hier.
6. Was ist typisch für vietnamesische Kinder in Deutschland?
   a ☐ Sie verstehen kaum Deutsch.
   b ☐ Sie dürfen sich ihren Eltern gegenüber alles erlauben.
   c ☐ Sie erzielen überdurchschnittliche Leistungen.

Hier gilt es ein letztes Mal, auf jede Frage eine passende Antwort zu finden.

2. Fragen und Antworten

1. Anh đã đi Mỹ bao giờ chưa?	a ☐ Không, Peggy nhỏ hơn Lan.
2. Cô này đẹp hơn cô kia à?	b ☐ Mời chị cứ dùng máy rút tiền.
3. Tỷ giá ngoại tệ thế nào?	c ☐ Chưa, tôi chưa bao giờ đi Mỹ.
4. Chị đến Việt Nam làm gì?	d ☐ Cái này gọi là bằng lái xe.
5. Cái này tiếng Việt gọi là gì?	e ☐ Tôi đến Việt nam để thực tập.
6. Peggy có to hơn chị Lan không?	f ☐ Không, hai cô đẹp bằng nhau.
7. Có đúng không, anh?	g ☐ Đúng rồi, em ạ.
8. Tôi có thể rút tiền ở đâu?	h ☐ Một Ơrô bằng ba mươi nghìn đồng.

3. Was fehlt?

Vervollständigen Sie die Sätze. Sehen Sie bitte genau hin: Die einzufügenden Varianten werden Ihnen alle recht bekannt vorkommen. Hier gilt es nun, die für den jeweiligen Satz richtige Lösung zu finden.

1. Tôi có thể rút tiền … ?
   a☐ ở đâu
   b☐ ở vậy
   c☐ ở xa
2. Tôi biết bơi … không biết đi xe máy.
   a☐ nhưng
   b☐ mừng
   c☐ cùng
3. Những tấm bưu thiếp này đẹp quá … ?
   a☐ vì
   b☐ nhỉ
   c☐ gì
4. Cái này tiếng Việt gọi … hộ chiếu.
   a☐ và
   b☐ mà
   c☐ là
5. … cho tôi xem bằng lái xe của ông!
   a☐ Bãi
   b☐ Cãi
   c☐ Hãy
6. Tôi đã biết nấu phở rồi … !
   a☐ đấy
   b☐ đi
   c☐ ấy

4. Wie sagt man das auf Vietnamesisch?

Hätten Sie gedacht, dass Sie soweit kommen? Sie haben es geschafft! Herzlichen Glückwunsch!

1. Ich spreche Vietnamesisch, aber nicht sehr gut.
2. Wenn Sie langsam sprechen, kann ich verstehen.
3. Erlauben Sie mir, den Führerschein umzutauschen.
4. Ich habe die deutsche Staatsangehörigkeit.
5. Ich möchte Geld wechseln.
6. Hier ist mein Pass.
7. Vergiss nicht, mir eine E-Mail zu schreiben.
8. Ich wünsche dir viel Glück!

L Lösungsschlüssel

1 A Übungen

2. Der ebene Ton **1.** tôi (ich) **2.** ông (alter Herr, Großvater) **3.** anh (junger Herr, älterer Bruder, Cousin) **4.** em (m/w Person, jünger als der Sprecher; jüngere Geschwister) **5.** tên (Name) **6.** ơn (cảm ơn: danke) **7.** không (nein) **8.** xin (bitten, Bitte) **9.** vâng (ja) **10.** ba (drei; südl. Dialekt: Vater)
3. Ich heiße … **1.** Tôi tên là **Hùng**. (Ich heiße **Hung**.) **2.** Hoa **3.** Dũng **4.** Bình **5.** Lan **6.** Sơn
4. Kennenlernen **1.** Xin chào chị. Chị tên là gì? **2.** Tôi tên là Hoa. **3.** Chị có khỏe không? **4.** Cảm ơn. Tôi khỏe.
5. Welche Antwort passt? **1.** b (Guten Tag. – Guten Tag.) **2.** b (Wie heißen Sie, junger Mann? – Ich heiße Richard.) **3.** a (Wie ist Ihr Vorname, junge Frau? – Mein Vorname ist Dorota.) **4.** b (Wie geht es Ihnen, junge Frau? – Danke Ihnen, junger Mann, mir geht es gut.)

1 B Übungen

3. Was für ein Mensch bist du? **1.** Anh là người **Đức** à? (Sind Sie **Deutscher**?) **2.** Áo (Österreicher) **3.** Thụy Sĩ (Schweizer) **4.** Việt Nam (Vietnamese) **5.** Hà nội (Hanoier) **6.** Sài Gòn (Saigoner) **7.** Huế (Huer) **8.** Đà Nẵng (Da Nanger)
4. Welche Antwort passt? **1.** a (Guten Tag, der Herr. Wie geht es Ihnen? – Danke Ihnen, meine Dame. Mir geht es gut.) **2.** b (Wie ist Ihr Nachname? – Mein Nachname ist Beck.) **3.** a (Darf ich vorstellen: Das ist Herr Dung. – Guten Tag, der Herr.) **4.** a (Sind Sie Vietnamesin? – Nein, ich bin Deutsche.)

2 A Übungen

2. Gleichmäßig tiefer Ton **1.** chào (grüßen) **2.** là (sein) **3.** gì? (was?) **4.** còn (und, noch) **5.** bà (alte Dame, Großmutter) **6.** người (Mensch) **7.** à? (Fragewort) **8.** phòng (Zimmer) **9.** Hùng (männlicher Vorname) **10.** Bình (m/w Vorname)
3. Wohin möchten Sie fahren? **1.** Guten Tag, der Herr. **2.** Guten Tag, die Dame. Wohin möchten Sie fahren? **3.** Ich möchte zum Hotel Hoa Binh fahren. **4.** Wo ist das Hotel Hoa Binh? **5.** Das Hotel Hoa Binh ist in Hanoi.
4. Ein gepflegtes Gespräch **1.** d (Guten Tag, junger Mann. – Guten Tag, junge Dame.) **2.** a (Wie heißen Sie? – Ich heiße Dung.) **3.** b (Wie geht es Ihnen? – Danke Ihnen, es geht mir gut.) **4.** c (Wo gehen Sie hin? – Ich gehe zum Hotel Ba Dinh.)
5. Bitte setzen Sie ein! **1.** giới thiệu – là (Darf ich **vorstellen**: Das **ist** Peggy.) **2.** của (Wie ist **Peggys** Nachname?) **3.** người (Sind Sie **Vietnamese**, junger Mann?) **4.** vâng – người (**Ja**, ich bin **Vietnamese**.)

2 B Übungen

2. Kann Hanne in die Wanne? **1.** ăn (essen), lằn (Striemen, Spur), khăn (Schal), măng (Bambussprosse), bằng (mit) **2.** âm (Laut), ầm (lärmend), vân (Ader, Wolke), cần (brauchen, benötigen), lần (Mal) **3.** ly (Glas, Trinkgefäß), lỳ (starr, stumpf), kỳ (kỳ lạ: erstaunlich, Sensation), ky (ky cóp: anhäufen), hy (hy vọng: Hoffnung)
3. Wie geht es Ihnen/dir? **1.** **Ông** có khỏe không? (Wie geht es **Ihnen** = dem Herrn?) **2.** bà (Ihnen = der Dame) **3.** anh (dir = dem jungen Mann/älteren Bruder) **4.** chị (Ihnen = der jungen Frau/älteren Schwester) **5.** em (dir = der jüngeren Person) **6.** cô (Ihnen = dem Fräulein, der Tante)

4. So viele Fragen **1.** b (Wohin gehen Sie, junge Dame? – Ich gehe zum Hotel.) **2.** a (Wo ist das Hotel? – Das Hotel ist in Hanoi.) **3.** a (Haben Sie ein Zimmer [frei], junger Mann? – Ja.) **4.** b (Wie viele Nächte bleiben Sie hier, junge Dame? – Ich weiß noch nicht.)
5. Ich heiße „Frieden“ **1.** Xin chào anh. Tôi tên là .... Anh tên là gì? **2.** Họ và tên tôi là Trần Bình. Anh/Chị là người Thụy Sĩ à? **3.** Không. Tôi là người Đức. **4.** Tôi xin giới thiệu: Đây là ông/anh Nam. Ông/Anh Nam là người Hà nội.

3 A Übungen

2. Hoher Ton **1.** có (haben, ja) **2.** mấy (wie viel?) **3.** muốn (wollen) **4.** đến (kommen zur/zum, ankommen) **5.** phố (Straße) **6.** cám ơn (danke) **7.** chị ấy (sie, 3. Person Singular) **8.** giới thiệu (vorstellen) **9.** khách sạn (Hotel) **10.** chưa biết (noch nicht wissen)
3. Nice to meet You! **1.** Tôi rất vui mừng được làm quen với **cô**. (Ich freue mich sehr, **Sie** = Fräulein kennenlernen zu dürfen.) **2. ông** (Sie = älterer Herr) **3. bà** (Sie = ältere Dame) **4. anh** (dich = junger Mann) **5. chị** (dich = junge Frau) **6. em** (dich = jüngere Person)
4. An der Rezeption **1.** b (Haben Sie ein Zimmer [frei], junge Frau? – Ja, junger Herr.) **2.** b (Möchten Sie ein Zimmer mieten? – Ja, ich möchte ein Zimmer mieten.) **3.** b (Wie viele Nächte bleiben Sie hier, junger Mann? – Eine Nacht, meine Dame.)
5. Der nette Chef **1.** Ông/Anh Nam là người Việt nam. **2.** Họ của ông/anh ấy là Trần. **3.** Ông/Anh ấy rất vui mừng được làm quen với Peggy. **4.** Ông/Anh ấy khỏe.

3 B Übungen

2. Hier fehlt doch was? **1.** Chào ông. (Guten Tag, der Herr.) **2.** Chào anh. (Guten Tag, junger Mann.) **3.** Chào em. (Guten Tag, Mädchen/Junge, jüngere/-r Schwester/Bruder) **4.** Chào bà. (Guten Tag, die Dame.) **5.** Chào chị. (Guten Tag, ältere Schwester.) **6.** Chào cô. (Guten Tag, Fräulein/Tante.)
3. Das Alter ist tabu? **1. Em hai sáu** tuổi. (**Ich/Der jüngere Bruder/Die jüngere Schwester bin/ist 26** Jahre alt.) **2. Chị ba bảy** tuổi. (**Ich/Die ältere Schwester/Die Frau bin/ist 37** Jahre alt.) **3. Anh bốn hai** tuổi. (**Ich/Der älterer Bruder/Der Mann bin/ist 42** Jahre alt.) **4. Ông bảy tám** tuổi. (**Ich/Opa/Der alte Mann bin/ist 78** Jahre alt.) **5. Bà năm chín** tuổi. (**Ich/Oma/Die alte Frau bin/ist 59** Jahre alt.) **6. Cô ba chín** tuổi. (**Ich/Die Tante bin/ist 39** Jahre alt.)
4. Heiteres Beruferaten **1. Em** là **kỹ sư**. **(Ich/Der jüngere Bruder/Die jüngere Schwester** bin/ist **Ingenieur/-in.)** **2. Anh** là **giáo viên**. **(Ich/Der ältere Mann/Bruder** bin/ist **Lehrer.)** **3. Bà** làm nghề **bác sỹ**. **(Ich/Die alte Frau** arbeite/-t **als Ärztin.)** **4. Ông** làm nghề **luật sư**. **(Ich/Der alte Mann** arbeite/-t **als Rechtanwalt.)**
5. Kreuzverhör **1.** Tôi tên là ... (Wie heißen Sie? – Ich heiße …) **2.** Họ của tôi là ... (Wie ist Ihr Nachname? – Mein Nachname ist …) **3.** Vâng, tôi là người Đức. Oder: Không, tôi là người Áo/Thụy Sĩ/ … (Sind Sie Deutsche? – Ja, ich bin Deutsche/-r. // Nein, ich bin …) **4.** Tôi là **...** / Tôi làm nghề … (Was arbeiten Sie als Beruf? – Ich bin … **5.** Tôi … tuổi. (Wie alt sind Sie? – Ich bin … Jahre alt.)

4 A Übungen

2. Fallender Ton **1.** ạ (Füllwort am Satzende) **2.** chị (ältere Schwester, junge Dame) **3.** họ (Familienname) **4.** tự (sich selbst) **5.** một (eins) **6.** giới thiệu (vorstellen) **7.** hân hạnh (Freude, glücklich) **8.** khách sạn (Hotel) **9.** Hà nội (Hanoi) **10.** Việt nam (Vietnam)
3. Aus welchem Land kommst du? **1.** Tôi đến từ nước **Đức**. (Ich komme aus **Deutschland**.) **2.** Pháp (Frankreich) **3.** Nga (Russland) **4.** Nhật (Japan) **5.** Anh (England) **6.** Úc (Australien) **7.** Mỹ (USA) **8.** Trung quốc (China)

4. Sprachkenntnisse Können Sie Vietnamesisch sprechen? **1.** Ja, ich spreche **gut** Vietnamesisch. **2.** Ich spreche **noch nicht gut** Vietnamesisch. **3.** Ich kann **nur wenig** Vietnamesisch sprechen. **4. Nein**, ich kann **nicht Vietnamesisch** sprechen.
5. Haben Sie schon, oder noch nicht? 1. đã (Hat Hung Peggy Lan **vorgestellt**?) **2.** Rồi (**Ja, schon.** Er hat sie schon vorgestellt.) **3.** nói (**Spricht** Peggy schon gut Vietnamesisch?) **4.** tiếng Việt (Noch nicht, sie spricht noch nicht gut **Vietnamesisch**.) **5.** nước Đức (Ja, schon. Sie hat in **Deutschland** zehn Wochen Vietnamesisch gelernt.)

4 B Übungen

1. đ wie Dialog 1. đi (gehen), đâu? (wo?), đến (kommen, ankommen), đây (hier), đêm (Nacht) **2.** tôi (ich), tên (Vorname), tự (sich), tuổi (Jahre alt), tám (acht) **3.** thuê (mieten), thư ký (Sekretär/-in), thầy giáo (Lehrer), Thụy Sĩ (Schweiz), giới thiệu (sich vorstellen) **4.** và (und), với (mit), vâng (ja), vui mừng (sich freuen), nhân viên (Angestellte/-r) **5.** phà (Fähre), phần (Teil), phố (Straße), phở (Hanoier Suppe), phòng (Zimmer)
2. An welchem Tag? 1. Thứ hai tôi đi học tiếng Việt. (**Am Montag** gehe ich zum Vietnamesisch-Kurs.) **2.** thứ ba (am Dienstag) **3.** thứ tư (am Mittwoch) **4.** thứ năm (am Donnerstag) **5.** thứ sáu (am Freitag) **6.** thứ bẩy (am Samstag) **7.** chủ nhật (am Sonntag) **8.** cuối tuần (am Wochenende)
3. Vietnamesisches Durcheinander 1. Ông đang đi đâu? (Wo gehen Sie gerade hin, mein Herr?) **2.** Tôi rất vui được gặp lại bà. (Ich freue mich sehr, Sie wieder treffen zu dürfen.) **3.** Chị đi làm việc à? (Gehen Sie arbeiten, junge Frau?) **4.** Công việc hàng tuần của anh thế nào? (Wie ist Ihre wöchentliche Arbeitszeit?) **5.** Thứ hai tôi đi làm việc ở văn phòng. (Montags gehe ich zur Arbeit ins Büro.)
4. Peggys Wochenplan 1. Thứ hai, thứ tư và thứ sáu chị ấy làm việc ở văn phòng. **2.** Sáng thứ ba chị ấy đi đến Internetcafe. **3.** Tối thứ năm chị ấy học tiếng Việt. **4.** Cuối tuần chị ấy nghỉ ngơi trong khách sạn.
5. Was stimmt? 1. Falsch: Peggy reist nicht nach Vietnam, sie reist in die USA. **2.** Falsch: Hung ist Chinese. **3.** Richtig: Peggy lernt Herrn Tran Nam kennen. **4.** Falsch: Peggy arbeitet als Sekretärin. **5.** Falsch: Peggy ist 42 Jahre alt.

T 1 Test

1. Welche Antwort stimmt? 1. c **2.** b **3.** c **4.** b **5.** c **6.** c
2. Fragen und Antworten 1. e (Wie heißen Sie, junger Mann? – Ich heiße Binh.) **2.** d (Wie geht es Ihnen, mein Herr? – Danke, mir geht es gut.) **3.** g (Aus welchem Land kommen Sie, junge Frau? – Ich bin Deutsche.) **4.** b (Sind Sie Deutsche, meine Dame? – Nein, ich bin Österreicherin.) **5.** c (Mieten Sie ein Doppelzimmer, junger Mann? – Nein, ich miete ein Einzelzimmer.) **6.** h (Schüler/-in, sprechen Sie Vietnamesisch? – Ich spreche noch nicht gut Vietnamesisch.) **7.** a (Wohin gehen Sie gerade, junger Mann? – Ich gehe arbeiten.) **8.** f (Wie viele Nächte bleiben Sie hier, junge Dame? – Ich bleibe zwei Nächte hier.)
3. Was fehlt? 1. b (Ich heiße Minh. **Wie** heißen Sie, junge Frau?) **2.** b (Darf ich vorstellen: Herr Duc ist **Hanoier**.) **3.** a (Mieten Sie ein Einzelzimmer oder ein **Doppelzimmer**, die Dame?) **4.** c (Wie viele Nächte bleiben Sie **hier**, der Herr?) **5.** b (Ich freue mich, Sie wiederzutreffen, der **Herr**.) **6.** b (Haben Sie Vietnamesisch **gelernt**, junger Mann?)
4. Wie sagt man das auf Vietnamesisch? 1. Xin chào. **2.** Tôi tên là … **3.** Ông/Bà/Anh/Chị tên là gì? **4.** Ông/Bà/Anh/Chị có khỏe không? **5.** Cảm ơn. Tôi khỏe. **6.** Tôi là người Đức. (người Áo/người Thụy Sĩ) **7.** Ông/Bà/Anh/Chị đi đâu? **8.** Tôi đi làm việc.

5 A Übungen

2. Tief ansetzender Frageton **1.** khỏe (gesund, es geht gut) **2.** của (von, gehört zu ...) **3.** phở (Hanoier Suppe) **4.** tuổi (Jahre alt) **5.** bảy (sieben) **6.** cảm ơn (danke) **7.** ở đâu? (wo?) **8.** ở đây (hier) **9.** buổi sáng (Morgen) **10.** buổi chiều (Nachmittag)

3. Wer ist wer? **1.** Wer ist das? – Das ist Herr Hung, ein Vietnamese. **2.** Wer ist Peggy? – Hier ist (Frau) Peggy. **3.** Wer ist Sekretär/-in? – Frau Thu Ha ist Sekretärin. **4.** Wer ist Peggy? – Peggy ist Deutsche. **5.** Wer ist Phu? – Phu ist Vietnamesisch-Lehrer. **6.** Wer ist Lan? – Lan ist die Cousine von Hung.

4. Ist Peggy verheiratet? **1.** Trung là người Việt nam. (Wer ist Trung? – Trung ist ein Vietnamese.) **2.** Rồi. Trung đã có vợ rồi. (Ist Trung verheiratet? – Ja. Trung ist schon verheiratet.) **3.** Chưa, Peggy chưa có gia đình. (Noch nicht, Peggy hat noch keine Familie./Peggy ist noch nicht verheiratet.) **4.** Vợ chồng Thu Hà-Trung có ba con rồi. (Wie viele Kinder hat das Ehepaar Thu Ha-Trung schon? – Das Ehepaar Thu Ha-Trung hat schon drei Kinder.) **5.** Anh chị ấy có hai con trai và một con gái. (Wie viele Söhne und wie viele Töchter hat dieses Ehepaar? – Dieses Ehepaar hat zwei Söhne und eine Tochter.)

5. Ein leckerer Satzsalat? **1.** Peggy có gia đình chưa? (Hat Peggy eine Familie?/Ist Peggy verheiratet?) **2.** Thu Hà là thư ký. (Thu Ha ist Sekretärin.) **3.** Trung là chồng của Thu Hà. (Trung ist der Ehemann von Thu Ha.) **4.** Vợ chồng Thu Hà-Trung có ba con. (Das Ehepaar Thu Ha-Trung hat drei Kinder.) **5.** Họ có hai con trai và một con gái. (Sie haben zwei Söhne und eine Tochter.)

5 B Übungen

1. tr wie Deutsch **1.** cha (Vater), chị (Schwester), chào (grüßen), chưa (noch nicht), cháu (Enkelkind, Nichte, Neffe) **2.** tra (tra hỏi: verhören, vernehmen), tre (Bambus), trẻ (jung), trong (in, im), trung (Trung: männlicher Vorname) **3.** nhà (Haus), nho (Weintrauben), nhé? (ja?), nhỉ? (ja?, stimmt das?), nhân viên (Angestellte/-r) **4.** nga (Nga: weiblicher Vorname), ngu (dumm), ngủ (schlafen), ngon (schmeckt, schmackhaft), ngồi (sitzen) **5.** nghe (hören), nghĩ (denken), nghi (zweifelhaft, verdächtigen), nghệ (Kurkuma), nghề (Beruf)

2. Mahlzeit **1.** a (Hàng ngày Peggy ăn sáng lúc bảy giờ. **–** Peggy frühstückt täglich um 7:00 Uhr.) **2.** b (Hàng ngày Dũng và Peggy đi ăn trưa lúc mười hai giờ. **–** Dung und Peggy gehen täglich um 12:00 Uhr zum Mittagessen.) **3.** b (Hàng ngày Peggy ăn tối lúc bảy giờ tối. **–** Peggy isst täglich um 19.00 Uhr/7:00 Uhr abends Abendbrot.)

3. Dung und Peggy im Gespräch **1.** Peggy, hôm nay Peggy đã đi làm lúc mấy giờ? **2.** Lúc tám giờ rưỡi. **3.** Hôm qua Peggy đã ăn trưa lúc mấy giờ? **4.** Lúc mười ba giờ mười lăm/một giờ mười lăm phút chiều. Còn Dũng, bao giờ Dũng sẽ đi học tiếng Đức? **5.** Ngày mai, lúc bảy giờ kém mười.

4. Wie spät ist es jetzt? **1.** Sáu giờ sáng. **2.** Chín giờ rưỡi sáng. **3.** Mười một giờ năm phút trưa. **4.** Ba giờ kém mười lăm phút chiều. **5.** Tám giờ mười bảy phút tối.

5. Hundertertafel **1.** hai mươi (20) – bốn mươi (40) – sáu mươi (60) – tám mươi (80) – một trăm (100) **2.** mười một (11) – ba mươi ba (33) – năm mươi lăm (55) – bảy mươi bảy (77) – chín mươi chín (99) **3.** năm mươi sáu (56) – sáu mươi hai (62) – sáu mươi tám (68) – bảy mươi tư (74) – tám mươi (80) **4.** bảy mươi mốt (71) – sáu mươi tư (64) – năm mươi bảy (57) – năm mươi (50) – bốn mươi ba (43) **5.** chín mươi tư (94) – tám mươi hai (82) – bảy mươi (70) – năm mươi tám (58) – bốn mươi sáu (46)

6 A Übungen

2. Unterbrochen steigender Ton 1. sẽ (werden) **2.** đã (FW für Vergangenheit) **3.** bã (Abfall, Müll) **4.** mã (Pferd) **5.** nghĩ (denken) **6.** Mỹ (USA) **7.** cũng (auch) **8.** kỹ sư (Ingenieur) **9.** hỗ trợ (Unterstützung, unterstützen) **10.** Thụy Sĩ (Schweiz)
3. Der Wievielte ist heute? 1. Ngày mai là ngày bao nhiêu? – Ngày mai là ngày/mồng … tháng … (Der Wievielte ist **morgen**? – Morgen ist der …) **2. Ngày kia** là ngày/mồng … tháng … (**Übermorgen** ist der …) **3. Hôm qua** là ngày/mồng … tháng … (**Gestern** war der …) **4. Hôm kia** là ngày/mồng … tháng … (**Vorgestern** war der …) **5. Ba hôm trước** là ngày/mồng … tháng … (**Vor drei Tagen** war der …) **6. Ba ngày sau** là ngày/mồng … tháng … (**In drei Tagen** ist der …)
4. Alles zu seiner Tageszeit 1. ăn tối (Gestern Nachmittag hat Peggy um 19:00 Uhr **Abendbrot** gegessen.) **2.** mười lăm giờ (Morgen Nachmittag wird Peggy um **15:00 Uhr** zum Vietnamesisch–Kurs gehen.) **3.** ăn trưa (Dung und Peggy gehen täglich um 12:00 Uhr zum **Mittagessen**.) **4.** lúc (Morgen früh wird Peggy **um** 6:00 Uhr frühstücken.) **5.** lúc (Samstagmittag hat Peggy **um** 11:00 Uhr Thu Has Familie besucht.)
5. Auskunftei 1. Có. Peggy muốn đi thăm thành phố Hà nội với anh Hùng. (Möchte Peggy mit Hung die Stadt Hanoi besuchen? – Ja. Peggy möchte mit Hung die Stadt Hanoi besuchen.) **2.** Peggy chỉ rảnh vào cuối tuần. (Wann hat Peggy frei? – Peggy hat nur am Wochenende frei.) **3.** Peggy và Hùng sẽ đi thăm thành phố vào thứ bảy, ngày mười một tháng hai. (Wann werden Peggy und Hung die Stadt besuchen? – Peggy und Hung werden die Stadt am Samstag, dem 11. Februar, besuchen.) **4.** Hôm nay là thứ … . (Welcher Wochentag ist heute? – Heute ist der …) **5.** Hôm nay là ngày/mồng … tháng … (Der Wievielte ist heute? – Heute ist der …)

6 B Übungen

1. kh wie lachen 1. khỏe (gesund, geht gut), không (nein), khăn (Tuch, Schal), khẩn cấp (eilig, dringend), khách sạn (Hotel) **2.** ga (Bahnhof), gà (Hahn), gáy (gà gáy: krähen), gay go (schwierig), gặp gỡ (zusammentreffen) **3.** ghi (notieren), ghế (Stuhl), ghì (festhalten), ghê gớm (furchtbar, schrecklich), ghen ghét (eifersüchtig, neidisch) **4.** qua (vorbei), quà (Geschenk), quạ (Rabe), quốc tế (international), quảng trường (Platz)
2. Besichtigungstermin 1. b (Mit wie vielen Zimmer möchte Peggy eine Wohnung mieten? – Zwei Zimmer.) **2.** a (Wann möchte Peggy die Wohnung besichtigen? – Montag nächster Woche.) **3.** b (Um wie viel Uhr möchte Peggy die Wohnung besichtigen? – Halb sieben nachmittags.)
3. Wohnungssuche, nicht wahr? 1. Có. Ông Thông có căn hộ cho thuê. (Hat Herr Thong die Wohnung zu vermieten? – Ja. Herr Thong hat die Wohnung zu vermieten.) **2.** Không. Peggy muốn thuê một căn hộ hai phòng. (Peggy möchte eine Fünfzimmer-Wohnung mieten, nicht wahr? – Nein. Peggy möchte eine Zweizimmer-Wohnung mieten.) **3.** Vâng. Peggy muốn xem căn hộ. (Peggy möchte die Wohnung besichtigen, stimmt das? – Ja. Peggy möchte die Wohnung besichtigen.) **4.** Không. Peggy sẽ xem căn hộ vào thứ hai tuần sau. (Wird Peggy die Wohnung am Samstag nächster Woche besichtigen? – Nein. Peggy wird die Wohnung am Montag nächster Woche besichtigen.) **5.** Không. Peggy sẽ xem căn hộ lúc sáu giờ rưỡi chiều. (Peggy wird die Wohnung um 9:00 Uhr abends besichtigen, stimmt das? – Nein. Peggy wird die Wohnung um halb sieben nachmittags besichtigen.)
4. Wann wäre es Ihnen recht? 1. thuê (Peggy möchte eine Zweizimmer-Wohnung **mieten**.) **2.** khi nào – căn hộ (Herr Thông fragt Peggy: **Wann** möchten Sie die **Wohnung** besichtigen?) **3.** lúc nào (Peggy fragt Herrn Thông: **Wann** ist es günstig für Sie?) **4. tuần sau** (Peggy wird die Wohnung am Montag **nächster Woche** besichtigen, um halb sieben nachmittags.)

5. Am Freitag 1. Tôi sẽ đến vào **thứ sáu**. (Ich werde **am Freitag** kommen.) **2.** tháng tám (im August) **3.** tuần sau (nächste Woche) **4.** sáng ngày kia (übermorgen früh) **5.** chiều mai (morgen Nachmittag) **6.** ngày hai mươi lăm tháng ba (am 25. März)

7 A Übungen

3. Hier fehlt doch was? 1. Xin ông cho biết, đến khách sạn Ánh Dương tôi đi thế nào? (Bitte sagen Sie mir, wie komme ich zum Anh-Duong-Hotel?) **2.** Chị đi thẳng bảy trăm mét. (Sie gehen 700 m geradeaus.) **3.** Sau đó chị rẽ bên trái vào phố Mã Mây. (Danach biegen Sie links in die Ma-May-Straße ab.) **4.** Chị rẽ bên phải vào phố Hàng Bạc. (Sie biegen rechts in die Hang-Bac-Straße ab.) **5.** Khách sạn Ánh Dương ở bên trái. (Das Anh-Duong-Hotel befindet sich links.)
4. Wegweiser 1. Xin ông/bà cho biết, đến bưu điện quốc tế tôi đi thế nào? **2.** Chị/Anh rẽ bên phải vào phố Tràng Tiền. **3.** Sau đó chị/anh đi thẳng bốn trăm mét. **4.** Chị/Anh rẽ bên trái vào phố Đinh Tiên Hoàng. **5.** Bưu điện ở bên trái.
5. Adam Riese 1. c (227 + 44 = 271) **2.** d (196 – 61 = 135) **3.** b (15 x 3 = 45) **4.** e (85 : 5 = 17) **5.** a (105 : 5 = 21)

7 B Übungen

2. ng wie Junge 1. em (jüngere Geschwister), xem (besichtigen, Besichtigung, ansehen), đêm (Nacht), cám ơn (danke), làm quen (kennenlernen) **2.** ăn (essen), xin (bitten, Bitte), tên (Vorname), còn (und, noch), đến (kommen zu/-r, ankommen) **3.** anh (älterer Bruder), bênh (schützen), thành phố (Stadt), hân hạnh (Freude, glücklich), gia đình (Familie) **4.** ông (Großvater, alter Mann), mừng (sich freuen), vâng (ja), cũng (auch), phòng (Zimmer)
3. SIMsalabim 1. b (Peggy möchte eine SIM-Karte für Handys kaufen.) **2.** b (Mit dieser SIM-Karte kann man sowohl im Inland als auch ins Ausland anrufen.) **3.** b (Peggy kauft diese SIM-Karte.) **4.** a (Peggy schickt die Postkarte nach Deutschland ab.) **5.** a (Peggy schickt die Postkarte in der Internationalen Post ab.)
4. Sowohl als auch 1. Peggy spricht sowohl Deutsch als auch Vietnamesisch. **2.** Peggy hat in Hanoi sowohl gearbeitet als auch Vietnamesisch gelernt. **3.** Peggy hat sowohl noch keine Familie als auch noch keine Kinder. **4.** Das Ehepaar Trung-Ha hat sowohl Söhne als auch eine Tochter. **5.** Peggy möchte eine Wohnung mieten, die sich sowohl im Zentrum als auch in der Nähe ihres Büros befindet.

8 A Übungen

2. Mit der Rikscha durch Vietnam 1. gặp (sich treffen), xe đạp (Fahrrad), chậm chạp (langsam), bưu thiếp (Postkarte), đón tiếp (empfangen) **2.** một (eins), biết (kennen, wissen), rất (sehr), tốt (gut), Việt nam **3.** thích (mögen), sách (Buch), khách sạn (Hotel), du lịch (Tourismus), xích lô (Rikscha) **4.** học (lernen), được (können, dürfen), các (Hilfswort für Mehrzahl), nước Đức (Deutschland), Hàng Bạc („Silberstraße“ in Hanoi)
3. Viele Fahrzeuge führen zum Ziel 1. Tôi thích đi bằng **tầu hỏa**. (Ich fahre gern mit **dem Zug**.) **2.** ô tô (Auto) **3.** tàu thủy (Schiff) **4.** xe đạp (Fahrrad) **5.** máy bay (Flugzeug) **6.** xe ca (Minibus)
4. Reisepläne 1. Xin chào cô. Tôi muốn đi du lịch Hạ Long. **2.** Xin chào ông. Ông định bao giờ đi Hạ Long? **3.** Tôi muốn đi Hạ Long vào chủ nhật. **4.** Ông muốn đi bằng gì? **5.** Tôi thích đi bằng xe buýt du lịch.
5. Ausflug nach Nha Trang 1. b (Ich möchte nach Nha Trang reisen.) **2.** b (Ich beabsichtige, am Samstag nächster Woche nach Nha Trang zu reisen.) **3.** b (Ich fliege gerne mit dem Flugzeug nach Nha Trang.) **4.** b (Ich beabsichtige, die Fahrt nach Nha Trang morgen früh um 8:00 Uhr zu fahren.)

8 B Übungen

2. Hier, mir ein Bier! 1. kìa (kia kìa: dort), mía (Zuckerrohr), bịa (ausgedacht, erdichten), tỉa (zerpflücken), nghĩa (ý nghĩa: Bedeutung) **2.** thiu (verdorben), bíu (sich klammern), bận bịu (beschäftigt sein), bẩn thỉu (schmutzig, dreckig), dìu dắt (führen) **3.** của (von, gehört zu), lụa (Seide), múa (tanzen), đũa (Essstäbchen), tua tủa (stachlig) **4.** vừa (passend), dứa (Ananas), nữa (noch), chọn lựa (aussuchen, Auswahl), xe lửa (Zug) **5.** ngửi (riechen), gửi thư (Brief abschicken), gửi qùa (Geschenk schicken), khung cửi (Webstuhl), chửi bới (schimpfen)
3. Womit fahren Hanoier? 1. Người Hà nội đi lại bằng **xe buýt**. (Hanoier fahren mit dem **Bus**) **2.** xích lô (Rickscha) **3.** xe ôm (Mopedtaxi) **4.** tắc xi (Taxi) **5.** xe máy (Moped) **6.** xe mô tô (Motorrad)
4. Wie ist deine Handynummer? 1. Có. Tôi có điện thoại di động. (Haben Sie ein Handy? – Ja. Ich habe ein Handy.) **2.** Số di động của tôi là … (Wie ist Ihre Handynummer? – Meine Handynummer ist …) **3.** Có. Tôi rất thích đi du lịch. // Không. Tôi không thích đi du lịch. (Reisen Sie gerne? – Ja. Ich reise sehr gerne. // Nein. Ich reise nicht gern.) **4.** Tôi thích đi du lịch ở … (Wo reisen Sie gerne? – Ich reise gerne in/im …) **5.** Tôi sẽ đi du lịch vào ngày … tháng … (Wann reisen Sie? – Ich werde am … reisen.)
5. Wer fragt wen wonach? 1. Chị ấy đã hỏi **Hùng**. (Wen hat Peggy wegen der Verkehrsmittel der Hanoier gefragt? – Sie hat **Hung** gefragt.) **2. Nhân viên văn phòng du lịch** đã hỏi chị ấy. (Wer hat Peggy gefragt: „Womit möchten Sie nach Sa Pa fahren?“ – **Der Angestellte des Reisebüros** hat sie gefragt.) **3.** Về **số di động** của chị ấy. (Wonach hat Hung Peggy gefragt? – Nach ihrer **Handynummer**.) **4.** Chị ấy đã hỏi **nhân viên văn phòng du lịch**. (Wen hat Peggy nach der Sa-Pa-Reise gefragt? – Sie hat den **Angestellten des Reisebüros** gefragt.) **5.** Chị ấy đã hỏi về việc **du lịch Sa Pa**. (Wonach hat Peggy den Angestellten des Reisebüros gefragt? – Sie hat nach **Sa-Pa-Reise** gefragt.)

T 2 Test

1. Welche Antwort stimmt? 1. b **2.** b **3.** b **4.** a **5.** c **6.** a
2. Fragen und Antworten 1. f (Haben Sie schon eine Familie, junge Frau?/Sind Sie verheiratet? – Noch nicht, ich habe noch keine Familie./Ich bin noch nicht verheiratet.) **2.** g (Wie spät ist es jetzt? – Jetzt ist schon 2:00 Uhr nachts.) **3.** a (Welcher Wochentag ist heute? – Heute ist Mittwoch.) **4.** e (Wie gehe ich zum Postamt? – Sie gehen 100 m geradeaus.) **5.** h (Wie ist Ihre Handynummer? – Meine Handynummer ist 0914-2576.) **6.** d (Womit möchten Sie fahren, junger Mann? – Ich fahre gern mit dem Fahrrad.) **7.** c (Der Wievielte ist heute? – Heute ist der 3. Mai.) **8.** b (Wann kann ich die Wohnung besichtigen? – Sie können jederzeit kommen, meine Dame.)
3. Was fehlt? 1. c (Wir werden die Stadt **am** Samstag besuchen.) **2.** b (Morgen Nachmittag **wird** Peggy zum Vietnamesisch-Kurs gehen.) **3.** a (Ich kaufe **diese** SIM-Karte.) **4.** c (Der **Wievielte** ist heute?) **5.** b (**Womit** möchten Sie fahren?) **6.** c (**Wann** beabsichtigen Sie, nach Sa Pa zu fahren?)
4. Wie sagt man das auf Vietnamesisch? 1. Tôi muốn đi thăm thành phố. **2.** Chúng tôi chỉ rảnh vào cuối tuần. **3.** Tôi muốn mua một SIM-Các. **4.** Xin ông cho biết, đến khách sạn tôi đi thế nào? **5.** Tôi muốn đi du lịch Hải Phòng. **6.** Chúng tôi muốn ở lại Hải Phòng hai ngày. **7.** Tôi thích đi du lịch bằng tầu hỏa. **8.** Số di động của tôi là không một năm hai – hai sáu bảy năm tám một bốn ba chín.

9 A Übungen

2. Toi, toi, toi! 1. nói (sprechen), hỏi (fragen), gọi (rufen), theo dõi (verfolgen) **2.** tôi (ich), rồi (schon), tối mai (morgen Abend), đại hội (Kongress, Tagung) **3.** với (mit), mới (neu), xin mời (bitte schön), giới thiệu (vorstellen) **4.** hai (zwei), con trai (Sohn), con gái (Tochter), bên phải (rechts) **5.** túi bụi (durcheinander), vui mừng (Freude, fröhlich), lủi thủi (alleine gehen/etwas machen), cúi đầu (sich beugen)

3. Wo ist das Ho-Chi-Minh-Mausoleum? **1.** bên trái (Das Ho-Chi-Minh-Museum befindet sich an der **linken Seite** des Mausoleums.) **2.** đằng sau (Die Mot-Cot-Pagode ist **hinter** dem Ho-Chi-Minh-Museum.) **3.** bên phải (Der Präsidentenpalast ist an der **rechten Seite** des Ho-Chi-Minh-Mausoleums.) **4.** phía trước (Der Ba-Dinh-Platz ist **vor** dem Ho-Chi-Minh-Mausoleum.) **5.** bên cạnh (Die Trang-Tien-Str. ist **neben** der Dinh-Tien-Hoang-Str.)

4. Stadtrundfahrt **1.** Heute ist Samstag, Peggy und Hung gehen die Stadt Hanoi besuchen. **2.** In Hanoi gibt es sehr viele Sehenswürdigkeiten, aber Peggy kennt nur den Hoan-Kiem-See. **3.** Sie möchte sehr gerne das Mausoleum des Präsidenten Ho besuchen. Zuerst gehen Peggy und Hung das Mausoleum besuchen. **4.** Danach besuchen sie den Präsidentenpalast an der rechten Seite des Mausoleums und das Ho-Chi-Minh-Museum an der linken Seite des Mausoleums. **5.** Schließlich besuchen beide die Mot-Cot-Pagode hinter dem Museum.

5. So viele Fragen! **1.** Có. Ba triệu người. (Fahren viele Leute in Hanoi mit dem Moped arbeiten/zur Arbeit? – Ja. Drei Millionen Menschen.) **2.** Peggy đã biết hồ Hoàn Kiếm, lăng Hồ Chủ Tịch, bảo tàng Hồ Chí Minh, chùa Một Cột, Phủ Chủ Tịch và quảng trường Ba Đình. (Welche Sehenswürdigkeiten in Hanoi kennt Peggy schon? – Peggy kennt schon den Hoan-Kiem-See, das Mausoleum des Präsidenten Ho, das Ho-Chi-Minh-Museum, die Mot-Cot-Pagode, den Präsidentenpalast und den Ba-Dinh-Platz.) **3.** Có. Họ đều làm việc tốt. (Arbeiten alle Personen im Büro gut? – Ja. Sie arbeiten alle gut.) **4.** Vào chiều thứ ba. (An welchem Wochentag lernt Peggy wöchentlich Vietnamesisch? – Am Dienstagnachmittag.) **5.** Không. (Fahren alle Hanoier mit dem Moped? – Nein.)

9 B Übungen

2. He-ho, ruft Theo den Leo **1.** thêu (einsticken), nếu (wenn), kêu (schreien), nghêu ngao (hát nghêu ngao = vor sich hinsingen) **2.** lẽo đẽo (sich an jmdn. hängen), theo sau (nachlaufen), đói meo (großen Hunger haben), leo lẻo (nói leo lẻo: bissig reden) **3.** lựu (quả lựu: Granatapfel), cứu (retten), bưu điện (Postamt), bưu thiếp (Postkarte) **4.** chào (grüßen), nào? (welche/-r/-s?), vào (für Zeitangaben: um, am, im; hereinkommen), bao giờ? (wann?)

3. Es ist schon spät! **1.** muộn (Heute geht Dung um 10:00 Uhr zur Arbeit. Er geht **spät** zur Arbeit.) **2.** sớm (Gestern ist Peggy um 6:00 Uhr zur Arbeit gegangen. Sie ist **früh** zur Arbeit gegangen.) **3.** đúng giờ (Heute geht Peggy um 8:00 Uhr zur Arbeit. Sie geht **pünktlich** zur Arbeit.) **4.** gần (Vom Hoan-Kiem-See bis zum Mausoleum des Präsidenten Ho sind es nur 2 km. Sehr **nah**!) **5.** xa (Von Hanoi bis Saigon sind es 1.700 km. Sehr **weit**!)

4. Schon gemacht? **1.** a (Wann hat Peggy das Zimmer im Hotel gemietet? – Nach der Ankunft in Hanoi.) **2.** a (Wann hat Peggy Thu Has Familie besucht? – Samstag letzter Woche.) **3.** b (Wann hat Peggy in Deutschland Vietnamesisch gelernt? – Vor 3 Monaten.) **4.** b (Wann hat Peggy eine SIM-Karte gekauft? – Dienstag letzter Woche.) **5.** b (Wann haben Peggy und Hung das Wassermarionettentheater besucht? – 8:00 Uhr gestern Abend.)

10 A Übungen

2. Au, der Pfau macht Radau **1.** hay (interessant), bảy (sieben), này (diese/-r/-s), chạy (laufen) **2.** đây (hier), đấy (dort), bẩy (= bảy: sieben), bẫy (Falle) **3.** sáu (sechs), cháu (Anredeform für Kinder, Enkelkind, Neffe, Nichte), màu (Farbe), đau đầu (Kopfschmerzen) **4.** đâu? (wo?), cậu (Onkel, jüngerer Bruder der Mutter des Sprechers), tầu hỏa (Zug), trận đấu (Wettkampf) **5.** Huy (männlicher Vorname), tùy (je nachdem), Thúy (weiblicher Vorname), tàu thủy (Schiff)

3. Wo ist der Balkon? **1.** phòng khách (Vor dem **Wohnzimmer** ist der Balkon.) **2.** phòng khách (Neben dem **Wohnzimmer** ist das Schlafzimmer.) **3.** phòng ngủ (Gegenüber dem **Schlafzimmer** ist das Badezimmer.) **4.** phòng tắm (Neben dem **Badezimmer** ist die Küche.) **5.** bếp (Hinter der **Küche** ist die Treppe.)

4. Dies und das, hier und dort 1. kia (Welches Zimmer ist **jenes** Zimmer? – **Jenes** Zimmer ist das Wohnzimmer.) **2.** ấy (**dieses** – weiter entfernt: Hat **dieses** Zimmer einen Balkon? – Ja, **dieses** Zimmer hat einen Balkon.) **3.** này (**dieses** – in Sichtweite: Welches Zimmer ist **dieses** Zimmer? – **Dieses** Zimmer ist das Schlafzimmer.) **4.** đó (**das** – weiter entfernt: Ist **das** das Badezimmer? – Ja, **das** ist das Badezimmer.) **5.** đây (Ist die Treppe dort? – Nein, die Treppe ist **hier**.)
5. Wie ist die Wohnung ausgestattet? 1. Căn hộ có **phòng tắm** không? (Hat die Wohnung **ein Badezimmer**?) **2.** tủ lạnh (Kühlschrank) **3.** ti vi (Fernseher) **4.** bếp (Küche) **5.** ban công (Balkon)

10 B Übungen

2. Zwoa Loatawagl 1. khoe (eitel), khỏe (gesund, es geht gut), lóe sáng (aufglänzen), lòe loẹt (bunt) **2.** loa (Lautsprecher), tầu hỏa (Zug), chìa khóa (Schlüssel), hòa bình (Frieden) **3.** thuê (mieten), Huế (Kaiserstadt in Zentralvietnam), Huệ (weiblicher Vorname), xuề xòa (einfach) **4.** muôn thuở (ewig, Ewigkeit), thuở xưa (vor langer Zeit), thuở trước (vorher), quở mắng (schimpfen)
3. Voll möbliert 1. Trong căn hộ này có **một cái bàn**. (Es gibt **einen Tisch** in dieser Wohnung.) **2.** hai cái ghế (zwei Stühle) **3.** một cái giường (ein Bett) **4.** một cái tủ lạnh (einen Kühlschrank) **5.** một cái ti vi (einen Fernseher)
4. Ist die Kaution teuer? 1. Đắt **quá**! (Die Kaution für diese Wohnung ist/beträgt 30 Mio. Dong. **Zu** teuer!) **2. Rất** đắt! (20 Mio. Dong. **Sehr** teuer!) **3. Hơi** đắt! (10 Mio. Dong. **Ziemlich** teuer!) **4. Không** đắt **lắm!** (5 Mio. Dong. **Nicht sehr** teuer!) **5.** Rẻ **lắm!** (3 Mio. Dong. **Sehr** billig!)
5. Was ist das? 1. b (Was ist das hier? – Hier ist der Stuhl.) **2.** a (Was ist dort? – Dort ist der Tisch.) **3.** e (Was ist dieses Ding? – Dieses Ding ist der Fernseher.) **4.** c (Was ist dort? – Dort ist das Bett.) **5.** d (Was ist jenes Ding? – Jenes Ding ist der Kühlschrank.)

11 A Übungen

2. Oach! 1. toán (Mathematik), hoàn (hoàn toàn: ganz, endgültig), loạn (sich empören, rebellisch), hoãn (aufschieben) **2.** ngoạm (beißen), oàm oạp (große Welle), nhồm nhoàm (mit vollem Mund kauen), xồm xoàm (zottig) **3.** khoảng (ungefähr, zirka), choáng (Schock, schockiert), choàng (áo choàng: Mantel), choạng (loạng choạng: taumeln) **4.** doanh (doanh nhân: Unternehmer), khoảnh (khoảnh đất: Grundstück), loành quành (umherlaufen, herumreden), hoạnh họe (nörgeln) **5.** toạc (zerfetzt), khoác (khoác lác: angeben, Angeber), loạc choạc (unzusammenhängend, unharmonisch), oang oác (sehr laut schreien) **6.** oách (schick, fein), ngã oạch (hinplumpsen), kế hoạch (Plan), thu hoạch (ernten)
3. Wie viel kostet das? 1. Quyển sách này giá bao nhiêu? (Wie viel kostet **dieses Buch**?) **2.** cái tủ lạnh kia (jener Kühlschrank) **3.** cái ti vi ấy (dieser Fernseher) **4.** cái bàn đó (jener Tisch) **5.** Cái ghế này (dieser Stuhl)
4. Wie ist dieses Buch? 1. Quyển sách này thế nào? – Quyển sách này **hay/không hay/dở**. (Wie [interessant] ist **dieses Buch**? – Dieses Buch ist **interessant/uninteressant/schlecht**.) **2. Tiền đặt cọc của căn hộ ấy** thế nào? – Tiền đặt cọc của căn hộ ấy **đắt/không đắt lắm**. (Wie hoch ist **die Kaution für diese Wohnung**? – Die Kaution für dieser Wohnung ist **hoch/teuer/nicht hoch/nicht teuer**.) **3. Vé xem Múa rối nước** thế nào? – Vé xem Múa rối nước **đắt/rẻ**. (Wie teuer ist **die Karte für das Wassermarionettentheater**? Die Karte für das Wassermarionettentheater ist **teuer/billig**.) **4. Căn hộ ấy** thế nào? – Căn hộ ấy **đẹp/xấu**. (Wie sieht **diese Wohnung** aus? – Diese Wohnung ist **schön/hässlich**.) **5. Ông Thông là người** thế nào? – Ông ấy là người tốt/không tốt. (**Was für ein Mensch** ist Herr Thong? – Er ist ein **guter/böser Mann**.)

5. Kann ich Ihnen helfen? **1.** được (Peggy **kann** nur wenig Vietnamesisch sprechen.) **2.** thích/muốn (Hung **möchte** sehr gern nach Sa Pa reisen.) **3.** muốn/thích (Peggy **möchte** sehr gern das Mausoleum des Präsidenten Ho besuchen.) **4.** định (Peggy und Hung **beabsichtigen**, nächstes Wochenende nach Sa Pa zu reisen.) **5.** có thể (Hung **kann** Peggy beim Mieten der Wohnung helfen.)

11 B Übungen

2. Gequetschte Zwetschgen **1.** đoạt (gewinnen), ấn loát (Druckerei), kiểm soát (kontrollieren), hoạt động (Bewegung) **2.** hoe hoét (đỏ hoe hoét = leuchtend rot), lở loét (Ekzem, Krätze), lòe loẹt (bunt), hoen rỉ (Schrott) **3.** quan tài (Sarg), quán nước (Kneipe), quản lý (managen), quạt mát (fächeln) **4.** quèn quẹt (quét quèn quẹt = nachlässig fegen), làm quen (kennenlernen), quét nhà (das Haus fegen), quét rác (Müll kehren) **5.** quên (vergessen), quệt xe (Verkehrsunfall), luềnh loãng (dünnflüssig), khuếch trương (ausdehnen, verstärken, erweitern)
3. Bitte, kaufen Sie doch! **1.** Bitte, kaufen Sie doch das frische Rindfleisch! **2.** Hung, gehen wir doch zum Wassermarionettentheater! **3.** Hung, besuchen wir doch das Ho-Chi-Minh-Mausoleum! **4.** Hung, reisen wir doch nach Sa Pa! **5.** Bitte, mieten Sie doch diese Wohnung!
4. Zu teuer! **1.** Mời bà/ông mua thịt lợn tươi đi! **2.** Thịt lợn này giá bao nhiêu một trăm gam? **3.** Chín nghìn đồng. **4.** Đắt quá! Bảy nghìn đồng thôi, (có) được không? **5.** Tám nghìn đồng thì tôi bán.
5. Darf's noch etwas sein? **1.** Bà có bán **thịt bò** không? (Haben Sie **Rindfleisch** zu verkaufen?) **2.** thịt gà (Hühnerfleisch) **3.** thịt lợn (Schweinefleisch) **4.** thịt vịt (Entenfleisch) **5.** thịt ngỗng (Gänsefleisch)

12 A Übungen

2. Jelena liebt jetzt den Jens **1.** xiếc (Zirkus), làm việc (arbeiten), ăn tiệc (Festessen), xanh biếc (smaragdgrün) **2.** liếm (lecken, ablecken), điểm (Punkt), Diễm (weiblicher Vorname), tiệm ăn (Restaurant) **3.** tiền (Geld), đầu tiên (zuerst), tầu điện (Straßenbahn), miễn phí (kostenlos) **4.** kiềng (Dreifuß in der Küche), tiếng Việt (Vietnamesisch), bay liệng (gleiten, schweben, Gleitflug), lủng liểng (herunterhängend) **5.** tiếp (weiter, fortsetzen), nước Tiệp (Tschechien), bưu thiếp (Postkarte), lịch thiệp (höflich, liebenswürdig)
3. Welche Farbe willst du? **1.** Tôi thích áo sơ mi **mầu đỏ**. (Ich mag ein Hemd/eine Bluse in **Rot**.) **2.** mầu vàng (gelb) **3.** mầu trắng (weiß) **4.** mầu đen (schwarz) **5.** mầu xanh lá cây (grün)
4. Gut – besser – am besten **1.** lạnh **bằng** (Im November ist es in Paris **so kalt wie** in Berlin.) **2.** nóng **hơn** (Im Juli ist es in Hanoi **heißer** als in Berlin.) **3.** mát **bằng** (Im September ist es in Sa Pa **so kühl wie** in Berlin.) **4.** ấm **hơn** (Im Mai ist es in Hanoi **wärmer** als in Berlin.) **5.** rét **nhất** (Im Januar ist es am Nordpol **am kältesten**.)
5. Was hat Peggy gekauft? **1.** Heute gehen Peggy und Hung Kleidung kaufen. **2.** Hung sagt: „In Sa Pa ist es kälter als in Hanoi.“ **3.** Deshalb beabsichtigen beide, warme Kleidung zu kaufen. **4.** Sie fahren mit Hungs Moped zum Textilladen. **5.** Dort hat Peggy einen wunderschönen Pullover in Blau gekauft.

12 B Übungen

2. Jeder Jeck schlürft jetzt **1.** biết (können, kennen), viết thư (Brief schreiben), tiếng Việt (Vietnamesisch), liệt sỹ (Märtyrer/-in, gefallener Held) **2.** nước (Wasser, Land, Flüssigkeit), được (können, dürfen), cái thước (Lineal), cái lược (Kamm) **3.** Hồ Gươm (Hoan-Kiem-See), lườm nguýt (misstrauisch schauen), bươm bướm (Schmetterling), hái lượm (sammmeln, aufsammeln) **4.** con lươn (Aal), vườn hoa (Blumengarten), thuê mướn (mieten), bay lượn (schweben) **5.** giường (Bett), vướng (gehemmt), Ánh Dương (Sonnenschein), lưỡng lự (überlegen, verzweifelt)

3. Hinter den sieben Bergen **1.** Herr Nam mag Einkaufen nicht. **2.** Wir möchten nicht mit dem Bus fahren. **3.** Sie kauft einen schönen Pullover. **4.** Es ist in Da Lat sehr frisch/kühl. **5.** Sportschuhe sind nicht teurer als Wanderschuhe.
4. Wer fragt hier wonach? **1.** d (Welche Schuhgröße hast Du? – Ich habe die Größe 38.) **2.** c (Was möchten Sie kaufen, junger Mann? – Ich möchte Sandalen kaufen.) **3.** e (Welche Farbe mögen Sie, junge Dame? – Ich mag die Farbe Rot.) **4.** b (Wie ist das Wetter in Hue? – In Hue ist es sehr heiß.) **5.** a (Schuhe aus welchem Material trägst Du gern? – Ich trage gern Lederschuhe.)
5. Verben-Lotto **1.** mua (Sie möchte ein Paar Schuhe **kaufen**.) **2.** thích (Peggy **mag** den rosafarbenen Pullover sehr.) **3.** đi (Hung **fährt** gern mit dem Moped.) **4.** bán (Sie **verkauft** das Fleisch im Dong-Xuan-Markt.) **5.** mặc thử (Ich möchte jene blaue Bluse **anprobieren**.)

T 3 Test

1. Welche Antwort stimmt? **1.** b (Volkstheater) **2.** b **3.** b (Stadtbezirk) **4.** c (Handwerkerdörfer) **5.** c **6.** a
2. Fragen und Antworten **1.** f (Wann hat Peggy die SIM-Karte gekauft? – Dienstag letzter Woche.) **2.** g (Ist es weit von hier bis zum Theater? – Sehr nah.) **3.** h (Wie viel kostet dieses Buch? – Es kostet 200.000 Dong.) **4.** a (Was ist dieses Ding? – Dieses Ding ist ein Kühlschrank.) **5.** e (Welche Schuhgröße haben Sie, junger Mann? – Ich habe die Größe 42.) **6.** c (Welche Pulloverfarbe mögen Sie, meine Dame? – Ich mag den Pullover in Schwarz.) **7.** b (Was ist das dort? – Dort ist der Tisch.) **8.** d (Wie ist das Wetter in Sa Pa? – In Sa Pa ist es kälter als in Hanoi.)
3. Was fehlt? **1.** a (Guten Tag, meine **Herren** und **Damen**!) **2.** b (**Danach** besuchen wir das Ho-Chi-Minh Museum.) **3.** a (**Dieses** Zimmer ist das Wohnzimmer.) **4.** c (**Verkaufen** Sie Schweinefleisch, Fräulein?) **5.** b (Wir werden warme Kleidung **kaufen**, ja?) **6.** c (Wer ist **hier**?)
4. Wie sagt man das auf Vietnamesisch? **1.** Tôi muốn thăm chùa Một Cột. **2.** Tôi thích phòng này. **3.** Tiền đặt cọc đắt. **4.** Đắt quá! Hai trăm nghìn có được không? **5.** Đồng ý! Tôi mua áo len này. **6.** Thời tiết ở Đà Lạt thế nào? **7.** Ông có bán giầy đen không? **8.** Từ đây đến nhà hát có xa không?

13 A Übungen

2. Alles Quark **1.** ướp thịt (Fleisch marinieren), kẻ cướp (Räuber), quả mướp (Schwammkürbis), nườm nượp (scharenweise, in Massen gehen) **2.** vượt (überholen), lần lượt (nacheinander, fortlaufend), lướt ván (Wellenreiten), xanh mướt (hellgrün) **3.** xuân (Frühling), tuần (Woche), lý luận (Theorie), ngu xuẩn (dumm) **4.** luật sư (Rechtsanwalt), quả quất (Mandarine), thuế xuất (Steuersatz), quật cường (beharrlich, mutig) **5.** thâm quầng (mắt thâm quầng: eingefallene Augen), quầng sáng (Lichthof), bâng khuâng (betrübt, düster)
3. Hoch die Tassen **1.** Xin chị cho tôi một **cốc bia hơi**. (Bitte bringen Sie für mich ein **Glas Bier vom Fass.**) **2.** cốc nước sinh tố (ein Glas frisch gepressten Fruchtsaft) **3.** ly cà phê đen (eine Tasse schwarzen Kaffee) **4.** chai bia Sài Gòn (eine Flasche Saigon-Bier) **5.** cốc nước cam không có đá (ein Glas Orangensaft ohne Eiswürfel) **6.** chai nước khoáng không có ga (eine Flasche Mineralwasser ohne Sprudel)
4. Wir möchten uns draußen hinsetzen **1.** ngoài (Wir setzen uns **draußen** hin, ja?) **2.** xung quanh (Peggy geht gern **um** den Hoan-Kiem-See **herum**.) **3.** trên (Sie setzen sich lieber **auf** die 5. Etage.) **4.** dưới (Auf der 5. Etage können sie die Straße **unten** betrachten.) **5.** giữa bàn (Das Buch ist/liegt **mittig** auf dem Tisch.) **6.** trong (Peggy arbeitet **im** Büro.)
5. Er mag, sie nicht **1.** rất thích (Viele Leute reisen **sehr gern** nach Sa Pa.) **2.** thích (Hung trinkt **lieber** Eiskaffee.) **3.** muốn (**Möchtest** du ein Eis essen?) **4.** rất (Peggy möchte sich **sehr** gerne draußen hinsetzen.) **5.** không muốn (Sie **möchte kein** Bier trinken.)

13 B Übungen

2. Mürbe 1. luộc (in Wasser kochen), thuốc (Medizin, Medikament), cuộc đời (Leben), quốc tế (international) **2.** cuỗm (klauen, Diebstahl), buồm (thuyền buồm = Segel), nhuộm (färben), nhuốm màu (sich verfärben) **3.** buồn (traurig), muộn (spät), cuốn sách (Buch), luôn luôn (oft, ständig) **4.** uống (trinken), cái muỗng (südl. für cái thìa = Löffel), chim muông (Vogel), buồng tắm (Bad) **5.** nuốt (schlucken), con chuột (Maus), vuốt ve (streichen), lạnh buốt (eiskalt)
3. Wörtersalat 1. Tôi mua cái áo len đẹp mầu hồng này. (Ich kaufe diesen schönen rosafarbenen Pullover.) **2.** Xin anh cho tôi xem đôi giầy đẹp bằng da ấy. (Bitte zeigen Sie mir jene schönen Lederschuhe.) **3.** Hai quyển sách hay này giá bao nhiêu? (Wie viel kosten diese zwei interessanten Bücher?) **4.** Một cân thịt gà tươi kia giá bao nhiêu? (Wie viel kostet ein Kilo von jenem frischen Hühnerfleisch?) **5.** Tiền đặt cọc của căn hộ đẹp này có đắt không? (Ist die Kaution für diese schöne Wohnung hoch/teuer?)
4. Fragen kostet nichts 1. e (Ist dieses Gericht scharf? – Ja, dieses Gericht ist ziemlich scharf.) **2.** c (Haben Sie schon Durst? – Ich habe schon großen Durst.) **3.** d (Ist Banh Tom teuer? – Nein, dieses Gericht ist nicht teuer.) **4.** a (Trinken Sie Bier, ja? – Ich trinke lieber Kaffee.) **5.** b (Schmeckt Cha Ca? – Dieses Gericht ist sehr schmackhaft.)
5. Hier bleibt niemand hungrig! 1. Xin chị/anh cho tôi một bát Phở bò. **2.** Tôi muốn ăn một đĩa nem rán. **3.** Xin chị/anh cho tôi một đĩa bánh tôm hồ Tây. **4.** Xin chị/anh cho chúng tôi hai bát cháo. **5.** Tôi muốn ăn miến lươn.

14 A Übungen

2. Zander wackelt an der Angel 1. hoặc (oder), ngoắc (anhängen), nghi hoặc (verzweifelt, verdächtigen), móc ngoặc (Bestechungsbeziehung) **2.** xoắn (schraubenförmig, schlängeln), xoăn (sich ringeln, gedreht, lockig), băn khoăn (aufgeregt, Sorge), họa hoằn (selten) **3.** khoắng (umrühren, bestehlen), oăng oẳng (bellen), loăng quăng (umhergehen, spazieren), dài ngoẵng (sehr lang) **4.** nhọn hoắt (scharfe Spitze), rẽ ngoặt (plötzlich abbiegen), thoăn thoắt (sehr schnell, beschwingt), loắt choắt (winzig)
3. Selbst ist die Frau 1. Können Sie diese Aufgabe selbst machen? **2.** Hat Peggy das Zimmer im Hotel selbst gemietet? **3.** Wem hat sich Peggy im Büro vorgestellt? **4.** Kann Peggy mit dem Moped schon selbst fahren? **5.** Kann Peggy Frühlingsrollen selbst kochen/machen?
4. Kochkurs 1. d (Was brauchen wir noch? – Wir brauchen noch Gewürze.) **2.** e (Können Sie mit Stäbchen kochen, junge Frau? – Ja, doch!) **3.** a (Wie lange muss ich die Frühlingsrollen braten? – Nur einige Minuten.) **4.** c (Aus welchem Material sind diese Essstäbchen? – Diese Essstäbchen sind aus Bambus.) **5.** b (Was ist das? – Das ist Schweinehackfleisch.)
5. Man nehme etwa ... 1. đường (Um Tunke/Soße zu machen, brauche ich ein wenig **Zucker**.) **2.** bánh đa nem (Um Frühlingsrollen zu machen, müssen wir **etwas Reispapier** haben.) **3.** quả trứng (Um die Füllung der Frühlingsrollen zu mischen, brauchen wir einige **Eier**.) **4.** củ hành (Und noch einige **Gemüsezwiebeln**.) **5.** thịt băm (Schließlich müssen wir 500 g **Hackfleisch** haben.)

14 B Übungen

2. Knackis quatschen nicht 1. kỳ quặc (kurios, unverständlich), sáng quắc (mắt sáng quắc: lebendig, klug), quắc mắt (scharf ansehen), quắc thước (rüstig) **2.** cò quăm (Storch), dao quắm (hakenförmiges Messer), quằm quặm (= quàu quạu: mürrisch), mũi quằm (Adlernase) **3.** quăn queo (= xoăn: sich ringeln, gewellt, lockig), xoăn quắn (= rất xoăn: sehr gewellt/lockig), quằn quại (đau quằn quại: sich winden vor Schmerzen), đau quặn (đau quằn quại = sehr stark schmerzen) **4.** quăng lưới (Netze auswerfen), mỏ quặng (Bergbau), quăng quật (pfeffern, schleudern), quẳng đi (wegwerfen) **5.** quắp nhau (sich zusammenkrümmen), quắp đuôi (chó quắp đuôi = der Hund zieht seinen Schwanz ein), mũi quặp (= mũi quằm: Adlernase), quặp xuống (einziehen) **6.** rẽ quặt (umkehren, sich umwenden, plötzlich abbiegen), khô quắt (vertrocknet), đói quắt (đói quắt ruột = extremer Hunger), quặt quẹo (kränklich, schwächlich)

3. Was brauchen wir außerdem noch? **1.** Um Vietnamesisch zu lernen, braucht Peggy außer dem Lehrbuch noch das Übungsbuch. **2.** Außer Vietnamesisch muss Peggy noch Chinesisch lernen. **3.** Um nach Sa Pa zu reisen, benötigen Peggy und Hung warme Kleidung. **4.** Wie die Frühlingsrollen duften! Aber der Kaffee ist etwas bitter. **5.** Das Garnelengericht vom Ho Tay schmeckt, aber die Glasnudeln mit Aal schmecken nicht.

4. Satzpaare gesucht **1.** c (Ist das Ingwer? – Nein, das ist Knoblauch.) **2.** e (Was müssen wir haben? – Wir brauchen Reispapier und Hackfleisch.) **3.** a (Magst du scharf essen, Bruder? – Ja, ich esse gern scharf.) **4.** b (Können Sie mit Stäbchen essen, junge Frau? – Ja, ich kann mit Stäbchen essen.) **5.** d (Ist das das Restaurant? – Richtig! Das ist es.)

5. Was ist denn das für einer? **1.** bà (Wer ist jene schöne Frau? – Dort/Das ist die **Ärztin**.) **2.** người (Was für ein Mensch ist dieser schöne Ingenieur? – Er ist ein **guter Mann**.) **3.** người (Aus welchem Land kommt Lisa? – Sie ist **Schweizerin**.) **4.** ông (Wer ist der alte Mann dort? – Er ist der **Inhaber des Pho-Restaurants**.) **5.** người (Was für ein Mensch ist jene Direktorin? – Sie ist eine **intelligente Frau**.)

15 A Übungen

2. Uik, uik! **1.** huých (sich raufen), huỳnh huỵch (trampeln), tuýp (Röhre), khuýp (vừa khuýp = sehr gut passend) **2.** quỳnh (Quỳnh: Frauenvorname), phụ huynh (Eltern), mừng quýnh (außer sich vor Freude sein), luýnh quýnh (hektisch, zappelig) **3.** xuýt (jmd. auf etwas/jmd. hetzen), xe buýt (Bus), quỵt tiền (Zeche prellen), huýt còi (hupen) **4.** yên bình (still, friedlich), yên tĩnh (still, ruhig), yên tâm (ruhig, beruhigt sein), chim yến (Schwalbe) **5.** yếm đào (Leibchen), yểm bùa (in der Erde vergrabenes Amulett zum Schutz vor bösen Geistern), niêm yết (anzeigen), yết thị (veröffentlichen)

3. Wer kann, der darf **1.** nấu phở (Hung kann **Pho kochen**.) **2.** xe đạp (Peggy kann mit dem **Fahrrad** fahren.) **3.** xe mô tô (Er kann mit dem **Motorrad** fahren.) **4.** tiếng Việt có dấu (Frau Lan kann **Vietnamesisch mit Tonzeichen** schreiben.) **5.** ăn cơm Việt nam (Wir können **vietnamesische Speisen** essen.)

4. Ja wie denn nun? **1.** c (Was ist ein großes Fahrzeug? – Ein großes Fahrzeug ist ein Fahrzeug mit großem Hubraum.) **2.** b (Kann man hier ein Motorrad mieten? – Ja, welche Art von Motorrad möchten Sie mieten?) **3.** d (Sind Sie schon mal in den Bergen gewesen, junge Dame? – Ja, schon. Ich war schon in den Bergen.) **4.** a (Mieten Sie dieses Fahrzeug, junger Mann? – Ja, ich miete dieses Fahrzeug.) **5.** e (Ist dieses Fahrzeug in den Bergen stark/leistungsfähig? – Ja, es fährt in den Bergen sehr stark/gut.)

5. So neugierig **1.** Anh đã ở Lào bao giờ chưa? **2.** Chị đã ở Thụy Sĩ bao giờ chưa? **3.** Ông bà đã ở Đức bao giờ chưa? **4.** Bà đã ở Thái Lan bao giờ chưa? **5.** Ông đã ở Trung quốc bao giờ chưa?

15 B Übungen

2. Müde Kühe machen Mühe **1.** Quyên (Frauenvorname), tuyên bố (proklamieren), kết duyên (heiraten), huyên thuyên (prahlen) **2.** huyền bí (Mysterium, geheimnisvoll), quyền lực (Macht), đen tuyền (tiefschwarz), tuyên truyền (propagieren) **3.** gia quyến (Familie, Verwandtschaft), tuyến đầu (Vorposten), tiền tuyến (Militär: Front), luyến tiếc (bedauern) **4.** huyện (Verwaltung: Kreis), luyện tập (trainieren, üben), hòa quyện (übereinstimmen, harmonisch), câu chuyện (Erzählung, Geschichte) **5.** quyển vở (Heft), quyển sách (Buch), tuyển dụng (Betrieb: einstellen), tuyển sinh (immatrikulieren)

3. Gegensätze ziehen sich an **1.** Máy tính điện tử này chạy tốt, máy kia chạy không tốt. **2.** Xe đạp nhẹ, còn xe mô tô rất nặng. **3.** Đôi giầy này đẹp, nhưng cái áo len kia thì xấu!

4. Bài tập này dễ, nhưng bài tập kia hơi khó. **5.** Quyển từ điển này dày, quyển sách giáo khoa kia mỏng.

4. Nur schnell sortieren 1. e (Brauchen Sie eine vietnamesische Tastatur, Fräulein? – Danke, nein. Ich schreibe auf Deutsch.) **2.** d (Möchten Sie einen Brief schreiben, junger Mann? – Richtig, ich möchte eine E-Mail schreiben.) **3.** a (Und danach? – Danach gehen Sie ins Netz, junge Frau.) **4.** c (Benutze ich diesen Computer, geht das? – Das geht, bitte schön, junge Frau.) **5.** b (Wo muss ich speichern? – Sie speichern in Ihrer Datei, junge Frau.)

5. Während, nachdem, bevor 1. Bevor sie nach Vietnam kam, hat Peggy zehn Wochen lang in Deutschland Vietnamesisch gelernt. **2.** Während Peggy fotografiert, betrachtet Hung die Berglandschaft. **3.** Während er Pho kocht, spricht Hung über vietnamesische Spezialitäten. **4.** Nachdem sie in die Berge gegangen ist, möchte Peggy eine E-Mail an ihre Eltern in Deutschland schreiben.

16 A Übungen

2. Ein Roman von Nguyễn Du 1. Nguyễn (ein Familienname), giã nhuyễn (zerkleinern), hen suyễn (Asthma) **2.** tuyết (Schnee), quyết tâm (entschlossen), tiểu thuyết (Roman), nhiệt huyết (leidenschaftlich) **3.** tuyệt vời (wunderbar), ngon tuyệt (schmeckt ausgezeichnet), qủy quyệt (heimtückisch), tuyệt vọng (hoffnungslos)

3. Wieso, weshalb, warum? 1. mát (Warum trinken die Saigoner gern Kaffee mit Eiswürfeln? – Weil Kaffee mit Eiswürfeln sehr **kühl** ist.) **2.** tiện lợi (Warum fahren viele Hanoier mit dem Moped? – Weil das Fahren mit dem Moped sehr **vorteilhaft** ist.) **3.** ngoài trời không đội mũ (Warum ist Peggy erkältet? – Weil Peggy **draußen ohne Hut** gegangen ist.) **4.** sốt (Warum muss er zum Arzt gehen? – Weil er **Fieber** hat.) **5.** đau lưng quá (Warum muss er Medizin einnehmen? – Weil er **starke Rückenschmerzen** hat.)

4. Neugierde 1. d (Was fehlt Peggy? – Peggy hat Fieber.) **2.** a (Warum geht sie nicht arbeiten? – Weil sie krank ist.) **3.** e (Wohin geht Peggy? – Peggy geht zum Arzt.) **4.** b (Ist Fräulein Lan Krankenschwester? – Ja, sie ist Krankenschwester.) **5.** c (Ist Peggy zur Apotheke gegangen? – Ja, Peggy ist schon gegangen.)

5. Was für ein schwerer Fall! 1. Tôi bị **đau đầu**. (Ich habe **Kopfschmerzen**.) **2.** đau bụng (Bauchschmerzen) **3.** sốt cao (hohes Fieber) **4.** bỏng (Verbrennung) **5.** viêm họng (Halsentzündung)

16 B Übungen

2. Miu, miezt die Mieze 1. nhiều (viel), hiểu (verstehen), bao nhiêu? (wie viel?), giới thiệu (vorstellen) **2.** yếu (schwach), tình yêu (Liebe), yêu cầu (verlangen), yểu điệu (schöne Frau) **3.** uể oải (matt, erschöpft), nước ngoài (Ausland), điện thoại (Telefon), khoai tây (Kartoffel)

3. Patientengeschichten 1. Anh ấy bị sốt cao và đau đầu. **2.** Peggy được bác sĩ đo nhiệt độ. **3.** Hiệu thuốc mở cửa từ chín giờ sáng đến năm giờ chiều. **4.** Thuốc này phải được đặt trước. **5.** Bởi vì bị đau lưng cho nên chị ấy mua thuốc giảm đau.

4. Wenn alle Stricke reißen 1. Wenn Sie, junge Dame, diese Medizin täglich einnehmen, dann werden Sie gesund. **2.** Wenn Herr Dung krank ist, kann er nicht zur Arbeit gehen. **3.** Wenn Sie kein Medikament haben, müssen Sie es kaufen gehen, Fräulein. **4.** Wenn die Apotheke nicht geöffnet ist, wo kaufe ich dann die Medizin? **5.** Was werden Sie machen, wenn Sie hohes Fieber haben, junge Frau?

5. Ach so, deshalb 1. nghỉ ốm (Weil sie hohes Fieber hat, muss Peggy zu Hause bleiben = sie **kann nicht arbeiten** gehen.) **2.** mệt quá (Weil er viele Spaziergänge gemacht hat, ist Herr Phong **sehr müde.**) **3.** bị đau bụng (Weil es zu viel Eis gegessen hat, hat das Kind Son **Bauchschmerzen.**) **4.** tự chữa bệnh (Weil sie nicht zum Arzt gehen will, soll sich die alte Dame **selbst behandeln**.) **5.** vào hiệu thuốc (Weil sie Medizin kaufen soll, geht Peggy **in die Apotheke**.)

T 4 Test

1. Welche Antwort stimmt? 1. a (Reis mit Beilagen) **2.** c **3.** b **4.** a **5.** c **6.** b
2. Fragen und Antworten 1. c (Ist das Knoblauch? – Nein, das ist eine Zwiebel) **2.** b (Haben Sie Fieber, junge Frau? – Ich möchte ein großes Motorrad mieten.) **3.** a (Essen Sie gern Frühlingsrollen, junge Frau? – Ja, ich esse sehr gern Frühlingsrollen.) **4.** g (Warum haben Sie Bauchschmerzen, junger Mann? – Weil ich zu viel Bier vom Fass getrunken habe.) **5.** f (Wie viel kostet ein Kilo Rindfleisch? – 200.000 Dong.) **6.** e (Ist Frau Hoa Ärztin? – Richtig, Frau Hoa ist Ärztin.) **7.** h (Was möchten Sie trinken, Fräulein? – Bitte bringen Sie mir ein Glas frisch gepressten Fruchtsaft) **8.** d (Welche Art von Fahrzeug möchten Sie mieten, junger Mann? – Ja, ich habe hohes Fieber.)
3. Was fehlt? 1. b (Pho schmeckt **umso** besser, **je** heißer sie ist.) **2.** c (**Wozu** lernt Peggy Vietnamesisch?) **3.** b (Ich bin **noch nie** nach Vietnam geflogen.) **4.** c (**Bevor** sie in die Berge fahren, mieten Hung und Peggy ein Motorrad.) **5.** b (Weil sie erkältet ist, **deshalb** geht Peggy zum Arzt.) **6.** a (Herr Nam **hat** Bauchschmerzen.)
4. Wie sagt man das auf Vietnamesisch? 1. Xin chị/anh cho tôi một chai nước khoáng! **2.** Tôi muốn ăn một bát Phở bò. **3.** Phở gà giá bao nhiêu? **4.** Nem rán ngon lắm/rất ngon. **5.** Chúng tôi muốn thuê một xe mô tô. **6.** Tôi muốn viết thư điện tử. **7.** Tôi bị đau đầu và sốt. **8.** Bao giờ hiệu thuốc mở cửa?

17 A Übungen

2. Hui, der Louis 1. quai nón (Kinnband beim Non-Hut), yêu quái (Gespenst, Geist), quả quại (quả đấm = Faustschlag), quái đản (unglaublich) **2.** quả quéo (Frucht einer kleinen Mangosorte), quắt queo (listig, verschlagen), quẹo trái/phải (südl.: für rẽ trái/phải = nach links/rechts abbiegen) **3.** tuổi (Lebensalter), buổi sáng (Morgen, Vormittag), cuối cùng (schließlich), quả chuối (Banane) **4.** người (Mensch), mát rượi (recht kühl), tức tưởi (khóc tức tưởi = wegen Ungerechtigkeit weinen), hai mươi (zwanzig) **5.** quều quào (nachlässig), quàu quạu (mürrisch), quào quấu (kratzen)
3. Sind denn hier alle krank? 1. Seit drei Tagen hat Herr Dung Kopfschmerzen. **2.** Seit zwei Tagen hat Frau Hoa Zahnschmerzen. **3.** Fräulein/Tante Lan muss die Medizin dreimal täglich einnehmen. **4.** Herr/Opa Lai macht einmal täglich Gymnastik. **5.** Peggy ist schon heute gesund geworden.
4. Du sollst, du sollst nicht … 1. khám bệnh (Oma Nga soll einmal pro Woche **zum Arzt** gehen.) **2.** xe mô tô (Bruder Son soll mit dem **Motorrad** nicht zu schnell fahren.) **3.** quyển từ điển (Opa Phong soll jenes **Wörterbuch** kaufen.) **4.** uống thuốc pê ni xi lin (Herr Cuong soll **Penizillin** nicht **einnehmen**.)
5. Herr Doktor! 1. Tôi bị đau đầu. **2.** Tôi bị đau lưng. **3.** Tôi bị đau răng. **4.** Tôi bị dị ứng. **5.** Tôi cần thuốc.

17 B Übungen

2. Oh!, ei! 1. con hươu (Hirsch), rượu nho (Wein), bướu cổ (Kropf), rượu nếp (Klebereisschnaps) **2.** hí hoáy (sich begeistern), lốc xoáy (Wirbelsturm), loay hoay (sich sehr anstrengen), ngọ ngoạy (herumzappeln) **3.** con quay (Kreisel), lăn quay (umfallen), quay lại (wenden), quay quắt (betrügen) **4.** quầy báo (Zeitungsstand), xúi quẩy (Pech haben), quấy quả (stören, nachlässig sein), quây quần (fröhlich zusammenkommen) **5.** khuya (spätnachts, Mitternacht), ngã khuỵu (auf die Knie fallen), khuỵu xuống (niederknien), khuỷu tay (Ellenbogen)
3. Sportskanonen 1. Tôi chỉ chạy thôi. **2.** Em có thích đi bơi không? **3.** Không, em không thích bơi. **4.** Tôi thích xem bóng đá nhưng (tôi) không thích (chơi) đá bóng. **5.** Còn tôi, tôi thích đi xe đạp.

4. Oft – manchmal – nie 1. b (Gehen Sie oft ins Theater, junger Mann? – Ja, ich gehe jede Woche ins Theater.) **2.** e (Sehen Sie manchmal Fußball, junge Frau? – Nein, ich mag Fußball nicht.) **3.** a (Sind Sie schon mal nach Laos gefahren, Fräulein? – Noch nicht, ich bin noch nie nach Laos gefahren.) **4.** c (Trinken Sie oft grünen Tee, junger Mann? – Ja, ich trinke oft grünen Tee.) **5.** d (Haben Sie oft Kopfschmerzen, junge Frau? – Nein, ich habe selten Kopfschmerzen.)

5. Sie kann dies, er versteht das 1. đi xe máy (Peggy kann erst seit Kurzem mit dem **Moped fahren**.) **2.** đá bóng (Fräulein Thu kann nicht **Fußball spielen**.) **3.** nhổ răng (Der Zahnarzt kann **Zähne rausziehen**.) **4.** viết tiếng Việt (Das Kind kann noch nicht **Vietnamesisch schreiben**.) **5.** chơi đàn ghi ta (Herr Viet kann **Gitarre spielen**.)

18 A Übungen

2. Kein Wischi-Waschi 1. ao ước (träumen, wünschen), ào ào (rauschen), ào ạt (ungestüm), ám đạm (trübe, finster), an ủi (trösten), ám ảnh (bedrücken), ảo não (melancholisch), áy náy (besorgt sein) **2.** ăn năn (bereuen), ằng ặc (röcheln), yên ắng (ohne Nachricht von jmd. sein), ăng ẳng (kläffen) **3.** ầm ĩ (laut), ấm áp (warm), ậm ực (innerlich grollen), ẩm ướt (feucht, nass), ân cần (entgegenkommend), âu yếm (innig lieben), ấp úng (stammeln, stottern), ẩu đả (sich prügeln)

3. Es war, es ist, es wird 1. Früher hat Peggy ein Praktikum in Paris gemacht. **2.** Früher gab es wenige Deutsche, die Vietnamesisch sprechen konnten. **3.** Zur Zeit lebt Peggy in Hanoi. **4.** Jetzt meldet sie sich gerade für einen vorübergehenden Aufenthalt an. **5.** In Zukunft wird Peggy in Hue arbeiten.

4. Logische Reihenfolge 1. hai năm trước (**Vor zwei Jahren** hat Peggy nichts über Vietnam gewusst.) **2.** năm ngoái (Erst im **letzten Jahr** hat sie angefangen, Bücher über Vietnam zu lesen.) **3.** năm nay (**Dieses Jahr** ist Peggy dabei, sehr fleißig Vietnamesisch zu lernen.) **4.** năm tới (**Nächstes Jahr** wird sie sehr gut Vietnamesisch sprechen.) **5.** hai năm sau (**In zwei Jahren** wird Peggy viel über Vietnam wissen.)

5. Gestatten Sie? 1. Cho phép tôi **nói**. (Erlauben Sie mir **zu sprechen.**) **2.** đợi đây (hier zu warten) **3.** đi ngang qua (vorbeizugehen) **4.** đăng ký tạm trú (einen vorübergehenden Aufenthalt anzumelden) **5.** điền vào tờ giấy này (dieses Formular auszufüllen)

18 B Übungen

2. Heckmeck 1. e ấp (Angst haben), e lệ (schüchtern), eng éc (grunzen), eo éo (schrill schreien), éo le (misslich), ẻo lả (zierlich), ẽo ợt (knarren), èo uột (schwächlich) **2.** ê ẩm (anhaltender Schmerz), ê hề (zu viel), ế ẩm (nicht absetzbar), êm ả (ruhig, still), êm ái (zart, angenehm), êm ấm (friedlich, glücklich), êm dịu (still, angenehm), êm đềm (ruhig, sicher, entspannt) **3.** ì ạch (sich abmühen), ì ầm (andauerndes Geräusch), im ắng (ganz still), im ỉm (schweigen), inh ỏi (gräuschvoll, laut), ình ịch (poltern), ít ỏi (ein wenig), ỉu xìu (weich, lustlos, entmutigt)

3. Wenn Sie bitte wollen würden 1. Bitte erlauben Sie mir, einen vorübergehenden Aufenthalt anzumelden, mein Herr! **2.** Bitte erlauben Sie mir, den Führerschein umzuschreiben! **3.** Bitte zeigen Sie mir Ihren Pass, Fräulein! **4.** Bitte entrichten Sie die Gebühr, meine Dame! **5.** Bitte füllen Sie dieses Formular aus, junger Mann!

4. Frisch auf den Tisch? 1. d (Ist jene Zwiebel noch frisch? – Nein, sie ist schon alt.) **2.** c (Ist jener Fisch frisch? – Nein, er ist schon verdorben.) **3.** e (Ist dieser Blumenstrauß frisch? – Nein, es ist schon alt.) **4.** b (Ist jene Orange noch frisch? – Nein, sie ist schon alt.) **5.** a (Ist dieses Fleischstück noch frisch? – Nein, es ist schon verdorben.)

5. Was muss ich tun? 1. vào tờ giấy (Wie muss ich das **Formular** ausfüllen?) **2.** lệ phí (Wo muss ich die **Gebühr** entrichten?) **3.** nộp đơn xin (Wie soll ich den **Antrag stellen?**) **4.** ngày sinh và nơi sinh (Wo muss ich das **Geburtsdatum und den Geburtsort** eintragen?) **5.** trả tiền đặt cọc (Muss ich die **Kaution** bezahlen?)

19 A Übungen

2. Holterdipolter **1.** o ép (bedrängen), ọp ẹp (abgenutzt), oái oăm (kompliziert), oan uổng (ungerecht), oi ả (schwül), õng ẹo (affektiert), oằn oại (zusammengekrümmt), óng ánh (glänzend) **2.** ồ ạt (ungestüm), ốm đau (krank, leidend), ôi thôi (verdorben), ổn thoả (stabil, in Ordnung), ồn ào (laut), ốm yếu (kränklich, schwächlich), ồng ộc (fließen), ông ổng (krächzige Durchsage) **3.** ơi ới (gọi ơi ới: fortwährend rufen), ỡm ờ (vortäuschen), ơn ớn (ein wenig frösteln), ơn huệ (Gunst)

3. Der erhobene Zeigefinger **1.** Wenn Sie erkältet sind, dann sollten Sie die Klimaanlage nicht benutzen, junge Frau. **2.** Wenn Sie husten, dann rauchen Sie bitte keine Zigaretten mehr. **3.** Wenn Sie die PIN beim Geldabheben eingeben, lassen Sie bitte niemanden zuschauen. **4.** Man soll nicht ohne Führerschein mit dem Moped fahren, weil das verboten ist. **5.** Wenn man Pho ohne Fischsoße kocht, dann schmeckt sie nicht gut.

4. Miteinander durch dick und dünn **1.** trên (Zwei alte Männer steigen gemeinsam **in den Zug** ein.) **2.** ra (Peggy und Hung unterhalten sich miteinander, während sie **nach draußen** gehen.) **3.** dưới (Zwei Freunde helfen einander, während sie **an Bord gehen**.) **4.** quay (Nach dem Geldabheben geht sie **zurück** nach Hause.) **5.** rẽ (Um zur Bank zu gehen, muss Peggy links in die Trang-Tien-Straße **abbiegen**.)

5. Wörtersalat mit Devisen **1.** Tôi muốn đổi tiền. (Ich möchte Geld wechseln.) **2.** Tôi định đổi tiền Ơ rô sang tiền đồng Việt nam. (Ich beabsichtige, Euro in vietnamesische Dong zu wechseln.) **3.** Tôi muốn hỏi tỷ giá ngoại tệ hôm nay. (Ich möchte nach dem heutigen Wechselkurs für Devisen fragen.) **4.** Tôi muốn rút tiền ở máy rút tiền. (Ich möchte Geld am Geldautomaten abheben.) **5.** Tôi muốn điền mật mã cá nhân. (Ich möchte die PIN eingeben.)

19 B Übungen

2. Kuckuck **1.** ù ờ (undeutlich), ủ ê (rauschen), uất ức (zu Unrecht beleidigt sein), ục ịch (schwerfällig), u uất (sich heimlich grämen), ùn ùn (zusammenlaufen), úp mở (zweideutig), uể oải (erschöpft) **2.** ưu ái (Liebe und Sorge für jemanden), ướt át (durchnässt), ưỡn ẹo (sich geziert geben), ương bướng (eigensinnig) **3.** ỳ ạch (schwerfällig), yên ắng (ohne Nachricht von jmd. sein), yên ổn (sicher, ruhig), yến ẩm (festlich speisen), yếu ớt (schwach, kraftlos), yêu kiều (anmutig), yểu điệu (reizend, reizvoll), yêu quái (Gespenst)

3. Schnell oder langsam? **1.** Peggy ist langsamer als Thu Ha, aber sie ist noch schneller als Dung. **2.** Phong ist nicht so fleißig wie Son, aber nicht so faul wie Duc. **3.** Die alte Dame ist sehr herzlich, aber ihr Mann ist so/zu gleichgültig. **4.** Die Krankenschwester ist zärtlich, aber der Arzt ist grob. **5.** Hung ist mutig, aber Bruder Ut ist feige.

4. Im Flieger oder wo? **1.** c (Sind Sie schon in den Zug eingestiegen, junger Mann? – Noch nicht, ich bin noch auf dem Bahnhof.) **2.** d (Möchten Sie ins Auto einsteigen, junge Frau? – Nein, ich warte lieber auf der Straße.) **3.** a (Bist Du schon an Bord gegangen? – Noch nicht, ich bin noch am Ufer.) **4.** e (Sind Sie schon ins Flugzeug eingestiegen, der Herr? – Noch nicht, ich bin gerade noch im Flughafen.) **5.** b (Sind Sie schon zu Hause angekommen, junger Mann? – Noch nicht, ich sitze immer noch im Zug.)

5. Bitte schön! **1.** Xin mời ông cứ kiểm tra **hộ chiếu!** (Bitte kontrollen Sie ruhig den **Pass**!) **2.** vé máy bay (Flugticket) **3.** bằng lái xe (Führerschein) **4.** giấy tờ của tôi (mein Personaldokument) **5.** thị thực nhập cảnh (Einreisevisum)

20 A Übungen

2. Die dicke Oma Ba **1.** (Die dicke Oma Ba) **2.** (verkauft Banh Beo) **3.** (an der Küste) **4.** (wurde bombardiert) **5.** (drei, vier Male) **6.** (Die dicke Oma Ba verkauft Banh Beo an der Küste. Sie wurde drei, vier Male bombardiert.)

3. Miteinander 1. Zwei alte Männer gehen gemeinsam spazieren. **2.** Jene drei jungen Mädchen sind gleich hübsch. **3.** Zwei Brüder sehen sich ähnlich. **4.** Peggy und Hung unterhalten sich gern miteinander. **5.** Ha und Peggy helfen einander.
4. Satz-Salat 1. b (Ist diese Postkarte schön? – Nein, sie ist nicht schön.) **2.** a (Warum schreibt er so hässlich? – Weil er nicht schön schreiben kann.) **3.** e (Hast Du schon verstanden? – Noch nicht. Was hast du gesagt?) **4.** c (Ist das die Einladungskarte für die Hochzeit? – Ja, das ist die Einladungskarte für die Hochzeit.) **5.** d (Ich schreibe: „Herzliche Einladung ...", stimmt das? – Richtig, schreiben Sie doch so, junge Frau!)
5. Was soll ich heute tun? 1. thiếp mời (Schwester Lan, wie soll ich die **Einladungskarte** schreiben?) **2.** viết thư điện tử (Bruder Duc, wie soll ich die **E-Mail** schreiben?) **3.** vào tờ giấy (Schwester Hoa, wie soll ich das **Formular** ausfüllen?) **4.** đổi tiền (Bruder Binh, in welcher Bank soll ich **Geld wechseln**?) **5.** thuê nhà (Schwester Lan, wo soll ich das **Haus mieten**?)

20 B Übungen

2. Zunge trainieren 1. (Kupfertopf kocht Schnecken.) **2.** (Tontopf kocht Frosch.) **3.** Nồi đồng nấu ốc, nồi đất nấu ếch. (Kupfertopf kocht Schnecken, Tontopf kocht Frosch.)
3. Sowohl als auch 1. Sowohl Vietnamesen als auch Deutsche sehen gern Fußball. **2.** Er kann sowohl Englisch als auch Französisch. **3.** In Vietnam sind sowohl Frühling als auch Herbst schön. **4.** Peggy mag sowohl Spaziergänge als auch das Betrachten des Sonnenscheins auf dem West-See. **5.** Hung kann sowohl Pho als auch Brot und Käse essen.
4. Alles ist recht 1. d (Wann kann man Geld abheben? – Egal, jederzeit.) **2.** b (Wo möchten Sie Urlaub machen, junge Frau? – Ja doch. Ich vergesse sie nie.) **3.** a (Allein spazieren zu gehen ist traurig, nicht wahr? – Kein Problem, ich bin trotzdem fröhlich.) **4.** c (Wann gehen wir den Computer kaufen? – Egal, jeder Tag ist möglich.) **5.** e (Denken Sie an Ihre Eltern, junge Frau? – Wo ist mir egal.)
5. Und nicht vergessen ... 1. viết thư cho anh (Wenn Du Zeit hast, vergiss bitte nicht, mir einen Brief zu schreiben) **2.** viết thiếp mời (eine Einladungskarte zu schreiben) **3.** đi đổi tiền (Geld wechseln zu gehen) **4.** mua vé máy bay (ein Flugticket zu kaufen) **5.** hỏi tỷ giá ngoại tệ (nach dem Devisenkurs zu fragen)

T 5 Test

1. Welche Antwort stimmt? 1. a **2.** b **3.** a **4.** b **5.** b **6.** c
2. Fragen und Antworten 1. c (Sind Sie schon mal in die USA geflogen, junger Mann? – Noch nicht, ich bin noch nie in die USA geflogen.) **2.** f (Ist dieses Mädchen schöner als jenes? – Nein, beide sind gleich schön.) **3.** h (Wie sind die Wechselkurse für Devisen? – Ein Euro kostet 30.000 Dong.) **4.** e (Zu welchem Zweck kommen Sie nach Vietnam, junge Frau? – Ich komme nach Vietnam, um ein Praktikum zu machen.) **5.** d (Wie heißt dieses Ding auf Vietnamesisch? – Dieses Ding heißt Führerschein.) **6.** a (Ist Peggy größer als Frau Lan? – Richtig, Schwester.) **7.** g (Stimmt das, Bruder? – Nein, Peggy ist kleiner als Lan.) **8.** b (Wo kann ich Geld abheben? – Bitte benutzen Sie doch den Geldautomaten.)
3. Was fehlt? 1. a (**Wo** kann ich Geld abheben?) **2.** a (Ich kann schwimmen, **aber** nicht mit dem Moped fahren.) **3.** b (Diese Postkarten sind sehr schön, **ja?**) **4.** c (Dieses Ding **heißt** auf Vietnamesisch Pass.) **5.** c (**Bitte** zeigen Sie mir Ihren Führerschein, mein Herr!) **6.** a (Ich kann schon Pho kochen!)
4. Wie sagt man das auf Vietnamesisch? 1. Tôi nói tiếng Việt, nhưng không tốt lắm. **2.** Nếu ông/bà/anh/chị nói chậm, thì tôi hiểu được. **3.** Cho phép tôi đổi bằng lái xe. **4.** Tôi có quốc tịch Đức. **5.** Tôi muốn đổi tiền. **6.** Đây là hộ chiếu của tôi. **7.** Đừng quên viết thư điện tử cho tôi. **8.** Em/Anh chúc anh/em may mắn!

K Kurzgrammatik

Wörter

Die vietnamesische Sprache gehört zu den **monosyllabischen** (einsilbigen) Sprachen. Das heißt, jede Silbe hat eine eigene Wortbedeutung, oder anders gesagt: Zumindest im Basiswortschatz bestehen die Wörter aus nur einer Silbe: *mẹ* (Mutter), *ăn* (essen).
Bei Wörtern, die aus mehreren Silben zusammengesetzt sind, wird jede Silbe einzeln geschrieben: *xe máy* (Fahrzeug + Maschine = Moped), *sân bay* (Feld + fliegen = Flughafen), *máy bay* (Maschine + fliegen = Flugzeug).
Vietnamesisch ist eine **nichtflektierende** Sprache, die Wörter sind also unveränderlich. Am Wort selbst ist nicht zu erkennen, ob es im Singular oder Plural steht. Es gibt weder Deklination noch Konjugation: *chim* (Vogel, Vögel), *nhỏ* (klein/-e/-er/-es), *đọc* (lesen, las, gelesen ...).

Im Vietnamesischen unterscheiden wir **Vollwörter** und **Funktionswörter** (FW). **Vollwörter** sind alle Wörter mit einer lexikalischen Wortbedeutung: *chào* (grüßen), *cha* (Vater), *ngoan* (brav). Bei **Funktionswörtern** steht die grammatische Bedeutung im Vordergrund. Sie müssen das leisten, was in flektierenden Sprachen mittels Deklination, Konjugation oder Syntax ausgedrückt werden kann. Zum Beispiel wird anstelle des deutschen Genitivs das FW ***của*** (besitzanzeigend) eingesetzt: *Xe máy* ***của*** *bố.* (Fahrzeug + Maschine + **Funktionswort „besitzanzeigend"** bzw. **„von"** + Vater. **=** Vater**s** Moped.)

Funktionswörter sind aus Vollwörtern entstanden. Oft kann man die usprüngliche Wortbedeutung noch erkennen, oder aber das Funktionswort kann neben seiner grammatischen Funktion auch in seiner Funktion als Vollwort verwendet werden. Deshalb werden in Wörterbüchern zu den Funktionswörtern oft zahlreiche Bedeutungen angegeben, wie z.B. bei ***cho***:
1. geben, 2. dafür halten, meinen, 3. lassen, 4. grammatische Funktion: für, an.
1. *Cây này* ***cho*** *nhiều quả.* (Baum dies **geben** viel Frucht. = Dieser Baum **gibt** viele Früchte.)
2. *Tôi* ***cho*** *rằng nó rất thông minh.* (Ich **meinen** dass er sehr intelligent. = Ich **halte** ihn für sehr intelligent.)
3. ***cho*** *con trâu đi ăn cỏ* (**lassen** Tier Büffel gehen essen Gras = den Büffel weiden **lassen**)
4. *Nó gọi điện* ***cho*** *mẹ* (Er/sie/es rufen Telefon **für** Mutter. = Er/sie/es ruft die Mutter an.)

Verben

Verben werden nicht konjugiert. Person, Numerus, Tempus und Modus können durch Funktionswörter markiert werden.
Die Gegenwart bleibt unmarkiert: *Tôi* ***ăn***. (Ich **essen**. = Ich **esse**.)
Der **Verlauf** einer Handlung kann mit dem FW ***đang*** vor dem Verb betont werden:
Chị ấy ***đang*** *ăn.* (Schwester jene **FW Verlauf** essen. = Sie ist **gerade** beim Essen.)
Für die **Vergangenheit** wird das FW ***đã*** vor das Verb gesetzt: *Chúng tôi* ***đã*** *ăn.* (Wir **FW Vergangenheit** essen. = Wir **aßen**.)
Für Handlungen in der **Zukunft** setzt man das FW ***sẽ*** vor das Verb: *Anh* ***sẽ*** *ăn.* (Bruder **FW Zukunft** essen. = Du **wirst** essen.)
Auch **Zeitangaben** dienen zur Markierung des Tempus. Dann fallen die Funktionswörter ***đã, đang*** bzw. ***sẽ*** weg: *Nó* ***vừa mới đi***. (Er **vor kurzem gehen**. = Er **ist gerade gegangen**.)
Năm ngoái *nó* ***mua*** *nhà.* (**Letztes Jahr** er **kaufen** Haus. = **Letztes Jahr hat** er ein Haus **gekauft**.)
Ngày mai *chúng ta* ***học*** *tiếng Việt.* (**Morgen** wir **lernen** Sprache Vietnamesisch. = Wir **werden morgen** Vietnamesisch **lernen**.)

Die **Imperativbildung** erfolgt mit Hilfe des FW ***đi***, das dem Verb nachgestellt wird. Solche Aufforderungssätze erfordern kein Subjekt: *Ăn **đi**!* (Essen **FW Aufforderung**! = **Iss**!)
Durch Voranstellen einer Anrede wird die Aufforderung verbindlicher: ***Em** ăn đi!* (**Jüngeres Geschwisterkind** essen FW Aufforderung! = Iss, **Brüderchen/Schwesterchen**!)
In der **Literatursprache** wird oft anstelle bzw. zusätzlich zu ***đi*** das FW ***hãy*** verwendet, ***hãy*** steht **vor** dem Verb:
*Anh **hãy** nói **(đi)**!* (Sprich!, Sprechen Sie!)
*Ta **hãy** ăn **đi**!* (Lasst uns essen!)

Verneinter Imperativ
Um auszudrücken, dass man etwas nicht tun soll, wird das FW ***đừng*** oder ***chớ*** vor das Verb gesetzt:
***Đừng** đi!* (Geh **nicht**!)
***Đừng** mua!* (Kauf [das] **nicht**!)
***Chớ** uống nước vòi!* (Trink **kein** Leitungswasser!)

Der Imperativ wird im Vietnamesischen – genau wie im Deutschen – nur in solchen Situationen eingesetzt, in denen die Kommunikationssituation das gestattet. Sehr viel häufiger wird man Kombinationen aus Imperativ + höflichen Verben des Bittens wie *xin, mời, xin mời* bzw. des Empfehlens oder der Aufforderung wie *khuyên, đề nghị, yêu cầu* antreffen:
***Mời** anh uống nước **(đi)**!* (**Einladen** Bruder trinken Wasser **FW Aufforderung**! = Bitte trinken Sie!)
***Xin mời** các ông các bà!* (**Bitten einladen** alle Herr alle Dame! = Bitte meine Damen und Herren [greifen Sie zu]!)
***Xin đề nghị** các anh đến đúng giờ!* (**Bitten vorschlagen** alle Bruder kommen richtige Zeit! = Bitte seien Sie pünktlich!)
***Cho phép** tôi đi qua.* (**Gestatten Sie**, dass ich vorbeigehe.)

Verben des Veranlassens im Überblick:

xin	bitten (allgemein, auch in Kombination mit anderen Aufforderungsverben, z. B. *xin mời*)
mời	einladen (etwas zu tun)
cho phép	gestatten, erlauben
cho	lassen
khuyên	raten, empfehlen
đề nghị	vorschlagen
yêu cầu	(auf-)fordern, dringend bitten
bảo	heißen, anweisen (Lehrer, Mutter …)
ra lệnh	befehlen

Die verschiedenen Funktionen des deutschen **Konjunktivs** können im Vietnamesischen mit einer Vielzahl sprachlicher Mittel wiedergegeben werden. Zum Ausdruck der Möglichkeit kommen vor allem entsprechende **Modalverben** wie *co thể, muốn* usw. und **Modalwörter** wie *có lẽ* (vielleicht), *hình như* (anscheinend) usw. zum Einsatz.
Zur Differenzierung der Sprechereinstellung und zur Markierung der **indirekten Rede** stehen zahllose Verben des Sagens, Denkens und Fühlens zur Verfügung, u. a. viele dutzend Wörter für „lügen, schwindeln, behaupten …“ , hunderte für die Wortfelder „klar, offensichtlich …“ bis „unklar, dunkel“.

Zur Einleitung der **indirekten Rede** werden vor allem die FW ***rằng*** bzw. ***là*** verwendet, die dem jeweiligen Verb des Sagens, Denkens bzw. Fühlens folgen: *Anh ta nói **rằng** hôm nay*

không có phim hay. (Er sagt, **dass** es heute keinen interessanten Film gibt/gebe.)
*Mẹ bảo **là** em phải học bài.* (Mutter hat angewiesen, **dass** du die Aufgabe/-n lernen musst.)
In der **Umgangssprache** kann auf ***rằng*** oder ***là*** verzichtet werden. Dann wird die indirekte Rede allein durch ein Verb des Sagens oder Denkens markiert:
*Nó **nói** nó ốm.* (Er **sagen** er krank. = Er **sagt**, er ist/sei krank.)

Für die Wiedergabe **irrealer Bedeutungsinhalte** wichtig ist insbesondere die Konjunktion ***giá như … thì*** (wenn [es so wäre] …, dann …): ***Giá như*** *ông ấy là người Việt,* ***thì*** *cái gì cũng dễ hơn nhiều.* (**Wenn** er Vietnamese **wäre**, **dann wäre** alles viel leichter.)

Modalverben stehen im Satz **vor** anderen Verben:
*Nó **muốn** đi làm.* (Er **möchte** arbeiten gehen.)
*Tôi **thích** ăn cơm lam.* (Ich **mag gern** im Bambusrohr gedämpften Reis essen.)
*Chị ấy **phải** uống thuốc.* (Sie **muss** Medizin einnehmen.)
*Bà Mai **cần** mua bánh mì.* (Frau Mai **muss** Brot kaufen.)

Die wichtigsten Modalverben im Überblick:

muốn	wollen, mögen
định	beabsichtigen, vorhaben
mơ ước	wünschen, träumen von …
mong	erhoffen, erwarten, sich wünschen
hy vọng	hoffen
phải	müssen
cần	nötig haben, brauchen, erforderlich sein
cần phải	müssen, brauchen, es empfielt sich zu …
nên	sollen
có thể	können (Fähigkeit, Möglichkeit)
được	dürfen (vor dem Hauptverb) können (nach dem Hauptverb)

Das Verb *được* hat mehrere Bedeutungen: Es kann allein (als Hauptverb), als Modalverb (zusammen mit einem Hauptverb) oder auch als FW (zur Passivbildung) eingesetzt werden:
1. *được* + VERB: Erlaubnis haben, etwas tun **dürfen**:
*Nó **được** bơi.* (Er **darf** schwimmen; d.h. Mutter hat es ihm erlaubt.)
2. VERB + *được*:
a) Fähigkeit haben, etwas tun **können**:
*Nó bơi **được**.* (Er **kann** schwimmen; d.h. er wird nicht ertrinken.)
Sinngleich mit: *Nó **biết** bơi.* (Er **versteht** es zu schwimmen.)
b) Zur Kennzeichnung von „Machbarkeit“, entspricht etwa den deutschen Silben „-bar“ und „-lich“: ***ăn được*** (essbar), ***làm được*** (machbar), ***học được*** (erlernbar), ***hiểu được*** (verständlich), **chịu được** (erträglich):
*Loại nấm này **ăn được**.* (Diese Pilzsorte ist **essbar**.)
*Cái này có **ăn được** không?* (**Kann** man das essen?)
3. *được* + Objekt: bekommen, erhalten:
*Nó **được** thư.* (Er **bekommt** einen Brief.)
Nhận (bekommen) wird oft in Kombination mit *được* verwendet, wenn das bereits erzielte Ergebnis ausgedrückt werden soll:
*Nó **nhận được** hộ chiếu rồi.* (Er hat den Pass bereits **bekommen**.)
4. *được* + VERB: für das „neutral bis positiv“ empfundene **Passiv**:
*Chị ấy **được** thầy giáo **khen**.* (Sie **wird** vom Lehrer **gelobt**.)
Das „**negative“ Passiv** wird mit ***bị*** (erleiden) gebildet:

Nó ***bị*** *con chó* ***cắn***. (Er **erleiden** Tier Hund **beißen**. = Er **wird/wurde** vom Hund **gebissen**.)
Cháu ***bị*** *bố* ***đánh***. (Das Kind **wird/wurde** vom Vater **geschlagen**.)
5. *Được!* (Geht!, Gut!, In Ordnung!, Einverstanden!)
(Có) ***được*** *không?* (Einverstanden?, Geht das in Ordnung?)
Không ***được!*** (**Das geht** nicht!)
Được *chứ!* (Klar, **das geht**!)

Richtungsverben sind eine besondere Gruppe der Verben. In ihnen ist die Richtung der zu vollziehenden Bewegung bereits enthalten:

vào	hineinbewegen, -gehen, -fahren …
ra	hinausbewegen, -gehen, -fahren …
lên	hinauf-/nach oben bewegen
xuống	hinunter-/nach unten bewegen
về	zurückkehren, nach Hause gehen
đến	ankommen, hinkommen
qua	überqueren
sang	hinbegeben, überschreiten (z.B. Grenzen), reisen (nach)

Tritt zu dem Richtungsverb ein weiteres Verb, mit dessen Hilfe die Art der Bewegung spezifiziert wird, tritt der Verbcharakter des Richtungsverbes in den Hindergrund und es agiert als **Richtungsangabe**:

bay ***lên***	fliegen hoch = hoch-/nach oben fliegen
bơi ***ra***	hinausschwimmen
đi ***vào***	hineingehen
nhảy ***xuống***	hinunterspringen

Substantive

Substantive werden nicht dekliniert. Es gibt kein grammatisches Geschlecht und keinen Artikel. Singular, Plural und die Beziehungen zu anderen Wörtern werden durch Funktionswörter markiert:
người (Mensch, Menschen)
con *người* (**Klassifikator** Mensch/-en = **der** Mensch)
những con *người* (**unbestimmte Anzahl Klassifikator** Mensch/-en = Menschen)
các con *người* (**alle Klassifikator** Mensch/-en = **die** Menschen)

Klassifikatoren

dienen dazu, eine allgemeine Angabe zu konkretisieren. Klassifikatoren sind Funktionswörter, die neben ihrer grammatischen Bedeutung auch eine – meist klar erkennbare – eigene lexikalische Bedeutung haben. Viele Klassifikatoren sind Wörter, die besondere Eigenschaften, wie z. B. die Form von Gegenständen, oder die Zuordnung zu einer bestimmten Gruppe von Dingen oder Lebewesen kennzeichnen:
Bò ăn cỏ. (Rinder fressen Gras.)
Con *bò này khỏe.* (**Tier** Rind dies gesund. = Dieses Rind ist gesund.)

Zur Konkretisierung des **Geschlechts** von Personen werden Verwandtschaftsbezeichnungen als Klassifikatoren eingesetzt:
Sinh viên làm bài. (Studenten machen Aufgabe/-n.)
Hai ***anh*** *sinh viên này học chăm.* (Zwei **Bruder** Student dies lernen fleißig. = Diese zwei **[männlichen] Studenten** lernen fleißig.)

Klassifikatoren (plus Zahlenangaben) können an die Stelle des Substantivs treten, wenn aus dem Kontext ersichtlich ist, um welche Art von Dingen usw. es sich handelt:
Tôi muốn mua ***cam****.* (Ich möchte **Orangen** kaufen.)
Chị mua mấy ***quả*** *?* (Schwester kaufen wie viele **Frucht [**Orangen**]**? = Wie viele [Orangen] kaufen Sie?)
Tôi mua năm ***quả****.* (Ich kaufen fünf **Frucht** [Orangen]. = Ich kaufe fünf **Stück** [Orangen].)

Eine Auswahl der häufigsten Klassifikatoren:
cái (Ding, Stück, kleine Mädchen)
cây (Pflanzen, Bäume, stabartige Dinge)
chiếc (Einzelstück, z. B. eines Paares)
con (Tier, Kind, weibliche Personen in geringer Stellung, einige Gegenstände)
củ (Knolle, Wurzel)
cuốn (= ***quyển***) (Bücher, Hefte)
đôi (Paar)
hòn (Stein, Fels)
lá (flache/dünne Gegenstände, Blätter)
mảnh (für Teile, Bruchstücke)
miếng (Bissen, Happen)
tấm (flache Objekte mit glatter Oberfläche)
thứ (Stück, Teil, bei Aufzählungen)
tờ (Schriftstücke)
trái (= ***quả***) (Früchte)

Für die Markierung des **Plurals** gibt es mehrere Funktionswörter, z.B. ***những*** (meint eine unbestimmte Mehrzahl) und ***các*** (meint alle einer vorgegebenen Anzahl):
Những *học sinh giỏi toán được khen.* (**Die** in Mathematik sehr guten Schüler [das sind leider nicht alle!] werden gelobt.)
Các *học sinh học môn toán.* (**Die**/**alle** Schüler lernen Mathematik.)
mọi (Gesamtheit): ***mọi*** *việc* (Gesamtheit Arbeit = alles, was zu tun ist)
mọi *người* (Gesamtheit Mensch = jedermann, alle Leute)
mỗi (jeder einzelne): ***mỗi*** *người* (jeder Mensch), ***mỗi*** *ngày* (jeden Tag, täglich)

Um das Substantiv herum gruppieren sich Klassifikatoren, Adjektive und Demonstrativpronomen wie folgt: Zahl/Menge Klassifikator Substantiv Adjektiv Demonstrativpronomen. Ist kein Adjektiv vorhanden, steht das Demonstrativpronomen direkt nach dem Substantiv:
con cá (Tier Fisch = der Fisch)
ba con cá (drei Tier Fisch = drei Fische)
con cá ***này*** (Tier Fisch **dies** = **dieser** Fisch)

Adjektive

Adjektive stehen als Attribute stets nach dem zu charakterisierenden Wort:
con cá ***to*** (Tier Fisch **groß =** der **große** Fisch)
con cá ***to*** *này* (Tier Fisch **groß** dies = dieser **große** Fisch)

Steigerung
Adjektive werden mit Hilfe der Funktionswörter ***hơn*** (mehr) und ***nhất*** (meist, höchst-) gesteigert:
Anh Hùng ***cao****.* (Bruder Hung **groß**. = Hung ist **groß**.)
Anh Sơn ***cao hơn****.* (Bruder Son **groß mehr**. = Son ist **größer**.)

Anh Sơn ***cao hơn*** *anh Hùng.* (Bruder Son **groß mehr** Bruder Hung. = Son ist **größer als** Hung.)
Chị Bình ***cao nhất***. (Schwester Binh **groß höchst**. = Binh ist **am größten**.)

Verneinung

Die Verneinung erfolgt mit Hilfe des Wortes ***không*** (nein, nicht), das vor dem zu verneinenden Adjektiv oder Verb steht:
đẹp (schön) > ***không*** *đẹp* (**nicht** schön)
biết (wissen, können) > ***không*** *biết* (**nicht** wissen, **nicht** können)

In Sätzen mit Modalverb + Hauptverb steht ***không*** vor dem Modalverb:
Nó ***không*** *muốn mua nhà.* (Er **nicht** wollen kaufen Haus. = Er will **kein** Haus kaufen.)
Das Modalverb ***có thể*** (können, Möglichkeit haben) wird in der Verneinung zu ***không thể***:
Cháu ***không thể*** *đi xe đạp.* (Das Kind **kann nicht** Rad fahren.)

Substantive allein können nicht verneint werden, sie benötigen dazu ein Verb:
không có *nhà* (**nicht haben** Haus = **kein** Haus)
không xây *nhà* (**nicht bauen** Haus = **kein** Haus bauen)

Không dient jedoch nicht nur der Verneinung, sondern bildet auch Begriffe mit spezieller Bedeutung: ***không nhà*** (obdachlos), ***nhà không*** (leeres Haus), ***tay không*** (mit leeren Händen, mittellos), ***chân không*** (barfuß), ***cho không*** (unentgeltlich hergeben, für umsonst), ***ăn không*** (essen, ohne dafür zu arbeiten bzw. zu bezahlen), ***không sao!*** (macht nichts!, kein Problem!), ***không dám!*** (bitte!, gern geschehen! = sehr höfliche Erwiderung auf Dank), ***không những ... mà còn ...*** (nicht nur … sondern auch …).

Chưa (noch nicht) steht ebenfalls vor dem Verb bzw. Adjektiv oder Adverb:
Anh ấy ***chưa*** *về.* (Er ist **noch nicht** nach Hause gekommen.)
Câu này ***chưa*** *hay.* (Dieser Satz ist **noch nicht** gut/schön.)

Personalpronomen

Als Personalpronomen dienen größtenteils Wörter, die Verwandtschaftsverhältnisse bezeichnen. Kein **ich** oder **du** gleicht dem anderen. Man ist stets eingebunden in familiäre und gesellschaftliche Hierarchien. Dementsprechend differenziert und situationsabhängig sind die Möglichkeiten der Anrede.
Bei einem 30-Jährigen könnte das folgendermaßen aussehen:
1. Er und sein Kind: ***Bố*** *hỏi* ***con.*** (**Vater** fragen **Kind**. = **Ich** [als dein Vater] frage **dich** [mein Kind]).
2. Er und sein Vater: ***Con*** *chào* ***bố!*** (**Kind** grüßen **Vater**! = **Ich** [als dein Kind] grüße **dich** [meinen Vater]!).
3. Er und sein alter Lehrer: ***Em*** *chào* ***thầy!*** (**Kleines Geschwisterkind** grüßen **Lehrer**! = **Ich** [als Ihr Schüler] grüße **Sie** [meinen Lehrer]!).

In weiteren Situationen wird er von sich als ***cháu*** (Enkel, Neffe), ***anh*** (älterer Bruder) oder ***chú*** (jüngerer Onkel) sprechen. Für die Kinder seiner jüngeren Schwester ist er sogar ***bác*** (älterer Onkel) usw. Der richtige Einsatz der passenden Formen erfordert eine ständige Neubewertung des jeweiligen Hierarchiegefüges und ist auch für Muttersprachler/innen nicht immer einfach. Nichtvietnamesen/-innen können sich an folgende Grundregeln halten:

1. Pers. Sg.: ***tôi*** (neutral); ***em*** (gegenüber Lehrern und Personen, die ältere Geschwister sein könnten); ***anh*** bzw. ***chị*** gegenüber Personen, die bis zu zehn Jahre jünger als der Sprecher sind.
2. Pers. Sg.: ***anh*** bzw. ***chị*** zu Personen, die etwas älter als der Sprecher sind; ***ông*** bzw. ***bà*** zu deutlich älteren Personen bzw. in Fällen, in denen man von sich als ***tôi*** spricht (dann als neutrale Anrede mit „Herr" bzw. „Dame" zu verstehen); ***em*** zu Personen, die etwa bis zehn Jahre jünger als der Sprecher sind; ***cháu*** zu Kindern bzw. Personen, die im Alter der eigenen Kinder sind; ***bác*** zu Personen, die im Alter der eigenen Eltern sind; ***cụ*** zu sehr betagten Menschen.
3. Pers. Sg.: Anredeform + ***ấy***; ***nó*** für Kinder, im sozialen Rang tiefer stehende Personen sowie für Dinge (es).
1. Pers. Pl.: ***chúng tôi*** (exklusiv), ***chúng ta*** (inklusiv), ***chúng em, chúng cháu*** usw.
2. Pers. Pl.: ***các*** + jeweilige Anrede der 2. Ps. Sg.: ***các anh, các chị, các em*** usw.
3. Pers. Pl.: ***họ*** (neutral), ***các*** + Anredeform + ***ấy***: ***các anh ấy, các chị ấy*** usw.

Reziprokes Pronomen

nhau (einander, gegenseitig): ***gặp nhau*** (einander treffen), ***đánh nhau*** (sich schlagen, einander prügeln), ***làm quen với nhau*** (sich miteinander bekannt machen), ***yêu nhau*** (einander lieben)

Reflexives Pronomen

mình (sich), oft in Verbindung mit ***tự*** (selbst): *Bà **tự** cho **mình** là giỏi.* (Frau **selbst** halten für **sich** sein ausgezeichnet. = Sie hält sich selbst für ausgezeichnet.)

Satzbildung

Für **die Satzbildung** halten wir uns strikt an die **SPO-Regel** (Subjekt-Prädikat-Objekt):
Tôi chào ông. (Ich grüßen Herr. = Ich grüße Sie.)
Nó đọc bài. (Er lesen Aufgabe/-n. = Er liest die Aufgabe/-n.)
Im Deutschen kann dieser Satz umgestellt werden zu „Die Aufgabe liest er." (und nicht etwa das Fernsehprogramm). Im Vietnamesischen geht das nicht, denn ein umgestellter Satz wie *Bài đọc nó.* (Die Aufgabe liest ihn.) ergäbe keinen Sinn.

Fragesätze

Der Kern des Satzes bleibt immer in der S-P-O-Reihenfolge, das gilt auch für Fragesätze:
***Chị là người Đức** à?* (**Du sein Mensch deutsch** Fragewort? = **Du/Sie bist/sind Deutsche,** ja?)

Wird nach einem **Objekt** bzw. einer **adverbialen Ergänzung** gefragt, so steht das **Fragewort** an der Stelle, an der das Objekt bzw. die adverbiale Ergänzung stehen würde:
*Anh làm nghề **gì**?* (Bruder machen Beruf **was**? = **Was für einen** Beruf üben Sie aus?)
*Em ở **đâu**?* (Geschwisterchen befinden **wo**? = **Wo** bist du?)
*Chị mua chiếc áo **nào**?* (Schwester kaufen Klassifikator Hemd **welches**? = **Welches** Hemd kaufen Sie?)

Wird nach dem **Subjekt gefragt,** so steht das **Fragewort** an dessen Stelle:
***Ai** muốn đi xem hát?* (**Wer** wollen gehen sehen singen? = **Wer** möchte ins Theater gehen?)
***Cái nào** đẹp hơn?* (**Stück welches** schön mehr? = **Welches Stück/Ding** ist schöner?)

Bei **Entscheidungsfragen** wird der Teil des Satzes, nach dem gefragt wird, in den Rahmen ***có ... không*** bzw. ***có phải ... không*** eingepasst. Die S-P-O-Anordnung bleibt erhalten:

Anh ***có*** *ăn* ***không****?* (Essen Sie?)
Anh ***có*** *ăn thịt* ***không****?* (Essen Sie Fleisch?)
Chị ***có phải*** *là kỹ sư* ***không****?* (Sind Sie Ingenieurin?)
Có phải *bây giờ là mùa thu* ***không****?* (***Có phải*** jetzt sein Saison Herbst ***không***? = Ist jetzt Herbst?)

Fragewörter
ai? (wer?)
gì? (was?)
nào? (welche/-r/-s?)
ở đâu? (wo?)
đi đâu? (wohin?)
thế nào? (wie?)
như thế nào? (wie?, auf welche Weise?)
bao lâu? (wie lange?)
bao xa? (wie weit?)
bao nhiêu? (wie viel?; für eine vermutete Anzahl von mehr als 10)
mấy? (wie viel?; für eine vermutlich geringe Anzahl)
tại sao? und ***vì sao?*** (warum?, weshalb?)

Fragewörter nehmen im Satz die Position des erfragten Wortes/Satzgliedes ein:
Ai *nói?* (**Wer** spricht?)
Chị đã gặp ***ai****?* (**Wen** hast du getroffen?)
Tại sao? und ***vì sao?*** stehen stets am Satzanfang:
Tại sao *em không ăn?* (**Warum** isst du nicht?)

Konjunktionen
Die wichtigsten Konjunktionen im Überblick:
và (und): *Chị ấy mua cam* ***và*** *nho.* (Sie kauft Apfelsinen **und** Weintrauben.)
hay (oder; bei zwei Möglichkeiten): *Anh uống chè* ***hay*** *cà phê?* (Trinken Sie Tee **oder** Kaffee?)
hoặc (là) (oder; bei mehreren Möglichkeiten): *Tôi sẽ đọc sách* ***hoặc*** *viết thư* ***hoặc*** *tắm biển.* (Ich werde Bücher lesen **oder** Briefe schreiben **oder** im Meer baden.)
nhưng (mà) (aber): *Cái áo này đẹp* ***nhưng (mà)*** *hơi đắt.* (Dieses Hemd ist schön, **aber** ein wenig teuer.)
để (um … zu): *Anh ấy sang Việt Nam* ***để*** *học tiếng Việt.* (Er reist nach Vietnam, **um** Vietnamesisch **zu** lernen.) In der Umgangssprache kann ***để*** wegfallen: *Tôi đi chợ* ***(để)*** *mua đồ.* (Ich gehe zum Markt, **um** einzukaufen.)
vì …, nên … (weil …, deshalb …): ***Vì*** *trời mưa,* ***nên*** *bà ấy ở nhà.* (**Weil** Himmel regnen, **deshalb** sie zu Hause. = **Weil** es regnet, bleibt sie zu Hause.) Ist das Subjekt in Haupt- und Nebensatz gleich, kann es im Nebensatz wegfallen: ***Vì*** *mệt quá,* ***nên*** *tôi đi ngủ.* (**Weil** erschöpft zu sehr, **deshalb** ich gehen schlafen. = **Weil** ich zu erschöpft bin, gehe ich schlafen.)
nếu …, thì … (wenn ..., dann …): ***Nếu*** *trời đẹp,* ***thì*** *chị ấy đi dạo chơi.* (**Wenn** Himmel schön, **dann** sie gehen spazieren. = **Wenn** schönes Wetter ist, geht sie spazieren.) Auch hier kann das Subjekt im NS wegfallen: ***Nếu*** *có tiền,* ***thì*** *tôi sang Việt Nam.* (**Wenn** haben Geld, **dann** ich reisen nach Vietnam. = **Wenn** ich Geld habe, reise ich nach Vietnam.) In der Umgangssprache können zweiteilige Konjunktionen ebenso wie Subjekte teilweise oder ganz wegfallen. Dann müssen die Beziehungen zwischen Haupt- und Nebensatz bzw. die Handlungsträger anhand des Kontextes erkannt werden.

Kompletter Satz mit Konjunktionen:
Nếu *(chị) bị ốm,* ***thì*** *chị không thể đi làm được.* (**Wenn** du erleiden krank, **dann** du nicht können gehen arbeiten. = **Wenn** du krank bist, **dann** kannst du nicht arbeiten gehen.)
Verkürzter Satz:
... ốm, ***thì*** *không đi.* (Krank, **dann** nicht gehen. = Wenn du krank bist, dann gehst du nicht zur Arbeit.)
mặc dù ..., nhưng (vẫn) ... (obwohl ..., aber/trotzdem): ***Mặc dù*** *tiếng Việt khó,* ***nhưng*** *chúng tôi* ***vẫn*** *thích học.* (**Obwohl** Sprache Vietnamesisch schwer, **aber** wir **trotzdem** mögen lernen. = **Obwohl** Vietnamesisch schwer ist, lernen wir die Sprache **trotzdem** gern.) Bei identischem Subjekt wird es im Nebensatz gern weggelassen: ***Mặc dù*** *bị sốt cao,* ***nhưng*** *nó* ***vẫn*** *đi làm.* (**Obwohl** erleiden Fieber hoch, **aber** er **trotzdem** gehen machen. = **Obwohl** er hohes Fieber hat, geht er **trotzdem** arbeiten.)

Zahlen

Grundzahlen:
(số) không = (Zahl) Null

một (1)	*sáu* (6)
hai (2)	*bảy* (7)
ba (3)	*tám* (8)
bốn (4)	*chín* (9)
năm (5)	*mười* (10)

Ab 10 wird zusammengesetzt:

mười một (zehn eins = 11)	*mười ba* (13)
mười hai (zehn zwei = 12)	*mười bốn* (14)

Für mehrstellige Zahlen mit „fünf" in der Einerstelle gilt ***lăm*** anstelle von *năm*:

mười lăm (15)	*mười tám* (18)
mười sáu (16)	*mười chín* (19)
mười bảy (17)	

Ab 20 wird so zusammengesetzt:
hai mươi (zwei zehn) Achtung: bei mehrstelligen Zahlen heißt es ***mươi*** anstatt ***mười***!
hai mươi mốt (zwei zehn eins) Achtung: ab hier ***mốt*** anstatt ***một***!
hai mươi hai (22)
hai mươi ba (23)
hai mươi bốn (zwei zehn vier = 24) Anstatt ***bốn*** kann auch ***tư*** gesetzt werden.
ba mươi (30)
bốn mươi (40) usw. bis
chín mươi (90)
một trăm (100)

Leerstellen bei den Zehnerstellen werden mit dem Füllwort ***lẻ*** bzw. ***linh*** gekennzeichnet:
Một trăm ***linh*** *chín* (eins hundert **leer** neun = 1**0**9)
hai trăm (200) usw. bis
một nghìn = *một ngàn* (1000)

Leere Hunderterstellen werden durch ***không trăm*** markiert:
hai nghìn ***không trăm*** *lẻ ba* (2**0**03)
mười nghìn = mười ngàn = một vạn (10.000)
một trăm nghìn = mười vạn (100.000)
hai trăm nghìn hai mươi vạn (200.000) usw. bis
một triệu (1.000.000)
một tỷ (1.000.000.000)

Ordnungszahlen
werden mit Hilfe des FW ***thứ*** gebildet, das direkt vor die Grundzahl tritt:
Es gibt nur wenige Ausnahmen:
thứ nhất đầu tiên (erste/-r)
thứ nhì thứ hai (zweite/-r)
thứ ba (dritte/-r)
thứ tư (vierte/-r)
thứ năm (fünfte/-r)
thứ chín (neunte/-r) usw.

Zeitangaben

ngày, hôm (Tag)
tuần (Woche)
tháng (Monat)
năm (Jahr)
mùa (Saison, Jahreszeit)
hôm nay (heute)
hôm qua (gestern)
hôm kia (vorgestern)
ngày mai (morgen)
ngày kia (übermorgen)

Die **Wochentage** werden mit Hilfe der Ordnungszahlen gebildet:
thứ hai (Montag)
thứ ba (Dienstag)
thứ tư (Mittwoch)
thứ năm (Donnerstag)
thứ sáu (Freitag)
thứ bảy (Sonnabend)
chủ nhật (Sonntag)

Die **Monatsnamen** setzen sich zusammen aus dem Wort Monat + Grundzahl:
tháng một, tháng giêng (Januar)
tháng hai (Februar)
tháng ba (März)
tháng tư (April)
tháng năm (Mai)
tháng sáu (Juni)
tháng bảy (Juli)
tháng tám (August)
tháng chín (September)
tháng mười (Oktober)
tháng mười một (November)
tháng mười hai (Dezember)

Auch die Tage des Monats werden mit Hilfe der Grundzahlen ausgedrückt. Vom ersten bis neunten (teilweise auch bis zum zehnten) des Monats tritt das Füllwort ***mùng*** bzw. ***mồng*** vor die jeweilige Zahl:
(ngày) mùng/mồng một (der Erste = der erste Tag)
(ngày) mùng/mồng hai (der Zweite)
(ngày) mùng/mồng ba (der Dritte)
(ngày) mùng/mồng bốn (der Vierte) usw.

Fragen nach der Zeit
Bây giờ là mấy giờ? (Wie spät ist es jetzt?, Wie viel Uhr haben wir?)
Bây giờ là ba giờ rưỡi. (Jetzt ist es halb vier Uhr.)
*Hôm nay là **thứ mấy**?* (**Welchen Wochentag** haben wir heute?)
*Hôm nay là **thứ bảy**.* (Heute ist **Sonnabend**.)
*Hôm nay là **ngày bao nhiêu**?* (**Den Wievielten** [des Monats] haben wir heute?)
Hôm nay là ngày mùng sáu tháng bảy. (Heute ist der 6. Juli.)
Hôm qua là thứ bảy ngày mồng bảy tháng bảy năm hai nghìn không trăm mười hai.
(Gestern war Sonnabend, der 07.07.2012.)

Die Position der Fragewörter ***bao giờ?*** (wann?), ***lúc nào?*** (wann?, zu welchem Zeitpunkt?) und ***khi nào?*** (wann?, zu welcher Zeit?) gibt an, ob die Handlung bereits abgeschlossen ist, als abgeschlossen vermutet wird, oder ob sie erst noch beendet wird.
Steht das Fragewort am Satzende, wird von einer abgeschlossenen Handlung ausgegangen: *Ông đến **lúc nào**?* (**Wann** sind Sie angekommen?)
Am Satzanfang stehend, signalisiert es ein künftiges bzw. nicht abgeschlossenes Geschehen: ***Bao giờ** chị ấy đến?* (**Wann** wird sie kommen?)

Interjektionen

Am Satzanfang: *À* signalisiert Gesprächsaufnahme bzw. ein neues Thema: ***À,** chị làm gì thế?* (**Ach**, was machst du denn da?)
Ái! (Au!)
Chà! signalisiert Verwunderung: ***Chà,** đẹp thế!* (**Oh**, wie schön!)
Chết! signalisiert Bedauern, Angst: ***Chết cha!, Chết chưa!*** (Verflixt!, So ein Mist!)
Dạ signalisiert höfliche Reaktion auf das Gehörte: ***Dạ**, em không biết!* (***Dạ*** ich nicht wissen. = Ich weiß nicht.)
Ôi! (Oh, je!/weh!)
Trời ơi! (Oh, Himmel!) (Bedauern, Bestürzung)
Ừ signalisiert Zustimmung, aber nur zu Personen geringeren sozialen Ranges.
Am Satzende: *à* Zustimmung erheischende Fragepartikel: *Anh không biết **à**?* (**Ach,** das weißt du nicht?)
ạ signalisiert Respekt des Sprechers gegenüber dem Gesprächspartner.
chứ signalisiert vorsichtigen Widerspruch auf eine vorangegangene Aussage: *Chị không có vé à?* (Ach, Sie haben kein Ticket?) – *Có **chứ!*** (Aber klar hab ich!)
mà signalisiert deutlichen Widerspruch zu einer Aussage: *Không được!* (Das geht nicht!) – *Được **mà!*** (Und ob das geht!)
nhé erheischt das Einverständnis des Gegenübers: *Tôi về **nhé**!* (Ich gehe [nach Hause], okay?), *Ta uống bia **nhé**!* (Wir trinken Bier, ja?).

Wörter A–Y

W

Abkürzungen: FW: Funktionswort, **Kf**: Klassifikator, **nördl.**: nördlicher Dialekt, **südl.**: südlicher Dialekt, **m**: männlich/maskulin, **w**: weiblich/feminin, **Sg.**: Singular/Einzahl, **Pl.**: Plural/Mehrzahl

nấu kochen, zubereiten 93
nấu cơm Essen zubereiten 92
này diese/-r/-s 49, 67
nem rán gebratene Frühlingsrollen 86, 89, 92
nệm Matratze 66
nên sollen 113
nếu … thì … wenn …, dann … 107
Nga Russland 28, 68
ngã umfallen, stürzen, fallen 68
ngả Weg, Richtung 68
ngà (ngà voi) Elfenbein 68
ngách (nördl.) Gässchen 71
ngắm betrachten 88, 133
ngắn kurz 101
ngân hàng Bank 124
ngân phiếu Scheck 125
ngày Tag 38
Ngày Giỗ Totengedenkfeiern 31
ngày kia übermorgen 42
ngày mai morgen 38, 43
ngày nay zur Zeit 119
ngày sinh Geburtsdatum 119
ngày xưa vor langer Zeit 119
nghe hören 41
nghê Löwenjunges 74
nghễ (ngạo nghễ) arrogant 74
nghề Beruf 23, 74
nghệ (củ nghệ) Kurkuma 74
nghệ sĩ Künstler 20
nghệ thuật Kunst 74
nghi (nghi ngờ) Verdacht, verdächtigen 70
nghĩ denken 70
nghỉ, nghỉ ngơi sich entspannen, sich erholen, ausruhen 30, 70, 108
nghí (nghí ngoáy) sich bewegen 70
nghị (hội nghị) Tagung 70
nghỉ ốm wegen Krankheit nicht arbeiten 108
nghị sỹ Abgeordneter 70
nghìn 1000 (Grundeinheit vietnamesische Währung) 72
ngo (ngo ngoe) sich bewegen, sich regen 106
ngõ Gasse 66, 71, 106
ngỏ offen, öffnen 106
ngò (rau ngò) (südl.) Koriander 106
ngó anblicken 106
ngọ Pferd 106
ngô Mais 108
ngỗ (ngỗ nghịch) wild, ungehorsam 108
ngổ (ngổ ngáo) frech 108
ngồ (ngồ ngộ) kurios 108
ngố dumm 108
ngộ (ngộ nhận) Missverständnis, Irrtum 108
ngơ (ngơ ngác) verblüfft 114
ngẫ (= nghĩ) denken, glauben, meinen 114
ngở (südl. für ngỡ) verzweifeln, zweifelhaft 114
ngờ (nghi ngờ) verdächtigen, bezweifeln 114
ngớ (ngớ ngẩn) einfältig 114
ngợ (ngờ ngợ) verzweifeln, zweifelhaft 114
ngoài draußen, außerhalb 87
ngoài … (ra) außer, außerdem 93, 95
ngoại tệ Devisen 125
Ngoại văn fremdsprachige Literatur 72
Ngọc Edelstein 25
ngồi sitzen, hinsetzen 87
ngon lecker, schmeckt, schmackhaft 89, 95
ngón chân Zeh 105
ngón tay Finger 105
ngọt süß 95, 96
ngu, ngu dốt dumm 76, 127
ngũ fünf 76
ngủ schlafen 76
ngù (ngù ngờ) langsam, schläfrig 76
ngú (ngú ngớ) unwissend, unerfahren 76
ngụ (trú ngụ) wohnhaft 76
nguội kalt 95
ngư (ngư dân) Fischer 20, 80
ngữ (ngôn ngữ) Sprache 80
ngử (südl. ngữ) Sprache 80
ngừ (ngẩn ngừ) überlegen 80
ngứ (ngắc ngứ) stocken, stammeln, stottern 80
ngự königlich, thronen 80
ngực Brust, Brustkorb 105
người Mensch 11, 73
người dẫn chương trình Moderator/-in 63
người Đức Deutsche/-r 11, 27
người kỹ sư der Ingenieur 73
người nước ngoài Ausländer 73
nha (nha sỹ) Zahnarzt 88
nhã (nhã nhặn) höflich, freundlich, liebenswürdig 88
nhả ausspeien, ausspucken 88
nhà Haus 9, 88
nhá kauen 88
nhà báo Journalist 20
nhà hàng Restaurant 86
nhà hát Theater 11, 63
Nhà hát lớn Opernhaus 72
nhà sàn Pfahlhaus 60
nhạc Musik 115
nhai kauen 88
nhân multiplizieren, Füllung 48, 94
nhân viên Angestellte/-r 20, 23
nhanh schnell 101, 107, 114, 127
nhập cảnh einreisen, Einreise 127
nhạt fad 95
nhất FW für Superlativ 79, 80
Nhật Japan 28
nhau einander 131
nhe (nhe răng) die Zähne zeigen 90
nhẽ (südl. nhẻ) Argument 90
nhè (khóc nhè) flennen, weinen 90
nhé ja? 90
nhẹ leicht 90, 101
nhỉ? (FW umgspr.) … ja?, stimmt das?, nicht wahr? 131, 132
nhiếp ảnh Fotografie 112
nhiệt độ Temperatur 105
nhiệt tình herzlich 127
nhiều viel 61
nho Weintrauben 100
nhỏ (südl. nhõ) klein, winzig 99, 100, 101
nhò (nhầm nhò) erzielen, bezwecken 100
nhó (nhăn nhó) böse, mürrisch 100
nhọ (nhọ nhem) schmutzig 100
nhơ (nhơ bẩn) schmutzig, fleckig 102
nhỡ durchschnittlich 102
nhở (nhắc nhở) warnen, mahnen, erinnern 102
nhờ bitten um etwas 102
nhớ sich erinnern 102
nhợ (dây nhợ) Schnur 102
nhu (nhu nhược) willenlos, matt 94
nhũ (nhũ mẫu) Pflegemutter 94
nhủ (khuyên nhủ) empfehlen 94
nhù ungeschickt, schwerfällig 94
nhú sprießen 94
như wie 96
nhử (nhử mắt) Triefaugen 96
nhừ (chín nhừ) weich kochen/werden 96
nhứ fangen, locken 96
như thế nào? wie? 69
nhung Samt 25
nhưng aber 41
những Hilfswort für Mehrzahl 61
nĩa (südl. dĩa) Gabel 95
nó er, sie, es (Dinge, 3. Sg.) 101
nô lệ sklavisch, hörig 133
nói sprechen 27
nồi Topf 95
Nội Bài Flughafen in Hanoi 8
nơi nào? wo? 134
nơi sinh Geburtsort 119
nón (südl. Hut) vietnamesischer Strohhut 78, 79
non jung (Gemüse) 121
nóng heiß 79
nông flach 101